# Zwiebelbibel

Fotos von Jonathan Buckley und Michelle Garrett

# Kathy Brown

callwey

Die Originalausgabe erschien 2000 unter dem Titel
bulbs for all seasons bei Anness Publishing Limited,
Hermes House, 88–89 Blackfriars Road,
London SE1 8HA

© 2008 der deutschen Ausgabe
Verlag Georg D.W. Callwey GmbH & Co. KG
Streitfeldstraße 35
81673 München
www.callwey.de
E-Mail: buch@callwey.de

Die Deutsche Nationalbibliothek verzeichnet diese
Publikation in der Deutschen Nationalbibliografie;
detaillierte bibliografische Daten sind im Internet über
<http://dnb.ddb.de> abrufbar.

ISBN 978-3-7667-1743-6

Aus dem Englischen übersetzt von Dr. Folko Kullmann
Layout und Satz: grüne Bücher, Stuttgart
Umschlaggestaltung: independent Medien-Design

Printed in Singapore

**Seite 1** *Narcissus poeticus* var. *recurvus* in
Kombination mit *Camassia leichtlinii.*
**Seite 2** Blaue Schmucklilien in Kombination mit
*Hemerocallis* (Taglilien) und rosa Zier-Lauch.
**Seite 4** *Narcissus* 'Actaea'.

Hinweis:
Die inspirierenden Projekte in diesem Buch enthalten
Materiallisten mit den benötigten Deko-Elementen oder
Blumenzwiebeln. Geräte und Werkzeuge, Blumenerde
etc. sind jedoch nicht bei jedem Projekt einzeln aufge-
führt. Lesen Sie sich die Beschreibung genau durch,
bevor Sie mit einem Projekt beginnen.

# Inhalt

# Zwiebelblumen

Dieses Buch beinhaltet zahlreiche Ideen, wie man Zwiebelblumen im Garten einsetzen kann. Sie erfahren alles über die Verwendung im Beet, an sonnigen oder schattigen Standorten sowie in Kübeln und erhalten inspirierende Pflanzvorschläge. Ein Kapitel widmet sich außerden den Zwiebelblumen, die im Haus kultiviert werden.

Der Begriff Zwiebelblume wird in diesem Buch für alle Pflanzen verwendet, deren Wurzeln eine Anpassung zur Überdauerung von Trockenperioden entwickelt haben. Dies können echte Zwiebeln, aber auch Knollen, Rhizome oder verdickte Wurzeln sein. Diese Pflanzen bilden während feuchter Perioden Blätter und neue Wurzeln, blühen und ziehen sich dann während Trockenzeiten in eine Ruheperiode zurück. Die meisten Arten kommen aus Regionen, in denen die Winter kühl und feucht, die Sommer dagegen heiß und trocken sind. Typische Beispiele sind die mediterranen Regionen Europas, Kaliforniens und Südafrikas und ganze Bergregionen Zentralasiens.

Länder, wie Spanien, Frankreich, Italien, Griechenland und die Türkei, die an das Mittelmeer angrenzen, beherbergen eine Vielzahl an Narzissenarten, blaue und weiße Anemonen, Blaustern und Schneeglanz, Schneeglöckchen und Märzenbecher. Kalifornien ist die Heimat der gelben *Calochortus,* aus Südafrika stammen farbenprächtige Gladiolen, Agapanthus, die Zimmerkalla, Freesien, Watsonien oder die fantastische Gloriosa, um nur einige zu nennen. Zentralasien beherbergt eine Fülle vielfarbiger Tulpen, Steppenkerzen und duftender Lilien.

Die frostempfindlichen Dahlien oder Tigerlilien stammen aus Mexiko und Zentralamerika, viele Begonien sind in den Anden Perus und Boliviens beheimatet. *Hippeastrum,* im Volksmund oft Amaryllis genannt, stammt aus Mittel- und Südamerika.

Mit Zwiebelblumen kann man einen durchgehenden Blütenflor im Garten schaffen. Sobald sich der Winter dem Ende zuneigt, erscheinen die ersten Winterlinge, gefolgt von Schneeglöckchen, Frühlingskrokussen, Anemonen und *Iris danfodiae*. Im Frühling folgen dann Narzissen, Hyazinthen und Tulpen, Kaiserkronen und Hasenglöckchen. Im Frühsommer blühen weitere Irisarten und verschiedene Zier-Lauche. Dann kommt die Zeit der Sommerblüher, wie Gladiolen, Begonien, Agapanthus, Steppenkerzen, Lilien und Dahlien. Wenn sich der Sommer dem Ende zuneigt, werden spätblühenden Dahlien von Nerine, Hakenlilie, Herbstzeitlosen und Alpenveilchen ergänzt.

Es gibt für jeden Standort im Garten geeignete Zwiebelblumen. Die meisten, wie Tulpen und Gladiolen, bevorzugen einen sonnigen Standort und eine durchlässige Erde, andere, wie Hasenglöckchen und Dreiblatt, lieben dagegen einen schattigeren Standort. Die Wuchshöhe variiert enorm: Niedrige Arten, wie Krokusse oder Anemonen passen besser in den Vordergrund von Beeten oder in einen Steingarten, hohe Steppenkerzen und Lilien eher in den mittleren oder hinteren Bereich von Beeten. Viele Zwiebelblumen sind aber anpassungsfähig und gedeihen in verschiedenen Gestaltungen. Lilien sind dafür ein gutes Beispiel. Einige sind so auffällig und duften so intensiv, dass sie einen Platz in einem Beet oder Topf in der Nähe des Sitzplatzes verdient haben, wo man gleichzeitig die feine Zeichnung auf Petalen und Staubgefäßen genau betrachten kann.

Im Europa des 16. Jahrhunderts erlebten Tulpenzwiebeln eine wahre Hysterie. Durch moderne Vermehrungsmethoden sind heute die meisten Zwiebelblumen relativ günstig zu erwerben, sodass man leicht größere Gruppen pflanzen kann. Man kann auch verschiedene Arten kombinieren, indem man zum Beispiel hohe mit kleineren unterpflanzt. Krokusse, Traubenhyazinthen und Anemonen sind ideale Begleiter von höheren Arten, wie Hyazinthen, frühen Tulpen oder Narzissen. Wichtig ist aber immer, dass man nur Zwiebeln kauft, die aus Kulturmaterial vermehrt wurden und nicht aus Wildaufsammlungen.

*rechts* Zier-Lauch ist ein echter Blickfang im Garten und lockt zahlreiche Insekten, wie Bienen und Schmetterlinge, an.

Etliche Zwiebelblumen erzählen eine faszinierende und interessante Geschichte, die von Schiffsunglücken auf hoher See bis zu Steinschlägen in Westchina handelt. Andere wiederum sind untrennbar mit dem osmanischen Reich verknüpft.

# Geschichte

Pflanzensammler haben oft ihr Leben riskiert, um Zwiebelblumen aus ihrer Heimat zu uns zu bringen. Oft waren mehrere Anläufe nötig bis eine Art erfolgreich in den Gärten des Westens etabliert werden konnte. Auch Modeerscheinungen haben eine Rolle gespielt.

Während der Hochzeiten der Tulpenmanie in den 1630er Jahren erzielten einzelne Zwiebeln schwindelerregende Preise. Heutzutage werden sie dagegen millionenfach in den Frühlingspflanzungen auf der ganzen Welt eingesetzt.

## Tulpen

Tulpen haben von allen Zwiebelblumen die bewegteste Geschichte. Ihre Hauptverbreitung liegt in Persien (heute Iran) und der Türkei, wo schon im 12. und 13. Jahrhundert Dichter ihre Schönheit besangen.

Als Süleyman der Prächtige im Jahr 1520 Sultan wurde, erstreckte sich das Osmanische Reich von der Krim im Osten bis nach Ägypten und weiter bis in den Westen, große Gebiete des Balkans eingeschlossen. In den Städten gab es Gartenanlagen, in denen Tulpen zu den beliebtesten Blumen gehörten. Diese Periode wird auch als das Zeitalter der Tulpe bezeichnet. Es gab Tulpenfestivals und Fliesen, Keramik und Kleidung wurden mit dem Blütenmotiv verziert.

In der Mitte des 16. Jahrhunderts wurden diese Tulpen nach Europa eingeführt. Der Schweizer Arzt und Naturforscher Conrad Gesner (1516–65) beschrieb 1557 eine rote Tulpe in einem Garten in Augsburg. Der Garten gehörte Johannis Heinrich Herwart. Auch der Flämische Botschafter Ghislain de Busbecq (1522–91), der in Konstantinopel den Habsburgischen Kaiser Ferdinand I. vertrat, spielte eine bedeutende Rolle in der Geschichte der Tulpe. Wien hatte im Jahr 1529 den Sturm der Türken auf die Stadt überstanden, der Kaiser war aber trotzdem bestrebt, die Handelsbeziehungen mit dem Osmanischen Reich aufrechtzuerhalten und entsandte weiterhin Botschafter zum Sultan. Busbecq wurde 1554 als Entsandter Ferdinands nach Konstantinopel geschickt. Es gelang ihm, von den Tulpen aus den Gärten Samen und Zwiebeln für einen hohen Preis zu erwerben und nach Wien zu schicken. Dort gediehen sie unter der Pflege von Carolus Clusius (Charles de L'Écluse, 1526–1609).

Clusius nahm die Zwiebeln mit nach Frankfurt und später nach Leiden in den Niederlanden, wo er 1593 zum Professor am botanischen Garten berufen wurde. Als die ersten Tulpen zur Blüte kamen, war das Interesse riesig und viele Menschen wollten die Blumen kaufen. Clusius erwarb ständig neue Zwiebeln aus immer neuen Quellen und sorgte dafür, dass die Tulpe in vielen Gegenden bekannt wurde. Er verlangte aber auch exorbitant hohe Preise. Ein solch wertvolles Handelsgut war allerdings gefährdet – es gab zahllose Diebstähle von Zwiebeln, die dann weiterkultiviert und verkauft wurden. Diese wurden zum Grundstock der holländischen Tulpenindustrie.

*unten* Tulpen gibt es heute in einer breiten Palette an Farben und Formen. Diese rosa Tulpen sind mit silberlaubigen Artemisien unterpflanzt.

Die Tulpen behielten ihren Wert und die Preise für einzelne Zwiebeln kletterten bald in astronomische Höhen. Sie wurden zum Statussymbol der aristokratischen Gesellschaft. Die Länge und Festigkeit des Stiels, Blütenform und -größe sowie die Farbe der Staubgefäße wurden bewertet. Jede Pflanze erhielt viel Platz, oft wurde nur eine einzige in ein Beet gepflanzt, damit sie alle Aufmerksamkeit erhielt. Schon bald wuchs auch die Begehrlichkeit des Bürgertums. Die Preise stiegen von einigen hundert Gulden auf über 3000 für besondere Sorten in den 1620er Jahren. Die Nachfrage war so enorm, dass sich ein regelrechter Börsenhandel entwickelte, bei dem die Tulpenzwiebeln zwischen Frühsommer nach dem Roden und vor dem Einpflanzen im Herbst durch viele Hände gehandelt wurden. Und jeder Händler versuchte natürlich, Profit zu erwirtschaften. Da man der Zwiebel nicht ansehen kann, welche Farbenpracht sie im Frühjahr entfalten würde, basierte der gesamte Handel auf Vertrauen.

In dem Maße, wie die Nachfrage stieg, wuchs auch der Handel und immer mehr Schichten der Gesellschaft partizipierten. Landbesitzer, Bauern, Seeleute, Künstler, Weber und Dienstboten. Dabei waren nicht alle Tulpen so teuer: Rote und weiße Sorten konnte man schon für 12 Gulden pro Pfund erwerben. Dem stand die Sorte 'Viceroy' gegenüber, bei der eine einzige Zwiebel einen Preis von 4600 Gulden bei einer Auktion im Jahre 1637 erzielte. 'Viceroy' hatte weiße Blüten mit violettpurpurner Zeichnung. Es gibt einen Bericht, wonach eine 'Viceroy' für 12 fette Schafe, 4 fette Ochsen, 8 fette Schweine, 2 Wagenfuhren Weizen, 4 Fuhren Roggen, 2 Fässer Wein, 4 Tonnen Bier, 2 Tonnen Butter, 1000 Pfund Käse, einen silbernen Trinkpokal, eine komplette Garderobe und ein ganzes Bett den Besitzer wechselte. Dies entsprach etwa 3500 Gulden, was damals ein Vermögen war, wenn man bedenkt, dass das normale jährliche Einkommen nur 150 Gulden betrug und ein Haus einen Wert von 5000 hatte.

1636 wurden Tulpen an der Londoner und an der Schottischen Börse gehandelt, das Interesse ließ aber rapide nach. 1637 platzte die Preisblase und stürzte viele Menschen in den Niederlanden in den finanziellen Ruin. Behörden und Züchter versuchten zwar die Preise zu stützen, es dauerte aber Jahre bis die Menschen alle ihre Schulden abbezahlen konnten.

Der Boden in den Niederlanden war jedoch ideal für die Kultur von Tulpenzwiebeln und da sich die Blumen immer noch großer Beliebtheit erfreuten, ging der Handel weiter. In den 1630er und 1640er Jahren wurden mindestens 650 verschiedene Sorten angebaut. Im Garten des Markgrafen von Karlsruhe-Durlach wurden 1730 fast 2400 Sorten kultiviert. Nur drei Jahre später waren es fast 4000. Zu Beginn des Zweiten Weltkriegs exportierten die Niederlande jährlich fast 100 Millionen Tulpenzwiebeln in die USA. Heute gibt es über 5000 Sorten und Cultivare, die gehandelt werden. Man nimmt an, dass der Begriff Tulpe aus Busbecqs ursprünglicher Beschreibung stammt. Die Einwohner nannten sie *tulipam*, in Anlehnung an die Ähnlichkeit der Blüten mit einem Turban. Das türkische Wort für Turban ist *tulbend*. Der Name Tulpe hat sich aber dann doch bis heute gehalten.

*oben* Die Tulpe 'Councillor Herwart's' war das erste Abbild einer Tulpe, welches in Europa veröffentlicht wurde. Sie wurde von Conrad Gesner 1557 beschrieben. Seine Anmerkungen über das Laub und die Herkunft der Pflanze sind auf der Zeichnung ebenfalls vermerkt.
*(Mit freundlicher Genehmigung der Universitätsbibliothek Erlangen, Deutschland)*

## Narzissen

Die meiste Arten findet man in den Ländern, die an das Mittelmeer angrenzen. Seit langem schon sind sie beliebte Gartenpflanzen. Auch in der Literatur von der Antike bis heute werden Narzissen häufig erwähnt. Daher auch der Volksname Dichter-Narzisse für die bekannteste Art aus dem Alpenraum, *Narcissus poeticus*.

Im frühen 19. Jahrhundert schrieb Dorothy, die Schwester des englischen Dichters William Wordsworth, ein Erlebnis in ihr Tagebuch, das sie in den Wäldern bei Ullswater im englischen Seendistrikt hatte:

*15. April 1802  Wir bemerkten, dass sich am Seeufer eine kleine Kolonie angesiedelt hatte. Als wir weitergingen, fanden wir viele mehr; weiter noch, unter den Zweigen der Bäume, wuchsen dann unzählige Narzissen, in einem Streifen, so breit wie ein Feldweg. Nie sah ich sie in solcher Schönheit. Sie wuchsen zwischen den bemoosten Steinen, einige legten ihre Blüten auf die Moospolster als wären es weiche Kissen, andere wiegten sich im Spiel des Winds, der über den See blies. Ein unglaublich fröhlicher, erheiternder und sich ständig verändernder Anblick.*

Der Name Osterglocke erinnert daran, dass viele Sorten um die Osterzeit im Frühling blühen. Heute werden alle Narzissen und Osterglocken in der Gattung *Narcissus* zusammengefasst.

## Dahlien

Dahlien stammen aus den Bergregionen Mexikos und sind südlich bis nach Kolumbien verbreitet. Die Azteken nutzten sie vor der spanischen Kolonialisierung wahrscheinlich als Heilpflanze und als Nahrungsmittel. Im Jahr 1789 schickte Vincente Cervantes vom botanischen Garten von Mexico Stadt eine Handvoll Samen an seinen Freund Abbé Cavanilles, dem der botanische Garten in Madrid unterstellt war. Cavanilles benannte die mexikanische Blume später nach dem schwedischen Botaniker Dr. Anders Dahl (1751–87). Die Pflanze war jedoch weniger wegen der einzelnen Blüte, die auf einem dünnen Stängel thronte, beliebt, sondern aufgrund der essbaren, Knolle, die als Kartoffelersatz diente. Dahlienknollen wurden in Teilen Frankreichs und an der Mittelmeerküste verzehrt, der scharfe Eigengeschmack verhinderte aber eine weitere Verbreitung als Grundnahrungsmittel.

Erst Kaiserin Josephine (1763–1814), die Frau Napoleon Bonapartes, welche den Garten bei Malmaison in der Nähe von Paris besaß, erkannte das Potential der Dahlie als Zierpflanze. Sie kultivierte die Knollen und wachte unnachgiebig über ihre Pflanzen. Abgegeben hat sie keine einzige. Eine ihrer Kammerfrauen wollte einige Knollen selbst anbauen und heckte mit ihrem Liebhaber, einem polnischen Prinzen, einen Plan aus. Dieser sollte einem der Gärtner von Malmaison Geld geben, damit er ihr die Knollen überließ. Offenbar ging die Treue des Gärtners zu seiner Herrin nicht weit, denn er verkaufte etliche hundert Knollen für einen Louis d'Or pro Stück an den Prinzen. Als die Kaiserin dies erfuhr, war sie außer sich. Sie entließ den Gärtner, verbannte ihre Zofe und den Prinzen und weigerte sich, je wieder Interesse an den Dahlien zu zeigen.

Es gab mehrere Versuche, Dahlien in Großbritannien einzuführen. Im Jahr 1789 besuchte die Marquise of Bute Spanien und schickte eine Knol-

*links* Im Jahr 1872 erhielt der niederländische Gärtner J.T. van den Berg Zwiebeln, Knollen und Rhizome aus Mexiko. Nur eine einzige Knolle überlebte und blühte. Die Blume wurde als Kaktus-Dahlie bekannt, da die Blüten dasselbe leuchtende Karmin besaßen, wie der Kaktus *Cereus speciossima*. Diese Sorte, 'Purple Gem', ist weit verbreitet.

le nach Hause, die jedoch einging. Erfolgreicher war Lady Holland, die für einen politischen Skandal sorgte, als sie sich von Sir Godfrey Webster scheiden ließ und mit Lord Holland, dem Botschafter König Philipps von Spanien, durchbrannte. Die Pflanzen, die sie aus Spanien nach Britannien schickte, überlebten und gediehen, ihr wird die Einfuhr der Dahlien auf der Insel heute zugeschrieben. Gärtner begannen, die Dahlie züchterisch zu bearbeiten und die einfach blühende Form wurde an Beliebtheit von einer gefüllt blühenden abgelöst. Diese war der Vorfahr der unzähligen Kissen- und Kaktusdahlien, die wir heute kennen. Zur Hochzeit der Dahlienzucht waren über 10000 Sorten erhältlich.

## Nerine

Auch die Nerine gehört zu den Zwiebelblumen, die einen weiten Weg zurücklegen mussten, um in den Gärten Europas Fuß zu fassen. Sie stammt aus Südafrika. 1652 erreichten die ersten Siedler die Siedlung an der Tafelbucht, die die holländische East India Company errichtet hatte und die heute Kapstadt heißt. Unter den Siedlern befanden sich auch zwei Gärtner, welche die Aufgabe hatten, Obst und Gemüse für die Gemeinschaft anzubauen und die Ernährung der Seeleute, die vom Kap in den Atlantik und zurück nach Europa aufbrachen, sicherzustellen. Sie hatten auch den Auftrag, Wildblumen zu sammeln, die für die Blumenindustrie in den Niederlanden von Bedeutung sein könnten. Sie hatten Erfolg, denn sieben Jahre später befanden sich einige Kisten mit Nerinenzwiebeln auf einem der Schiffe der East India Company, das nach Holland auslief.

Dieses Schiff erlitt leider im Ärmelkanal vor der Insel Guernsey Schiffbruch. Einige der Zwie-

beln wurden an Land gespült und wurzelten im Sand. Im Laufe der Jahre besiedelten sie die ganze Insel und ihre rosa Blüten wurden auf den Blumenmärkten in London verkauft. Im Englischen nennt man sie heute noch Guernsey Lily.

Die Inselbewohner glaubten anfangs, dass die Pflanzen aus Japan stammten, da das Schiff ursprünglich aus Fernost kam. Erst über hundert Jahre später wurde dieser Fehler entdeckt, als Francis Masson, der erste offizielle Pflanzensammler von Kew, *Nerine sarniensis* 1774 am Fuß des Tafelbergs in Südafrika entdeckte.

N.º 294

*Pub by W Curtis S.t Geo. Crescent Mar. 1.1795*

*links* Dieser wunderschöne alte Stich von *Nerine sarniensis* stammt aus dem Jahr 1795, 21 Jahre nachdem Francis Masson sie zum ersten Mal an den Hängen des Tafelbergs in ihrer südafrikanischen Heimat sah.

oben E. H. Wilsons Expedition in das Min-Tal in Westchina im Jahr 1910 führte zur erfolgreichen Einfuhr der Königs-Lilie *(Lilium regale)* in den Gärten der westlichen Welt. Er bezahlte jedoch einen hohen persönlichen Preis: Bei einem Steinschlag brach er sich sein rechtes Bein und konnte danach nie wieder richtig laufen.

## Oster-Lilien und Königs-Lilien

Nicht bei allen Gartenpflanzen war der erste Versuch, sie in den Gärten Europas anzusiedeln, erfolgreich. Das lag oft daran, dass die Jahreszeit nicht die richtige war, der Winter besonders streng oder die Kulturbedingungen nicht stimmten. Die Lilie gehört zu diesen. Der deutsche Arzt Philipp von Seibold (1796–1866) war der Erste, der die Lilie, die wir heute als Oster-Lilie kennen, 1830 aus Japan in den botanischen Garten von Ghent einführte. 1840 erfolgte ein zweiter Import. Ein Sturm über dem Atlantik sorgte dann aber für eine bedeutende Wendung in der Geschichte dieser Lilie. In den 1860er Jahren befand sich ein Missionar auf dem Heimweg von der Küste China. Im Gepäck befanden sich auch einige Knollen derselben Lilie, die Seibold gesammelt hatte. Das stürmische Wetter zwang das Schiff, im Hafen von St. George auf den Bermudas Schutz zu suchen. Als Dank für die Gastfreundschaft, die er erhalten hatte, überließ er der dortigen Mission einige Zwiebeln, die man in den Pfarrgarten pflanzte. Die Lilien gediehen im milden Klima auf dem kalkhaltigen Boden der Insel. Bis zum Ende des 19. Jahrhunderts wurden jährlich drei Millionen Zwiebeln von Bermuda exportiert, bis eine Krankheit die Bestände zerstörte.

Der Pflanzensammler E. H. Wilson berichtet, dass ein amerikanischer Gärtner namens Harris aus Philadelphia der Erste war, der diese Lilien in den Handel brachte. Von den eleganten, reinweißen und betörend duftenden Blüten fasziniert, realisierte Harris schnell, dass er eine wertvolle Schnittblume vor sich hatte, wenn es ihm gelänge, sie zu Ostern zum Blühen zu bringen. Wilson beschrieb die Art als *Lilium harrisii*, ein Name, der oft noch verwendet wird. Die korrekte Bezeichnung heute ist *Lilium longiflorum* var. *eximium*.

Wilson war Experte für Lilien aus dem östlichen Asien und glaubte, dass er eine Art entdeckt hätte, die die Oster-Lilie noch übertraf. Seine größte Expedition galt der *Lilium regale*, die im entlegenen Min-Tal an der Grenze zwischen China und Tibet wächst. Er entdeckte sie 1903 zum ersten Mal und schickte im folgenden Jahr 300 Zwiebeln an Veitch & Sons, eine Gärtnerdynastie, die die Expedition finanziert hatte. Ein zweiter Versuch folgte 1908, doch beide misslangen und keine Pflanzen konnten etabliert werden.

1910 brach Wilson erneut gen China auf, diesmal im Auftrag des Arnold Arboretum von Boston in Massachusetts. Er war vom Ehrgeiz getrieben, die Königs-Lilie in den Gärten des Westens zu etablieren. Er erkannte ihr großes Potenzial, da sie kalte Winter und extrem heiße Sommer überstehen konnte. Er verließ Boston Ende März 1910 in Richtung Europa, reiste weiter mit der Transsibirischen Eisenbahn und erreichte Anfang Mai Peking. Von dort musste er 2900 km den Yangtse flussaufwärts fahren, bis er im Norden seinen Seitenfluss, den Min, erreichte, den er nochmals 400 km emporfuhr. Erst dann erreichte

er die entlegene Region zwischen China und Tibet, die er als „Niemandsland" beschrieb.

Er füllte seine Vorräte in der Stadt Sungpang Ting (Songpan) auf und wanderte sieben Tage am Stück die Schlucht des Min entlang. Es war ein langer Weg, der von Händlern, Lastenträgern und Maultieren ausgetreten war, die Güter von Tibet nach Sichuan transportierten. Der Pfad war gewunden und schwer zu begehen, an einigen Stellen kaum zu passieren. Die meiste Zeit lief Wilson selbst, er besaß aber auch eine leichte Sänfte aus Rattan, ein Symbol der Bedeutung und Respektabilität, wichtig in jenen Tagen, als Reisende aus dem Westen selten und mit großem Misstrauen empfangen wurden. Sein Hund war sein ständiger Begleiter. Flöhe und anderes Ungeziefer waren ein Albtraum und eines der nächtlichen Rituale Wilsons bestand darin, die Füße seiner Bettstatt in Behälter mit Insektengift zu stellen. Am achten Tag schlug er sein Basislager auf, von dem er die Umgebung erforschen und Pflanzen sammeln wollte. Wilson befand sich im Herzen des Min-Tals, und obwohl die Gegend harsch und unwirtlich war, fand er genau hier die Lilien seiner Begierde an windgepeitschten Hängen. In seinem Tagebuch beschreibt er diese Entdeckung:

*Nicht zu Zweien oder Dreien, nein in Hunderten, Tausenden – Aye – in Zehntausenden von Exemplaren! Der schlanke Stängel wird zwei bis vier Fuß hoch und ist biegsam und doch so zäh wie Stahl. Sie erheben sich über das Gras und die niedrigen Sträucher und tragen eine bis mehrere, trichterförmige Blüten, die außen mehr oder weniger weinrot, innen reinweiß mit kanariengelbem Schlund und goldgelben Staubgefäßen sind. Die Luft ist am Morgen kühl, abends ist sie mit dem köstlichen Duft, den jede einzelne Blüte verströmt, erfüllt. Für kurze Zeit verwandelt sich eine Halbwüste in ein wahrhaftiges Elfenland.*

Die ersten Blüten öffnen sich im Spätfrühling entlang des Ufers in einer Höhe von etwa 760 m über dem Meer. Im Hochsommer blühen sie dann bis in Höhen von 1830 m. Wilson sammelte zwischen 6000 und 7000 Zwiebeln im Herbst und schickte diese, erst in Lehm und dann in Holzkohle verpackt, nach Amerika.

Obwohl er nach so vielen Monaten anstrengenden Reisens erschöpft war, begab er sich dennoch mit «leichtem Herzen» und «zufriedenem Geist» auf die Heimreise. Wie auf der Hinreise waren die Straßen katastrophal und als sich Wilson wieder einmal in seiner Sänfte tragen ließ, gerieten sie in einen Steinschlag. Der erste Fels traf die Sänfte, der zweite Wilsons rechtes Bein, das zweimal brach. Seine Träger brachten ihn auf dem Stuhl seines Assistenten, sein Bein am Stuhlbein festgebunden, in drei Tagen nach Chengdu, die nächste Mission. Wilson konnte nach drei Monaten langsam wieder auf Krücken gehen. Ein Schiff brachte ihn dann nach Shanghai und weiter nach Amerika. Später konnte er wieder ohne Krücken laufen, allerdings zog er das eine Bein immer nach. Wenige Tage nach seiner Rückkehr kam die Sendung mit den Zwiebeln an. Sie befanden sich ein einem ausgezeichneten Zustand und wurden im Frühjahr gepflanzt. Einige blühten bereits im ersten Jahr und setzten Samen an.

Seitdem wurden Millionen kultiviert und gepflanzt, die Königs-Lilie gehört heute zu den beliebtesten Lilien der Welt.

*oben* E. H. Wilson schrieb in seinen Aufzeichnungen, dass er diese Lilien nicht zu Zweier oder Dreien, sondern zu Hunderten, Tausenden, ja Zehntausenden von Exemplaren an den Hängen fand.

Es gibt einige botanische Unterschiede zwischen den verschiedenen Zwiebeln, Spross- und Wurzelknollen sowie Rhizomen. Allen gemein ist die Aufgabe, der Pflanze die Überdauerung von Trockenperioden zu ermöglichen.

# Botanik

*oben* In der Gruppe sommer- und herbstblühender echter Zwiebeln besitzt die Hakenlilie (ganz oben) einen langen, schlanken Hals; die Lilien (Mitte) und die noch kleineren Tulpen sind kompakter.

*rechts oben* *Chasmanthe* (oben) besitzt breite flache Sprossknollen, Freesien (unten links) sind kleiner und länglich. Die Knollen von Gladiolen (unten rechts) sind rundlicher.

*rechts unten* Canna (oben) bildet relativ große, längliche Rhizome, die man teilen kann, um neue Pflanzen zu erhalten. *Zantedeschia*-Rhizome (unten) können genauso behandelt werden. Sie sind flacher und rundlicher.

D er Begriff „Zwiebel" wird häufig verwendet, um echte Zwiebeln, aber auch Rhizome oder Knollen zu beschreiben, die es der Pflanze ermöglichen, Trockenperioden zu überstehen.

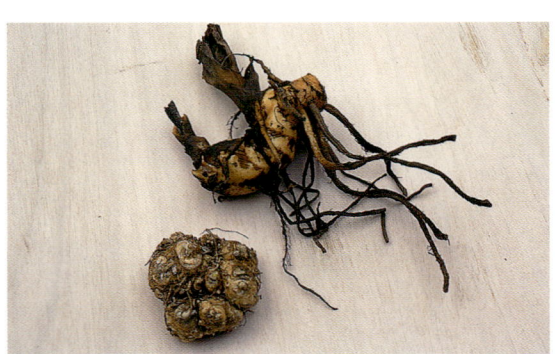

## Echte Zwiebeln

Das Innere einer echten Zwiebel besteht aus dem Trieb, der von fleischigen Blättern umgeben ist, die zu Speicherorganen umgewandelt wurden. Bei Tulpen, Hyazinthen oder Narzissen liegen diese Blätter dicht an. Die äußeren sind trocken und bilden eine Hülle. Bei anderen überlappen die Blätter locker und sind sukkulenter. Diese Zwiebeln nennt man Schuppenzwiebeln. Lilien sind das beste Beispiel. Einzelne Zwiebeln können viele Jahre überdauern und bilden an der Basis Tochterzwiebeln, sodass kleine Kolonien entstehen.

## Rhizome

Ein Rhizom ist ein verdickter, unterirdischer Spross, aus dem neue Triebe wachsen. Jedes Jahr werden Seitentriebe gebildet – meist nach der Blüte –, die es der Pflanze ermöglichen, sich auszubreiten. Canna und Zantedeschien sind typische Beispiele für Pflanzen, die Rhizome bilden.

## Sprossknollen

Im Innern einer Sprossknolle ist der Trieb verdickt und dient als Nährstoffspeicher. Er bildet die Basis des Neuaustriebs. Nach der Blüte bildet sich über der alten Knolle eine neue, die alte stirbt ab. Kleine Tochterknollen werden auch an der Basis, die leicht nach innen gewölbt ist, gebildet. Montbretien, Gladiolen und Krokusse sind Beispiele für Pflanzen, die Sprossknollen besitzen.

## Wurzelknollen

Wurzelknollen sind verdickte unterirdische Sprosse oder Wurzeln, die aber im Gegensatz zu Sprossknollen nicht die Basis des Sprosses bilden. Sie sind meist fleischig und rund, manchmal mit Schuppen oder faserigen Wurzeln bedeckt. Die Knospen sitzen meist auf der Oberseite der Knollen, aus denen dann die Triebe gebildet werden. Wurzelknollen werden im Laufe der Zeit immer größer. Dahlien, Begonien, Anemonen und Alpenveilchen sind bekannte Beispiele.

*oben* Begonienknollen (oben links) sind kompakt mit einer behaarten, runden Basis und einem zugespitzten Ende, aus dem die rosa Triebe erscheinen. Dahlien (oben rechts) haben fette, fingerförmige, verdickte Wurzeln. Ranunkeln (unten links) besitzen dünne, krallenförmige Fortsätze. Wenn Sie abbrechen, bilden sie keine neuen Pflanzen. Anemonen (unten rechts) bilden harte, runzlige Knöllchen.

## Familien, Gattungen, Arten & Cultivare

Es gibt Tausende von Pflanzenarten, die Zwiebeln, Wurzel- und Sprossknollen oder Rhizome bilden, sie gehören aber zu relativ wenigen Pflanzenfamilien. Die meisten echten Zwiebelblumen und Sprossknollen gehören zur Familie der Amaryllidaceae, darunter so bekannte Gattungen, wie die Narzissen (*Narcissus*), Nerine, *Sternbergia* und Schneeglöckchen (*Galanthus*). Die Iridaceae umfasst Freesien, *Schizostylis*, *Tigridia*, Gladiolen und *Iris*, die Liliaceae die Gattung *Lilium*, *Fritillaria* und Tulpen. Wurzelknollen und Rhizome kommen bei zahlreichen Pflanzenfamilien vor, so gehören Alpenveilchen zur Familie der Primulaceae, Begonien zur Begoniaceae, *Sinningia* zur Gesneriaceae und Dahlien zu den Asteraceae.

*Mitte oben* Die Familie Hyacinthaceae wird hier von fünf Vertretern repräsentiert: Prärielilie und Hyazinthe sind die großen Zwiebeln im Hintergrund, vorne von links nach rechts liegen Traubenhyazinthe, Hasenglöckchen und *Scilla*.

Gattungen sind abgegrenzte Pflanzengruppen innerhalb einer Familie. Sie besitzen gemeinsame Merkmale der Familie, zu der sie gehören. So weisen viele Mitglieder der Familie Hyacinthaceae große Ähnlichkeit auf. Traubenhyazinthen (*Muscari*), *Chionodoxa*, *Scilla*, Hyazinthen (*Hyacinthus*) und Hasenglöckchen (*Hyacinthoides*) aus Europa und dem Nahen Osten ähneln Prärielilien (*Camassia*) aus Nordamerika. Besonders zwischen *Hyacinthus* und *Camassia* ist diese Ähnlichkeit frappierend. Beide gehören zur selben Familie und haben sich getrennt entwickelt.

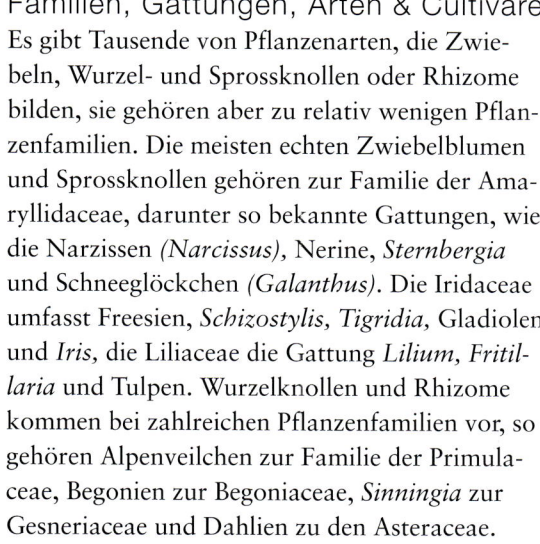

*Mitte unten* An diesen Querschnitten erkennt man den Unterschied zwischen der Sprossknolle einer Gladiole (unten) und den echten Zwiebeln einer Lilie.

Innerhalb einer Gattung gibt es meist mehrere Arten. Man kann sie als nahe Verwandte mit vielen Gemeinsamkeiten bezeichnen. So gibt es innerhalb der Gattung *Narcissus* etwa 50 verschiedene Arten. Sie kommen wild in den Wiesen und Steppen, Bergen und Hügeln von Spanien, Frankreich, Italien, Griechenland, im Mittleren Osten und in den Gebirgen Nordafrikas vor. Manchmal variiert die Form oder Farbe innerhalb einer Art, solche Populationen nennt man Varietäten. Ein bekanntes Beispiel ist die Dichter-Narzisse (*Narcissus poeticus* var. *recurvus*). Besondere Auslesen einer Art aus gärtnerischer Hand nennt man Cultivar oder Sorte. So gibt es von der Art *Narcissus*

*unten* Alle diese Zwiebeln gehören zu Vertretern der Gattung *Narcissus*, besser bekannt als Osterglocken oder Narzissen. Ein Exemplar ist eine wildwachsende Art, die in den Bergregionen Mittel- und Südeuropas vorkommt. Die übrigen sind Cultivare aus gärtnerischer Herkunft.

*cyclamineus* mit ihren charakteristischen zurückgeschlagenen Petalen viele Cultivare, wie 'February Gold', 'Jetfire' und 'Peeping Tom'. Das Ergebnis dieser gärtnerischen Selektionstätigkeit kann man an den vielen tausend Cultivaren, die auf die etwa 50 Narzissenarten zurückgehen, bewundern. Sie blühen zu unterschiedlichen Zeiten, variieren in der Wuchshöhe, in Farbe und Blütenform. Und trotz dieser großen Vielfalt gehören sie alle zur selben Gattung *Narcissus*.

# Praxis & Pflege

Pflanzung von Anemonenknollen unter einem Baum.

Je nach Jahreszeit variiert die Arbeit in einem Blumenzwiebelgarten. Nach der ersten Euphorie beim Kauf neuer Zwiebeln im Herbst folgt die Planung, wo man sie am besten pflanzt. In eine Rasenfläche oder eine Wiese? Unter Gehölze, in Staudenbeete oder in Töpfe und Kübel? Sobald sich dann im Frühling die ersten Triebe zeigen, beginnen die pflegenden Eingriffe: Höhere Pflanzen, wie Dahlien, benötigen eine Stütze, andere Schutz vor Nässe, wenig oder viel Dünger. Manche Zwiebeln, wie die von Schneeglöckchen, Tulpen oder Narzissen, können das ganze Jahr im Boden bleiben. Andere, wie Dahlien, Canna oder Begonien, müssen im Herbst vor den ersten Frösten ins Haus geholt werden. Das mag auf den ersten Blick eher lästig erscheinen, doch die Farbenpracht der Blüten macht jeden Extraaufwand schnell wieder wett.

Das Handwerkszeug eines Bumenzwiebelgärtners.

Eines der Hauptmerkmale vieler Zwiebelblumen ist die Ruheperiode, in die sich die Pflanzen nach dem Wachsen, Blühen
und der Fruchtbildung zurückziehen. In diesem Stadium kann
man sie relativ einfach verpflanzen.

# Erwerb & Pflanzung

*oben* Die Rhizome des
sommerblühenden Blumen-
rohrs *(Canna indica)* setzt
man im Frühjahr unter Glas
in große Töpfe. Bei Frostgefahr kann man sie schnell
ins Haus holen. Mitte Mai
kann man Cannas an einem
sonnigen, geschützten
Platz im Freien auspflan-
zen, wo sie bis zu den ersten Frösten gedeihen.

Blumenzwiebeln kann man im Gartenversand-
handel, bei spezialisierten Gärtnereien oder
im Gartencenter kaufen. Bewahren Sie die Zwiebeln kühl und trocken auf und pflanzen Sie, wenn
die Witterungsbedingungen ideal sind.

## Pflanzzeit

Es gibt bei Zwiebelblumen zwei Hauptpflanzzei-
ten: Herbst und Frühjahr. Im Herbst werden
Frühlingsblüher, wie Narzissen, Tulpen, Hyazinthen und Krokusse angeboten. Sie sind winterhart
und überstehen kalte Temperaturen. Im Frühjahr
werden Zwiebeln, Knollen und Rhizome von
Sommerblühern verkauft. Dazu gehören Blumenrohr, Gladiolen, Begonien oder Dahlien. Da nicht
alle dieser Arten frosthart sind, pflanzt man sie
erst Mitte Mai nach den Eisheiligen ins Freie.
Man kann sie im Zimmer in Töpfen vorziehen
und schon vorher tagsüber ins Freie stellen.
Nachts holt man sie bei Forstgefahr ins Haus.

## Pflanzung

Die meisten Zwiebeln, Wurzelknollen und Rhizome haben eine abgeflachte Basis aus der die Wurzeln wachsen. Häufig sind noch alte, trockene
Wurzelreste vorhanden. Aus dem zugespitzten
oberen Teil erscheinen die ersten Triebe. Als
Faustregel ist es am einfachsten, sich zu merken,
dass die flache Basis nach unten, die Spitze nach
oben zeigen muss.

Die Pflanztiefe wird normalerweise von der
Größe der Zwiebel bestimmt. Generell kann man
sagen, dass die Zwiebel dreimal so tief, wie sie
hoch ist, gepflanzt werden sollte. Eine Zwiebel,
die von der Spitze bis zur Basis 5 cm lang ist,
muss also 15 cm tief gepflanzt werden. Das
Pflanzloch muss demnach 20 cm tief sein, denn
die 15 cm Erde müssen ja über der Zwiebel liegen. Es gibt aber einige Ausnahmen, zum Beispiel
die südafrikanische Nerine oder die Hakenlilie
*(Crinum)*, die dicht unter der Erdoberfläche ge-

*rechts* Mit etwas Fantasie
kann man zahlreiche Zwie-
belblumen in Töpfe und
Kübel pflanzen und so den
Frühling auf Balkon und
Terrasse holen.

*links*  Die meisten Zwiebelblumen, die im Frühling
blühen, pflanzt man im
Herbst. Die Auswahl ist riesig. Abgebildet sind Hya-
zinthen, Traubenhyazinthen
und Anemonen.

pflanzt werden, genau wie die Madonnen-Lilie
*(Lilium candidum),* die man ca. 2,5 cm tief setzt.

   Die Größe der Zwiebel bestimmt auch das
Pflanzwerkzeug. Ein Dibber oder eine schmale
Pflanzschaufel sind ideal für kleine Zwiebeln, wie
Krokusse oder Anemonen. Größere, wie Lilien
oder Narzissen, pflanzt man mit einem Blumen-
zwiebelpflanzer oder einem kleinen Spaten.

## Schneeglöckchen „grün"

Einige Zwiebelblumen, darunter Schneeglöckchen,  lassen sich nicht besonders gut lagern. Sie
gehören zu den ersten Blühern im Frühling und
vertragen den Trocknungsprozess, dem Blumenzwiebeln vor dem Verkauf ausgesetzt sind, nicht.
Man kann sie auch vorgezogen im Spätwinter in
Töpfen erwerben. Pflanzen Sie sie sofort ins Beet
oder in Blumentöpfe. Wenn ihnen der Standort
zusagt, vermehren sie sich schnell und verwildern
leicht. Pflanzen Sie sie in Gruppen von acht bis
zehn Pflanzen im Abstand von etwa 7,5 cm.

*links*  Als Faustregel gilt,
dass Zwiebeln dreimal so
tief gepflanzt werden wie
sie hoch sind. Mit einem
Spaten, einer Pflanzschaufel oder einem Blumenzwiebelpflanzer gräbt man ein
passendes Loch. Machen
Sie sich vor der Pflanzung
genau kundig, denn einige
Zwiebelblumen, darunter
Nerine, Hakenlilie sowie
etliche Lilien, sind Ausnahmen dieser Regel und sollten knapp unterhalb der
Erdoberfläche zu liegen
kommen.

Zwiebelblumen eignen sich für alle Blumenbeete – und das das ganze Jahr hindurch. Im Frühling blühen Schneeglöckchen, gefolgt von Hyazinthen, Tulpen und Narzissen. Im Sommer blühen Gladiolen und Lilien, und im Herbst Hakenlilie und Nerine.

# Pflanzung in Beeten

*unten links* Dieses formale Frühlingsbeet ist mit roten Tulpen 'Apeldoorn' und weißen 'White Dream' bepflanzt. Die Unterpflanzung besteht aus *Anemone blanda* 'White Splendour'. Tulpen lassen sich leicht an einer gespannten Schnur in einer geraden Linie setzen.

*unten rechts* Im selben Beet zeugen die Samenstände von *Allium* von deren Blüten. Dazwischen wachsen *Lilium regale*, Rosen und Lavendel.

J e nach Gartenstil und Gestaltungseffekt muss man unterschiedliche Dinge beachten.

## Lockere Gruppen

Pflanzungen von lockeren Gruppen derselben Zwiebelblumenarten können, je nach Größe der Beete, eine beeindruckende Wirkung entfalten. Besonders wenn man die Gruppenpflanzung wiederholt und mit anderen Beetpflanzen und Stauden unterbricht. Tulpen lassen sich gut mit Vergissmeinnicht *(Mysotis)* oder Stiefmütterchen *(Viola)* kombinieren, Zier-Lauch *(Allium)* mit Goldlack *(Erysimum cheiri)* und Gladiolen mit Bartfaden *(Penstemon)* oder früh blühenden Mohnsorten *(Papaver)*.

## Dränage

Lilien gehören zu den robusteren Zwiebelpflanzen und können im Herbst oder Frühwinter gepflanzt werden. Sie vertragen aber keinen zu feuchten oder gar staunassen Boden, sondern bevorzugen gut durchlässige Erde. Wenn man im Garten eher schweren, tonigen oder lehmigen Boden haben, sollte man vor der Pflanzung eine großzügige Schicht Splitt oder Kies unter den Zwiebeln im Pflanzloch ausbringen. Auch die Kaiserkrone *(Fritillaria imperialis)* ist eine Zwiebelblumenart, die keine Staunässe verträgt. Setzen Sie die Zwiebeln auf eine Dränageschicht und außerdem leicht schräg, sodass Feuchtigkeit aus den offenen Triebspitzen abfließen kann.

## Kultur in Töpfen

Wenn frühlingsblühende Zwiebelblumen verblüht sind, werden sie durch später blühende Arten oder Sommerblumen ersetzt. Graben Sie dazu die Zwiebeln aus. Werden die Knollen und Zwiebeln in Körben gepflanzt, lassen sie sich leichter entnehmen. Außerdem können die Pflanzen ihren Vegetationszyklus dann ohne Störung beenden.

Werden Zwiebel- und Knollenpflanzen generell in Töpfen vorkultiviert, überstehen selbst empfindliche Sommerzwiebeln frostige und feuchte Winterbedingungen – sie werden dann erst nach den letzten Frösten Mitte/Ende Mai ausgepflanzt. Im Herbst des Vorjahres (beispielsweise *Ornithogalum dubium*) oder im Vorfrühling (Freesien) in Töpfe gepflanzte Zwiebeln werden erst im Frühsommer in den Garten gesetzt. Ebenso leicht lassen sie sich im Herbst noch vor den ersten Frösten wieder heraus nehmen.

## Gestaffelte Blüte im Frühling

Obwohl bereits eine einzige Gruppe von Zwiebelpflanzen ein Beet aufwertet, wird der Effekt durch unterschiedliche, im Herbst gepflanzte Sorten noch gesteigert. Wählen sie Formen aus, die nacheinander blühen, um die Blühperiode um mehrere Wochen zu verlängern. Beispiele wären etwa früh blühende Zwerg-Narzissen, wie 'February Gold', 'Tête-à-tête', 'Topolino', 'Jumblie' oder 'Jetfire', dazu frühe Tulpen, wie 'Shakespeare' und 'Heart's Delight' oder 'Stresa'. Pflanzen Sie Krokusse, Schneestolz oder Traubenhyazinthen dazwischen. Darauf folgen gruppenweise gepflanzte Osterglocken, wie 'Pipit' oder 'Thalia' und Tulpen, wie 'White Dream' und 'Attila'. Den Abschluss der Frühlingsblüte bilden späte Tulpen ('Queen of Night' und 'Blue Heron') und Narzissen. Für zusätzliche Farbe sorgen Stiefmütterchen, Veilchen, Schlüsselblumen oder Vergissmeinnicht.

## Blüten im Frühling und Sommer

Ein Beet mit Zwiebel- und Knollenblumen bietet sechs Monate lang, vom Frühling bis in den Sommer, einen herrlichen Anblick – und das bei einer einmaligen Pflanzung im Herbst. In einem formalen, von Buchsbaum gesäumten Beet könnte die Blühperiode mit frühen Tulpen, Anemonen und Schachbrettblumen beginnen, dann folgen im Sommer Gruppen von *Allium hollandicum* 'Purple Sensation' und weißen Königs-Lilien. Die Zwiebeln bleiben entweder im Boden und blühen Jahr für Jahr aufs Neue oder die Tulpen werden entnommen und durch einjährige Sommerblumen ersetzt. Dadurch kommen auch Zier-Lauch und Lilien wirkungsvoller zur Geltung.

### Pflanzung in Töpfen

1 Stellen Sie einen schwarzen Plastiktopf in ein Loch und füllen Sie eine 2,5 cm hohe Dränageschicht aus Styroporschnipseln ein.

2 Setzen Sie die Zwiebeln 15 cm unter dem Topfrand in durchlässige Erde.

3 Eine Mulchschicht verhindert Unkrautwuchs.

4 Wenn die Blüten welk sind, kann man den Topf herausnehmen und Sommerblumen pflanzen.

### Dränage für Lilien

Je nach Größe der Zwiebeln wird ein 20 bis 30 cm tiefes Loch gegraben. Eine 2,5 cm dicke Kiesschicht sorgt für Dränage. Darauf legt man die Lilienzwiebeln im Abstand von 15 bis 25 cm. Achten Sie darauf, die Triebe nicht zu beschädigen, sonst wird keine Blüte gebildet.

### Lockere Gruppen pflanzen

Heben Sie ein Loch von etwa 40 x 30 x 10 cm aus, je nachdem welche Zwiebeln oder Knollen Sie pflanzen möchten. Diese Gladiolenknollen werden mit der Basis nach unten im Abstand von etwa 10 cm gesetzt. Gladiolen sind nicht frosthart und müssen im Herbst ausgegraben und im Haus überwintert werden.

Die Auswahl an Zwiebelblumen, die in Rasenflächen verwildern können, ist riesig. Sie bilden schnell bunte Blütenteppiche und sind besonders für natürlich angelegte Gärten oder verwilderte Ecken geeignet.

# Pflanzung im Rasen

**Pflanzung einzelner Zwiebeln**
1 Werfen Sie die Zwiebeln zufällig verteilt auf den Rasen. Der Abstand sollte etwa 7,5 bis 20 cm betragen.

2 Je nach Zwiebeldurchmesser wird nun ein 25 cm tiefes Loch ausgehoben.

3 Setzen Sie die Zwiebel mit der Basis nach unten und der Spitze nach oben in das Loch. Dann wird mit lockerer Erde aufgefüllt und die Grasnarbe wieder eingesetzt. Vorsichtig antreten und wässern.

*rechts* Crocus vernus verwildert im Rasen.

**Zwiebelblumenpflanzer**
Mit einem Blumenzwiebelpflanzer lassen sich kleine Zwiebeln einfach im Rasen pflanzen. Krokusknollen setzt man mit der flachen Seite nach unten und der Spitze nach oben ein. Der Pflanzabstand beträgt etwa 7,5 cm.

Viele der von Spätwinter bis in die Mitte des Frühlings blühenden Zwiebel- und Knollenpflanzen, wie Schneeglöckchen, Winterling, Krokusse, Anemonen, Osterglocken und einige Hundszahn *(Erythronium)*, fühlen sich auch in einem Blumenrasen wohl. An günstigen Stellen säen sie sich sogar selbst aus. Machen Sie sich diese Fähigkeit, mit den Graswurzeln zu konkurrieren, zunutze und setzen Sie sie in den Rasen.

Im Frühling ist das Gras noch kurz und die Konkurrenz um das Licht geringer, daher brechen die austreibenden Sprosse leicht durch die Grasnarbe hindurch.

Auch einige der im Spätfrühling blühenden Zwiebelblumen wachsen gut zwischen Gräsern. Atlantisches und Spanisches Hasenglöckchen, aber auch *Ornithogalum nutans*, Dichter-Narzissen sowie einige Prärielilien passen bestens in blühende Wiesen oder zwischen Obstbäume. Nur spät blühende Tulpen müssen alle zwei bis drei Jahre ersetzt werden.

Von Hoch- bis zum Spätsommer stellen die Gräser eine zu starke Konkurrenz dar, daher sind die Möglichkeiten für Zwiebelpflanzen in dieser Periode eingeschränkt. Außerdem legen die meisten Gärtner nun mehr Wert auf einen sauber und kurz geschnittenen Rasen. Daher ist es günstiger, die Farbtupfer aus verwilderten Zwiebelpflanzen auf das Frühjahr zu beschränken.

Zwiebelpflanzen werden sich im Rasen nur dann erfolgreich vermehren, wenn sie ihren gesamten Vegetationszyklus abschließen können. Erst dann darf das Gras – und mit ihm die dann die verwelkten Blätter der Frühlingsblüher – geschnitten werden. Der früheste Termin liegt etwa sechs Wochen nach der Blüte.

## Einzelpflanzung
Pflanzen Sie kleine Zwiebeln und Knollen am besten mit einem Zwiebelpflanzer ein. Die Pflanztiefe ist auf der Packung angegeben (Faustregel: drei-

**Pflanzung großer Gruppen**
1 Graben Sie eine spaten-
breite Rille und legen Sie
die Grasnarbe beiseite. Mit
einer Handschaufel hebt
man die Erde bis zur ge-
wünschten Tiefe aus. In
diesem Fall sind das etwa
25 cm. Die ausgehobene
Erde legt man beiseite.

2 Kombinieren Sie *Narcissus poeticus* var. *recurvus*
mt *Camassia leichtlinii*. Der
Pflanzabstand beträgt etwa
20 cm.

3 Füllen Sie das Pflanzloch
bis zur Spitze der Zwiebeln
mit der lockeren Erde auf
und legen Sie dann die
Grasnarbe wieder darüber.
Vorsichtig antreten.

4 Die Narzissen und Prärielilien ergänzen sich im Spätfrühling und Frühsommer
perfekt.

mal die Zwiebelhöhe), daher sind Geräte mit
Randmarkierungen sehr hilfreich. Drehen Sie den
Pflanzer an der vorgesehenen Stelle in die Erde
und heben Sie ihn vorsichtig heraus. Setzen Sie
die Zwiebeln oder Knollen ein (Wurzeln nach unten) und klopfen Sie etwas Erde aus dem Pflanzer,
um sie zu stabilisieren. Erst dann folgt der Rest
der Erde. Zum Schluss leicht andrücken.

Narzissen und andere große Zwiebeln oder
Knollen lassen sich auch mit einer Pflanzschaufel
pflanzen. Werfen Sie die Zwiebeln oder Knollen
einfach auf den Boden. Sie werden dort gepflanzt,
wo sie zufällig hinfallen. Damit sich die Zwiebeln
oder Knollen frei ausbreiten können, sollte der
Mindestabstand aber 15 bis 20 cm betragen. Im
Laufe der Zeit entsteht so ein immer dichterer
Blütenteppich. Manche größere Osterglocken
dürfen ruhig bis 25 cm tief eingepflanzt werden.

## Pflanzen großer Gruppen

Noch größere Gruppen von Zwiebeln oder Knollen lassen sich leichter einsetzen, wenn das Pflanzloch als Ganzes ausgehoben wird. Graben Sie eine
entsprechende Fläche mit dem Spaten aus und
setzen Sie die Zwiebeln oder Knollen ein. Die
Schritt-für-Schritt-Serie oben zeigt dies am Beispiel spät blühender Dichter-Narzissen, die mit
*Camassia leichtlinii* in einen Graben eingesetzt
werden. Die äußere Reihe blüht von Spätfrühling
bis Frühsommer. Sie begrenzt einen Bereich mit
früher blühenden Osterglocken, die in formalen
Reihen zwischen Kirschbäumen wachsen.

*links*  Große Gruppen von
Narzissen wirken in Rasenflächen einfach umwerfend
und werden von Jahr zu
Jahr größer und üppiger.

Baumscheiben von laubabwerfenden, nicht zu flach wurzeln-
den Bäumen können mit frühlingsblühenden Zwiebeln, Knollen oder Rhizomen unterpflanzt werden.

# Bepflanzung einer Baumscheibe

Der Boden im Umkreis der meisten immergrünen Bäume ist zu trocken für Zwiebelpflanzen. Viele Koniferen haben außerdem sehr flach
ausstreichende Wurzeln. Ideal sind dagegen Obstbäume, Zier-Äpfel oder -Kirschen sowie Magnolien. Die Beete können beliebig geformt sein,
hübsch und praktisch für den Rasenmäher sind
90 cm lange ovale Beete im Gras mit einem Abstand von 60 cm vom Baumstamm. Entscheiden
Sie sich für Zwiebeln oder Knollen, die blühen
bevor das Blätterdach des Baumes zu dicht wird
und den Boden beschattet. Bestens geeignet sind
alle Formen früh blühender Narzissen, in Kombination mit *Anemone blanda*, Traubenhyazinthe
(*Muscari armeniacum*), Blausternchen und Tulpen. Noch früher blühen Schneeglöckchen, Alpenveilchen und Winterling. Sie sorgen Jahr für
Jahr für reiche Frühlingsblüte. Selbstverständlich
geben auch krautige Pflanzen, wie Nieswurz, Goldenes Mutterkraut (*Tanacetum parthenium* 'Aureum'), Silberblatt (*Lunaria annua*), Vergissmeinnicht und Waldmeister exzellente Partner ab.

Die Knollen von *Anemone blanda* sind relativ
preiswert, lassen sich einfach pflanzen und verwildern leicht. Sie eignen sich optimal für solche
Standorte und sind in vielen Schattierungen von
Blau, Mauve oder Weiß erhältlich. Im Laufe der
Jahre bilden sie einen dichten, farbigen Teppich
unter dem Baum und breiten sich sogar in den an-
grenzenden Rasen aus – wenn man sie lässt.

Legen Sie die Knollen über Nacht zum Quellen ins Wasser; sie werden etwa 5 cm tief und in
einem Abstand von 5 cm eingesetzt. Leider lassen
sich Ober- und Unterseiten der Knollen schlecht
auseinander halten: Suchen Sie nach den haarigen
Wurzeln, sie weisen nach unten. Kombinieren Sie
*Anemone blanda* mit Schlüsselblumen, Goldenem
Mutterkraut und Gruppen von Zwerg-Narzissen,
wie 'February Gold' oder 'Tête-à-tête', zu einem
exquisiten Farbenspiel.

Bei sorgfältiger Planung blühen die Pflanzen
auf der Baumscheibe zur selben Zeit wie der

*oben* Dieses ovale Beet
von etwa 90 x 60 cm Größe
um eine Baumscheibe kann
leicht mit dem Rasenmäher
umfahren werden. Mit Früh-
lings- und Frühsommerblü-
hern bepflanzt wirken sie
besonders schön.

*links* Narcissus 'February
Gold' gehört zu den besten
der früh blühenden Zwerg-
Narzissen. Sie sind intensiv
gefärbt, haben aufrechte,
stabile Stiele, blühen früh
und haben eine elegante
Form. In Gruppen unter einem alten Kirschbaum ge-
pflanzt sorgen sie für Farbtupfer im Frühlingsgarten.

*links* Vor der Pflanzung lässt man die Knollen von *Anemone blanda* über Nacht in Wasser einweichen. Dann setzt man sie im Abstand von etwa 5 cm in großzügigen Gruppen von bis zu 20 Exemplaren.

Baum, unter dem sie wachsen. Rosafarbene mittelfrühe Tulpen sehen beispielsweise zusammen mit purpurn blühendem Silberblatt atemberaubend unter einem blühenden Apfelbaum aus.

Lassen Sie den Zwiebeln und Knollen Zeit, ihren Vegetationszyklus abzuschließen. Die alten Blätter werden erst im Hochsommer entfernt. Dann liegen die Baumscheibenbeete im Schatten und außer vielleicht Fingerhut oder einer Kletterrose wird kaum etwas darin gedeihen. Zur Fruchtzeit erscheinen dann die Blüten von Spätsommer- und Frühherbst-Arten. Ein gutes Beispiel ist die Herbstzeitlose (*Colchicum speciosum* 'Album'), deren weiße, kelchförmige Blüten vor den Blättern erscheinen. Auch Alpenveilchen (*Cyclamen hederifolium*) blühen bevor die Blätter erscheinen. Diese Blätter bleiben niedrig und sorgen durch ihre Zeichnung noch für zusätzliche Akzente im Beet.

*oben* Traubenhyazinthen (*Muscari armeniacum*) wirken am besten in großen Gruppen. Setzen Sie die Zwiebeln im Abstand von 5 cm und genauso tief in den Boden.

*rechts* Traubenhyazinthen beginnen im Spätwinter zu blühen und halten sich viele Wochen. So kann man den Kontrast der blauen Blüten mit den rosaweißen Magnolien noch im Mai genießen.

In dem Moment, in dem man einen Kübel mit Zwiebeln bepflanzt, schafft man Blütenakzente für die Zukunft. Die Farbauswahl hängt vom persönlichen Geschmack ab und man kann aus zahlreichen Kombinationen schöpfen.

# Große Pflanzgefäße

**1** Bohren Sie bei Bedarf 6 Dränagelöcher in den Boden des Fasses. Schlagen Sie die Seiten mit Plastikfolie aus. Dort, wo die Löcher im Boden sind, wird die Folie eingeschnitten. Eine etwa 7,5 cm dicke Dränageschicht aus Kies sorgt für guten Wasserabzug. Füllen Sie dann den Kübel zu etwa 2/3 mit Blumenerde.

**2** Setzen Sie den Hartriegel in die Mitte. Am Rand entlang werden die Narzissenzwiebeln mit der Spitze nach oben eingesetzt. Sie müssen dreimal so tief liegen, wie sie hoch sind und so, dass noch ein 5 cm hoher Rand an der Topfkante bleibt.

**3** Geben Sie mehr Blumenerde in das Fass und pflanzen Sie die Skimmien und Heucheras an gegenüberliegenden Seiten.

**4** Füllen Sie die Blumenerde bis 2,5 cm unter die Fasskante ein und pflanzen Sie die Stiefmütterchen.

**5** Genießen Sie das Farbspiel im Frühling.

Wenn Sie im Herbst einen großen Blumenkübel für den Frühling bepflanzen möchten, entscheiden Sie sich für weiße, gelbe und lachsrosa Osterglocken, Tulpen und Hyazinthen. Sie werden mit anderen weiß, lachsrosa oder gelb blühenden Zwiebelblumen unterpflanzt. Alternativ bieten sich Schlüsselblumen, Veilchen, Stiefmütterchen, Vergissmeinnicht oder Goldlack an. Zusammen mit bronze- oder goldfarbenen Blättern ergibt sich ein meisterliches Farbenspiel. Völlig anders wirken kräftige Blau-, Rot- oder Rosa-Töne – ebenfalls von Zwiebel-, Knollen- oder Rhizompflanzen. Für den Sommer bieten sich wunderbare Kombinationen aus Lilien, Begonien, Canna und Dahlien an.

Überlegen Sie sich vor dem Bepflanzen, welche Wirkung Sie erzielen möchten. Stimmen Sie Wuchsform, Höhe und Breite der Pflanzen auf den Kübel ab.

Planen Sie die Bepflanzung stets in Hinblick auf eine definierte Hauptblütezeit: Eine Farbenexplosion mitten im Frühling erreichen Sie mit Osterglocken oder Tulpen in Kombination mit Stiefmütterchen. Für einen spät blühenden Farbklecks sorgen späte Tulpen in Kombination mit Stiefmütterchen, Vergissmeinnicht oder Goldlack. Die zahlreichen Farbtöne des Goldlacks passen zu jeder Tulpenfarbe. Goldlack blüht zwar erst ab Frühlingsmitte, treibt aber schon vorher Blätter aus – die Blühperiode hält dann mehrere Wochen lang an. Ein weiterer großer Vorteil ist der Duft: Ein duftender Kübel oder ein großer Blumentopf neben der Küchentür ist ein wirkliches Frühlingsvergnügen.

Selbst eine Blühperiode vom Herbst bis in den Frühling hinein lässt sich realisieren, sofern Sie aus dem breiten Angebot eine geeignete Auswahl treffen. Im Winter blühende Stiefmütterchen und Veilchen beginnen kurz nach dem Einpflanzen zu blühen und setzen die Blüte bis zum Frühsommer fort, je nachdem, wie warm es ist und wie sonnig der Kübel steht. Je sonniger der Standort, desto besser die Blüte.

Vor allem im Winter, wenn die Tage trüber werden, sorgen Sträucher mit farbiger Rinde für aufregende Akzente im Garten. Hartriegel (*Cornus alba* 'Sibirica') eignet sich mit seinen leuchtend roten Zweigen bestens zu diesem Zweck.

Immergrüne Sträucher tragen farbige Früchte, Knospen oder Blüten bei. Sehr beliebt sind Schneeball *(Viburnum tinus)*, aber auch *Skimmia japonica* 'Rubella' mit dunkelroten Blütenknospen im Winter. Sie entfalten sich im Frühling zu weißen Blüten. Pflanzen Sie Purpurglöckchen mit rotem Laub und mahagoni-rote Stiefmütterchen dazu: Sie bilden einen fantastischen Hintergrund für früh blühende Zwiebeln oder Knollen.

Im Frühling liefern Alpenveilchen zusammen mit Krokussen, Iris oder *Anemone blanda* zusätzliche Farbe, gefolgt von später blühenden Osterglocken oder Tulpen. Zu roten und bronzefarbenen Blättern sehen alle kupferroten oder rosa Blüten überwältigend aus. Einen hübschen Anblick bieten auch *Narcissus* 'Rose Caprice' mit lachsrosa, 'Salome' mit orangerosa oder 'Rainbow' mit kupferrosa Blüten. Im Hochsommer kommen dann die kupferrosa Töne von Lilien, wie 'Pink Tiger', optimal zur Geltung.

Natürlich brauchen alle Kübel einen guten Wasserabzug, doch im Winter sind bepflanzte Kübel auf besondere Pflege angewiesen. Befüllen Sie den Boden des Kübels großzügig mit Tonscherben oder Styroporschnipseln; damit bildet sich auch bei dauerfeuchtem Wetter keine Staunässe. Diese Schicht verhindert auch, dass die häufig relativ kleinen Löcher in den Kübeln durch die Pflanzenwurzeln zugesetzt werden. Holzfässer ohne Dränagelöcher werden mit mindestens sechs großen Bohrlöchern durchlässig gemacht. Setzen Sie die Zwiebeln in Blumenerde auf Komposter oder Torfbasis und fügen Sie etwas Kies hinzu (Faustregel: 1 Teil Kies auf 3 Teile Blumenerde).

Hölzerne Blumenkübel werden früher oder später verrotten. Sie können den Prozess aber aufhalten, wenn Sie solche Behälter innen mit einer schwarzen Plastikfolie auslegen. Damit bleibt die Feuchtigkeit in der Erde und das Holz wird weitgehend vor Nässe geschützt. Natürlich muss die Plastikfolie unten durchlöchert werden, idealerweise dort, wo die Löcher im Kübel sind.

**Tulpen- und Goldlacktopf**

1 großer Terrakottatopf (50 cm tief und breit)
10 mittelf⁻ühe oder späte Tulpen, z.B. 'Apeldoorn' (rot), 'Blue Heron' (violett-blau), oder 'Queen of Night' (dunkelpurpurn)
1 Büschel Zwerg-Goldlack *(Erysimum cheiri* 'Orange Bedder')

**1** Legen Sie Tonscherben über das Wasserabzugsloch und füllen Sie eine 5 bis 7,5 cm dicke Dränageschicht aus Kies ein. Geben Sie das Gemisch aus Blumenerde mit Sand (Verhältnis 3:1) in den Topf.

**2** Setzen Sie die Tulpenzwiebeln (mit der Spitze nach oben) so ein, dass sie dreimal so tief liegen, wie sie dick sind und noch 5 cm unter dem Topfrand frei bleiben. Füllen Sie dann den Topf mit der Blumenerde auf.

**3** Trennen Sie die Goldlackpflänzchen und wählen Sie die mit den kräftigsten Wurzeln aus.

**4** Setzen Sie 7 oder 8 Goldlackpflänzchen in den Topf. Gut andrücken und angießen.

**5** *Tulipa* 'Blue Heron' und der orangefarbene Goldlack ergeben eine hübsche Farbkombination. Der Goldlack duftet besonders angenehm.

Kleine Töpfe bieten die gleichen Gestaltungsmöglichkeiten wie große Kübel oder Container. Der einzige Unterschied der Frühlings- und Sommerbepflanzungen liegt in der Größe.

# Kleine Töpfe und Balkonkästen

### Hyazinthen und Primeln

1 flacher Tontopf (30 cm breit und 15 cm tief)

5 Hyazinthen, z.B. *Hyacinthus orientalis* 'Amethyst'' (lila) oder 'City of Haarlem' (gelb)

4 Frühlings-Primeln in zu den Hyazinthen passenden Farben

1 Geben Sie eine etwa 2,5 cm dicke Dränageschicht und darüber eine 5 cm dicke Schicht Blumenerde in den Topf

2 Eine Handvoll Splitt sorgt für zusätzliche Dränage. Hyazinthen mögen besonders im Winter keine nassen Füße.

3 Setzen Sie die Zwiebeln so ein, dass sie sich nicht berühren.

4 Bedecken Sie die Zwiebeln mit Blumenerde bis nur noch die Spitzen herausschauen. Die Primeln setzt man in einem Kreis um die äußeren Zwiebeln. Mit Erde füllt man bis auf 2,5 cm unter dem Rand auf.

Für kleinere Töpfe oder Blumenkästen für die Fensterbank braucht man selbstverständlich Arten und Sorten mit niedrigem Wuchs. Zur Auswahl stehen eine Vielzahl von Zwerg-Narzissen, wie 'February Gold', 'Jack Snipe', 'Jetfire', 'Jumblie', 'Topolino', 'Tête-à-tête' und 'Peeping Tom', sowie die später blühende 'Hawera'. Auch Zwerg-Tulpen sehen in Töpfen herrlich aus. Geeignet sind alle einfachen, früh blühenden Sorten: 'Heart's Delight', 'Shakespeare', 'Stresa' und gefüllte Sorten, wie 'Peach Blossom' und 'Willemsoord'. Auch die in vielen Sorten und Farben angebotenen Hyazinthen eignen sich bestens für Kübel: Blau sind 'Delft Blue' und 'Blue Magic', weiß 'L'Innocence', gelb 'City of Haarlem', rosa 'Lady Derby' und lachsrosa 'Gipsy Queen', um nur eine kleine Auswahl zu nennen.

Die drei wichtigsten Gattungen unter den Frühblühern – Osterglocken, Tulpen und Hyazinthen – lassen sich in vier unterschiedlichen Arrangements gruppieren. Zunächst kann jede Gattung in großzügig bemessener Zahl für sich gepflanzt werden. Zweitens können sie mit Blumen, wie Stiefmütterchen, Veilchen oder Primeln, kombiniert werden, sodass bereits vor der Hauptblüte der Zwiebelpflanzen Blüten zu sehen sind. Drittens bietet sich eine Bepflanzung auf zwei Ebenen an, bei der gleichzeitig blühende, niedrigere Arten mit eingepflanzt werden. *Anemone blanda* mit weißen oder blauen, sternförmigen Blüten bilden einen ebenso hübschen Blütenteppich wie spät blühende Frühlings-Krokusse, Traubenhyazinthe, Schneestolz und in geringerem Maße auch Blausternchen. Alle sind relativ preiswert und werden gewöhnlich in Paketen angeboten. Sie können auch *Narcissus* 'February Gold' und großblütige Krokusse oder gelbe Hyazinthen mit weißen *Anemone blanda* kombinieren.

Die vierte Alternative ist eine Bepflanzung auf zwei Ebenen mit einigen zusätzlichen Veilchen oder Primeln. Pflanzen Sie diese Arten aber nicht direkt über die Zwiebeln. Deren Sprosse würden

sich bei ihrem Weg ans Licht durch das Wurzelwerk schieben und die Pflanzen möglicherweise
aus der Erde hebeln. Für den Sommer eignen sich
Knollen- und Hänge-Begonien oder die De Caen-
Hybriden von *Anemone coronaria*, die in zahlreichen leuchtenden Farben angeboten werden.

   Vor allem in kleinen Töpfen oder flachen Kübeln kann es vorkommen, dass Zwiebeln und
Knollen flacher eingepflanzt werden als im Freiland. Solange das Arrangement nicht für mehrere
Jahre gedacht ist und die Pflanzgefäße während
kalter Wintertage an einem geschützten Ort stehen, ist das kein Problem. Füllen Sie die Töpfe
möglichst mit Blumenerde, der reichlich Kies beigemischt wird. Bei Torferde sollte das Verhältnis
zwischen Erde und Kies 3:1 betragen. Setzen Sie
Hyazinthen, Zwerg-Narzissen oder Lilien direkt
auf eine Lage Kies. Auf diese Weise kann das
Wasser besser abziehen.

**Narzissen und Veilchen**
1 Blumenkasten (45 x 20 x
   15 cm)
10 *Narcissus* 'Hawera'
2 Silbergreiskraut *(Senecio
   cineraria)*
3 *Viola* 'Sunbeam' (gelb)
3 *Viola* 'White Perfection'

**1** Legen Sie eine 2,5 cm
dicke Dränageschicht aus
Styropor oder Kies auf den
Topfboden.

**2** Dann wird eine 5 cm dicke Schicht Blumenerde
(mit Sand vermischt im
Verhältnis 3:1) eingefüllt.

**3** Legen Sie die Narzissenzwiebeln in zwei Reihen
ein, sodass sich die Zwiebel nicht berühren. Mit Erde
bedecken bis nur noch die
Spitzen herausschauen.

**4** Füllen Sie den Kasten bis
2,5 cm unter den Rand auf
und setzen Sie die Som-
merblumen ein. In diesem
Beispiel ist das Silbergreiskraut in der Mitte und links
und rechts je drei gelbe
und weiße Veilchen ge-
pflanzt.

**5** Vor dem Hintergrund der
silbrigen Senecio-Blätter
heben sich die gelben und
weißen Blüten wie ein Ge-
mälde ab.

Im Frühling oder Sommer kann man Wände und Terrassen mit Blumenampeln schmücken. Es spielt keine Rolle, ob man sich für die elegante Kombination von Weiß und Gold oder für einen kräftigen Farbmix entscheidet.

# Blumenampeln & Hanging Baskets

Für Hängeampeln, die im Frühling blühen sollen, eignen sich Hyazinthen, alle Zwerg-Narzissen und -Tulpen. Als Unterpflanzung dienen Krokusse, *Anemone blanda*, Traubenhyazinthe, Schneestolz und Blausternchen. Im Herbst und Winter sorgen Efeu am Rand der Ampel oder ein kleiner Strauch, wie der Japanische Spindelstrauch *Euonymus japonicus* 'Aureopictus', für Farbe und Struktur. Auch weißes oder rosa Heidekraut passt an den Rand der Ampel. Natürlich können Sie mit Stiefmütterchen, Veilchen, Primeln oder Tausendschön auch ein eigenes Farbthema gestalten. Sommerampeln setzen leuchtende Farbakzente mit üppig blühenden Begonien.

## Efeu

Mit Efeu lässt sich auf einfache und dennoch wirkungsvolle Art der Rand einer Frühlingsampel gestalten. Problematisch sind die Tage von der Mitte bis zum Ende des Winters, wenn der Wind die Blätter austrocknet. Früher drückte man die kriechenden Efeutriebe mit dünnen Drähten an das feuchte Moos der Körbe. Damit erhielt die Ampel das Aussehen einer Efeukugel; die Triebe hingen nicht mehr frei in der Luft und konnten nicht so leicht austrocknen. Die Efeutriebe wachsen in das Moos ein und nach einem Jahr verwandelt sich die Ampel in eine dichte Efeukugel.

## Gefährliche Wetterlagen

Eine für die Blüte im Frühling bepflanzte, im Freien hängende Blumenampel leidet stark unter winterlichem Wetter, denn das Moos isoliert nur sehr unvollkommen. Sollte also der Wetterbericht extreme Kälte oder starken Wind melden, hängen Sie die Ampel besser ab und lagern sie in der Garage oder einem kühlen Hauseingang. Gießen Sie niemals bei Frost. Es ist bei Frostgefahr günstiger, die Erde eher trocken zu halten; sie darf allerdings nicht vollständig austrocknen. Vor allem im Frühling, wenn das Wachstum einsetzt, muss die Erde ständig feucht bleiben.

**Eine bunte Blumenampel**
1 Blumenampel aus Draht
(35 cm Durchmesser)
9 *Viola* 'Bowles Black' und
'Johnny Jump Up'
9 Stiefmütterchen aus der
Universal-, Joker- oder
der Senator-Serie
10 gefüllte frühe Tulpen
20 Traubenhyazinthen

**1** Legen Sie das untere
Drittel des Korbs mit Moos
und dann einem Stück
Plastikfolie aus. Schneiden
Sie 3 oder 4 Schlitze in die
Folie. Füllen Sie eine 5 cm
dicke Schicht Blumenerde
ein. Setzen Sie 3 Veilchen
auf das Moos und drücken
Sie die Wurzelballen fest an.

**2** Setzen Sie nun 3 Stiefmütterchen dazwischen.

**3** Füllen Sie die Lücken
zwischen den Pflanzen mit
Moos.

**4** Bepflanzen Sie die obere
Reihe so, dass die Veilchen
über den Stiefmütterchen
liegen und umgekehrt.
Legen Sie den Korb bis
2,5 cm unter dem Rand
mit Moos aus.

**5** Legen Sie die Tulpenzwiebeln in 2 Kreisen aus.

**6** Bedecken Sie die Zwiebeln mit Erde und legen Sie
dann die Traubenhyazin-
thenzwiebeln darüber.

**7** Füllen Sie die restliche
Blumenerde ein und pflan-
zen Sie die übrigen Veil-
chen und Stiefmütterchen
an gegenüberliegende Sei-
ten des Korbs. Füllen Sie
die Lücken mit Erde und
Moos. Hängen Sie den Topf
dann an einem sonnigen
Platz auf.

**8** Die Zwiebeln blühen lange und bilden einen hüb-
schen Kontrast zu den Veilchen und Stiefmütterchen.

*gegenüber* Blaue Traubenhyazinthen und rote Tulpen.

Nach gärtnerischen Maßstäben brauchen Zwiebelblumen nicht besonders viel Pflege und Aufmerksamkeit, vor allem wenn sie unter optimalen Wachstumsbedingungen gedeihen und nicht zu dicht gepflanzt wurden.

# Pflege

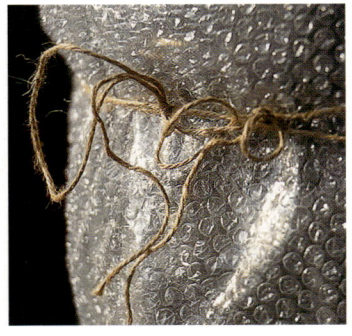

*ganz oben* Wenn möglich sollte man Töpfe im Winter an eine nach Süden zeigende Haus- oder Garagenwand stellen, wo sie vor extremen Temperaturen geschützt sind. Bei sehr kaltem Wetter ist es besser, sie in der Garage oder in einer Loggia zu überwintern.

*oben* Wenn die Töpfe zu schwer sind, kann man sie auch mit Luftpolsterfolie umhüllen, die fest zusammengebunden wird.

*rechts* Wenn Dahlien eine Höhe von etwa 30 cm erreicht haben, kann man sie mit einem Metallring oder Holzstäben und Gartenschnur stützen.

Die gängigen winterharten Frühlingsblüher, wie Osterglocken, Tulpen und Hyazinthen, kommen recht gut mit winterlichen Temperaturen zurecht, doch Hakenlilie *(Crinum)*, Nerine und andere Sommerblüher sind nur bedingt bis gar nicht winterhart. Zwiebeln im Topf müssen in rauen Regionen durch Mulch, Reisig, Stroh oder Sackleinen geschützt werden. An einigen Standorten kann für bestimmte Formen auch der Wind zum Problem werden. Stehen die Kübel nicht an einem geschützten Platz, sollten Sie ihn nur mit Arten bepflanzen, die an das Klima angepasst sind. Ein gutes Beispiel sind die Osterglocken. Während einige Sorten ganz gut mit diesen Bedingungen zurechtkommen, haben andere weiche Stängel. Hier entscheidet man sich besser für die kürzeren, früher blühenden Sorten mit kleineren Blüten, die bei starkem Wind standfest bleiben.

### Winterschutz für Kübelpflanzen
Da auch eine grundsätzlich winterharte Zwiebelpflanze am falschen Standort unter der Winterkälte leiden kann, lohnen sich einige zusätzliche schützende Maßnahmen. Füllen Sie den Topfboden immer mit reichlich Dränagematerial auf

(Scherben, Styroporflocken) und achten Sie darauf, dass im Freien stehende Kübel mit einem gut durchlässigen Substrat gefüllt werden (Kompost- oder Torferde mit Kies). Stellen Sie die Kübel nicht vor schattige Hauswände oder andere besonders exponierte Stellen. Halten Sie die Erde feucht, aber gießen Sie auf keinen Fall bei Frost. Auch sonnige Wintertage sind gefährlich, weil die Temperaturen in der Nacht darauf extrem sinken können. Achten Sie auf den Wetterbericht und schützen Sie die Kübel, wenn andauernde tiefe Temperaturen angekündigt werden.

### Stützen
Einige Pflanzen, beispielsweise Canna, hohe Dahlien, Gladiolen und die meisten Lilien, werden im Sommer sehr hoch. Dahlien sind durch sommerliche Gewitterstürme gefährdet und müssen gestützt werden. Bringen Sie die Stützen rechtzeitig an (Metallstützen oder Holzstäbe mit Draht), damit die Pflanzen bereits während der Hauptwachstumsphase zwischen Früh- und Hochsommer gestützt werden. Der unschöne Anblick der Stütze wird rasch von den Blättern verborgen.

Auch hohe Lilien brauchen eine Stütze, da sie zur Blütezeit sehr kopflastig werden. Obwohl der kräftige Stängel selbst bei starkem Wind nicht abknickt, kann er sich neigen und sieht dann sehr unschön aus. Es macht einfach mehr Freude, die herrlichen, großen Blüten am geraden Stängel bewundern zu können. Verwenden Sie einen Metallstab mit einem kleinen Ring. Ein Bambusrohr mit Gartenschnur erfüllt aber denselben Zweck. Ähnlich werden auch hohe Gladiolen abgestützt.

### Dränage
Insbesondere Lilien, aber auch einige andere Pflanzen, mögen es nicht, wenn ihre Wurzeln in feuchter Erde wachsen. Setzen Sie derartige Zwiebeln und Knollen sowohl im Topf als auch im Freiland stets auf eine Lage Kies, um einen guten Wasserabzug zu gewährleisten.

*ganz links* Lilien brauchen bei der Topfkultur eine Drä-nageschicht aus Kies.

*links* *Allium hollandicum* 'Purple Sensation' hat wun-derschöne Blütenstände, die getrocknet für Blumen-arrangements verwendet werden können.

## Gießen

Eine gute Wasserversorgung ist nicht nur im Som-mer, sondern während des gesamten Jahres erfor-derlich. Alle neu gepflanzten Zwiebeln müssen in der ersten Zeit gegossen werden, damit ihre Wur-zeln im Herbst anwachsen. Im Gartenboden ist das wegen der natürlichen Feuchte gewöhnlich kein Problem, aber in Töpfen, Kübeln, Hängeam-peln und Fensterkästen muss das Substrat durch Gießen feucht gehalten werden. Prüfen Sie daher im Frühling, ob die Pflanzgefäße im Regenschat-ten des Hauses liegen – dann müssen die Pflanzen gegossen werden.

Noch wichtiger ist Gießen im Sommer, ins-besondere während längerer Trockenperioden. Begonien dürfen keinesfalls über die Blätter ge-gossen werden, sonst verbrennen sie in der Sonne.

## Dünger

Die meisten Zwiebel- und Knollenpflanzen rea-gieren positiv auf zusätzlichen Dünger. Das gilt besonders für die lange blühenden Arten und Sor-ten von Canna und Dahlien. Sie sind echte Nähr-stoffzehrer. Versorgen Sie das Substrat beim Pflanzen im Frühling mit gut verrottetem Mist oder Langzeitdünger. Osterglocken, Tulpen und Hyazinthen brauchen kaum Dünger. Lassen Sie die Blätter stehen, bis sie sich von alleine einzie-hen. Die Fotosynthese der Blätter versorgt die Speicherorgane mit den notwendigen Reserven für das nächste Jahr. Auch in einem Staudenbeet dürfen die Tulpenblätter erst gejätet werden, wenn sie welk sind und sich leicht ziehen lassen.

Mähen Sie eine Blumenwiese, in der verschie-dene Zwiebeln und Knollen wachsen, frühestens etwa sechs Wochen nach der letzten Blüte. In ei-ner Blütenfolge von Schneeglöckchen bis Prärieli-lie kann das Gras demnach erst im Hochsommer gemäht werden. Natürlich sieht das Gras bis da-hin etwas unordentlich aus, aber es erholt sich rasch. Während Sie warten, siedeln sich vielleicht sogar hübsche Wildblumen an.

## Verblühtes entfernen

Schachbrettblumen, Winterling, Hasenglöckchen, Lilien, *Anemone blanda*, Zier-Lauch und andere Arten vermehren sich leicht über Samen. Lassen Sie bei einigen Exemplaren die hübschen Samen-stände stehen; vor allem der Winterling bildet ei-ne reizende Rosette aus.

Der Zierlauch bildet nach der Blüte einen noch größeren Samenstand aus. *Allium hollandi-cum* 'Purple Sensation' ist sogar besten für Tro-ckenblumensträuße geeignet: Sammeln Sie die Köpfe ein, solange sie noch purpurn gefärbt sind, und hängen Sie sie zum Trocknen mit den Köpfen nach unten auf.

Bei anderen Arten wird das Verblühte besser noch vor der Samenbildung entfernt, um einen neuen Flor anzuregen. Insbesondere Dahlien, Canna und Begonien blühen bis in den Herbst hi-nein, wenn Verblühtes regelmäßig abgeschnitten wird. Osterglocken, Tulpen und Lilien blühen zwar nur einmal, leiten ihre Nährstoffe aber in die Speicherorgane um. Hasenglöckchen säen sich freigiebig aus. Hier verhindert regelmäßiges Ent-fernen der abgeblühten Blütenstände eine allzu starke Ausbreitung.

*links* Entfernen Sie welke Blüten von Narzissen bevor sich die Samenkapseln bil-den. So kann die Pflanze alle Kraftreserven in die Zwiebel stecken.

Der Herbst ist eine Zeit, in der es geschäftig zugeht im Garten. Frühjahrsblühende Zwiebelblumen werden gepflanzt, frostempfindliche Sommerblumen, wie Dahlien, Begonien, Canna und Gladiolen, müssen ins Haus geholt werden.

# Ruhezeit und Winterpflege

**Dahlien überwintern**

1 Entfernen Sie das Laub und kürzen Sie den Stängel auf etwa 20 cm ein.

2 Stechen Sie die Erde im Radius von 25 bis 40 cm um den Stiel ab. Pompom-Dahlien bleiben kleiner, andere Sorten werden größer. Heben Sie vorsichtig die Knollen aus der Erde, ohne sie zu beschädigen.

3 Stellen Sie die Pflanzen kopfüber zum Abtrocknen an einem trockenen, frostfreien Ort auf. Wenn die Erde an den Knollen trocken ist, wird sie entfernt. Beschädigte Knollen stäubt man mit einem Fungizid ein. Dann werden die Knollen in leicht feuchtem Torf an einem trockenen, luftigen und frostfreien Platz überwintert.

4 Wenn sich im Frühling die ersten Triebe zeigen, gießt man vorsichtig, um die Erde feucht zu halten. Wenn kein Frost mehr droht, bereitet man das spatentiefe Pflanzloch vor und mischt Langzeitdünger oder Kompost unter die Erde.

5 Setzen Sie die Dahlie in das Pflanzloch.

6 Mit Erde auffüllen und anschließend gut andrücken und angießen.

Einige empfindliche Arten und Sorten, wie Dahlien, Knollenbegonien, Canna und Gladiolen, müssen im Herbst ausgegraben werden. Sie kommen erst im nächsten Frühling wieder in den Garten. Lagern Sie die getrockneten Zwiebeln und Knollen kühl, trocken und frostfrei. Begonien und Gladiolen sollten völlig trocken, Dahlien und Canna besser in Torf lagern.

Die Speicherorgane der Sommerblüher werden vor den ersten Frösten entnommen. Nur Dahlien profitieren davon, wenn ihre Blätter durch Nachtfröste abgetötet werden; dann verfärben sie sich schwarz. Stellen Dahlien aber bereits vor den ersten Herbstfrösten die Blüte ein, werden sie vorher ausgegraben. In sehr milden Regionen kann man die Rhizome und Zwiebeln von

*links* Im zeitigen Frühjahr legt man Begonienknollen (mit der hohlen Seite nach oben) auf leicht feuchten Kompost. Stellen Sie die Töpfe warm. Sobald sich die ersten Triebe zeigen, wird mehr gewässert. Wenn kein Frost mehr droht, kann man sie ins Freie pflanzen.

*links* Beschädigte Blumenzwiebeln sollte man mit einem Fungizid, zum Beispiel Schwefel, bestäuben.

### Cannas überwintern

Cannas werden wie Dahlien behandelt. Da die Triebe nicht hohl sind, muss man sie zum Trocknen nicht Überkopf aufhängen. Cannas bilden Rhizome, die man im Gegensatz zu Dahlienknollen teilen kann.

1 Roden Sie das ganze Rhizom im Herbst vor den ersten Frösten.

2 Schneiden Sie die Stängel auf eine Länge von etwa 7 bis 10 cm zurück.

3 Lassen Sie die Erde abtrocknen, bevor Sie die Rhizome in leicht feuchtem Torf überwintern. Wunden an den Rhizomen werden mit einem Fungizidpulver behandelt.

4 Im Frühling kann man die Rhizome teilen, wenn sich die ersten Triebe zeigen. So kann man Cannas leicht vermehren. Schnittstellen bestäubt man mit Holzkohlepulver oder einem Fungizid. Dann topft man die Pflanzen in Blumenerde.

5 Nach den Eisheiligen Mitte Mai kann man die Rhizome ins Freie pflanzen. Canna braucht einen sonnigen, geschützten Standort. Die Erde im Pflanzloch wird mit Kompost verbessert, bevor man die Rhizome einsetzt.

6 Setzen Sie die Canna ins vorbereitete Pflanzloch. Gut andrücken und angießen.

Nerine, *Crinum* und den robusteren Formen von Agapanthus im Boden zu belassen. Als Winterschutz werden sie mit einer Schicht Mulch abgedeckt. Im Zweifelsfall ist es aber sicherer, sie vor dem Winter auszugraben. Begonien werden im Herbst ausgegraben und alle Blätter entfernt – knapp 10 cm des Stängels bleiben stehen. Wenn die Erde getrocknet ist, werden die Knollen ge-

säubert und die Stängel entfernt. Lagern sie Begonien im Winter bei mindestens 7 °C. Im Vorfrühling setzt man die Knollen mit der hohlen Seite nach oben auf leicht feuchte Anzuchterde und stellt sie an einem warmen Platz. Dort bleiben sie bis sich die kleinen, rosa Knospen zeigen. Wenn die Blätter austreiben, gießt man stärker und pflanzt, sobald keine Spätfröste mehr drohen.

Viele Zwiebel- und Knollenpflanzen haben die wunderbare
Eigenschaft, sich durch Samen oder Tochterknollen und
-zwiebeln schnell und in großer Zahl vermehren zu lassen.

# Vermehrung

**Vermehrung von Knollen**
1 Mit einem scharfen Messer schneidet man die Knolle (hier eine Begonienknolle) so in der Mitte durch, dass beide Hälften ein Auge besitzen.

2 Bestäuben Sie die Schnittstellen mit Schwefelpulver oder einem anderen Fungizid. Füllen Sie zwei kleine Töpfe mit Blumenerde.

3 Pflanzen Sie die Teilknollen so ein, dass sie fest auf der Blumenerde sitzen. Halten Sie das Substrat feucht. Wenn sich das erste Triebwachstum zeigt, kann man die Pflänzchen umtopfen oder ins Freie setzen.

Wer schon einmal eine Canna gepflanzt hat, kennt den überraschenden Anblick, dass sich ein kleines, im Vorfrühling gepflanztes Rhizom in eine so große Masse von Wurzeln verwandelt hat. Bereits nach einem einzigen Sommer lassen sich aus einer Mutterpflanze durch Teilung zahlreiche neue Exemplare gewinnen. Als sei das nicht genug, bilden einige Formen von Canna sogar noch reichlich Samen.

Wer im Sommer einen Topf mit Osterglocken leert, wird neben den intakten Mutterzwiebeln einige Tochterzwiebeln finden. Sie alle wachsen aus und bilden ihrerseits neue Tochterzwiebeln.

Schauen Sie sich auch die alten Zwiebeln von Traubenhyazinthen an: Sie sind gewachsen und haben zahlreiche kleine Tochterzwiebeln gebildet. In den Folgejahren wachsen die Tochterzwiebeln heran und treiben neue Blütenstängel mit leuchtend blauen Blüten aus. Einige Traubenhyazinthen erzeugen im Laufe der Jahre so viele Tochterzwiebeln, dass ein herrlicher, blauer Teppich entsteht. Außerdem säen sich die Blüten freigiebig selbst aus – die Pflanze ist ideal zum Verwildern.

Auch viele *Allium*-Arten bilden reichlich Samen. Im Frühling treiben rund um die Mutterpflanze zahlreiche, an Schnittlauch erinnernde Tochterpflänzchen aus. Innerhalb von drei bis vier Jahren bilden sie eigene Blüten.

Hasenglöckchen säen sich besonders freigiebig aus. Wer auf eine Hasenglöckchen-Wiese hofft, wird das Ergebnis sicher kaum erwarten können, wer sie aber im Beet halten möchte, muss ständig gegen ihre Ausbreitung kämpfen. Die meisten Formen von Schneeglöckchen und Winterling bis hin zu Hyazinthen oder Hasenglöckchen fühlen sich im Beet wohler als im Rasen, da dort die Konkurrenz durch die Gräser fehlt. Sie vermehren sich allerdings auch in einer Wiese.

Manche Lilien breiten sich nicht nur über Tochterzwiebeln und Samen, sondern auch über sogenannte Brutknospen aus. Sie entstehen in den Blattachseln des Sprosses, fallen ab und wachsen

*rechts* Diese Narzisse hat drei Tochterzwiebeln gebildet. Ein Grund, warum sie sich in Wiesen so schnell ausbreitet.

*ganz rechts* Traubenhyazinthen vermehren sich leicht durch Tochterzwiebeln und Samen.

**Stecklingsvermehrung von Begonien und Dahlien**

1 Ziehen Sie einen jungen Begonientrieb vorsichtig von der Knolle ab. Wenn etwas Gewebe von der Knolle mit Wurzeln an der Stecklingsbasis hängen bleibt, ist das noch besser.

2 Pflanzen Sie den Steckling in feuchte Anzuchterde und stellen Sie ihn warm und geschützt auf, aber nicht in die pralle Sonne. Wenn die Stecklinge angewachsen sind, können sie im Garten ausgepflanzt werden.

3 Bei Dahlien schneidet man die Stecklinge an der Basis des Stängels und steckt sie in feuchte Anzuchterde. Die Töpfe stellt man auf einer warmen Fensterbank auf (nicht in die direkte Sonne) und stülpt eine durchsichtige Plastiktüte über den Steckling, bis sich die ersten Wurzeln gebildet haben.

zu neuen Pflänzchen heran. Diese Art der Vermehrung kommt bei Tiger-Lilien *(Lilium lancifolium)* und vielen Asiatischen Hybriden vor. Sammeln sie die reifen Brutknospen ab und pflanzen Sie sie in kleine Blumentöpfe. Im nächsten Jahr werden sie im Garten ausgepflanzt.

Sprossknollen vermehren sich etwas anders. Nach der Blüte stirbt die diesjährige Knolle ab; darüber bildet sich eine neue, häufig mit zahlreichen Tochterknollen. Daher wachsen manche Gattungen mit Sprossknollen im Laufe der Zeit zu dichten Horsten heran. Natürlich können sich auch Arten mit Sprossknollen über Samen verbreiten – manche besser als andere.

Die Arten mit Wurzelknollen sind Überlebenskünstler. Manche Knollen erreichen enorme Größen – vor allem im Vergleich mit den winzigen Knollen im Gartencenter – und bilden zahlreiche Samen und neue Stängel für die Vermehrung. Lassen Sie einige *Anemone blanda* unter einem alten Apfelbaum stehen und Sie werden innerhalb weniger Jahre auf ein Blütenmeer blicken, da sich aus den Samen zahlreiche neue Knollen bilden.

Die Knollen von Begonien werden im Spätwinter oder zeitigen Frühjahr durch Teilung vermehrt, wenn zwei Sprosse aus einer Knolle auswachsen. Begonien lassen sich aber auch über Stecklinge vermehren (aus Stängelabschnitten schneiden, die im Spätwinter oder zeitigen Frühjahr austreiben). Zu selben Zeit werden auch die Dahlien aus neuen Trieben vermehrt.

*rechts* Zier-Lauch setzt viele Samen an. Man sät sie am besten in separate Töpfe, da sie im Beet mit den anderen Pflanzen konkurrieren müssten.

*ganz rechts* Auch das Blumenrohr *(Canna indica)* setzt zahlreiche schwarze Samen an.

Vorbeugen ist besser als heilen. Viele Probleme lassen sich durch regelmäßiges Kontrollieren der Pflanzen im Frühstadium erkennen und behandeln, bevor sie zu einem größeren Problem werden können.

# Krankheiten & Schädlinge

*oben* Blattläuse befallen vor allem Pflanzen, die im Haus oder im Gewächshaus gepflegt werden.

*oben* Dahlien werden häufig mit Insektiziden eingestäubt. Damit das Pulver besser haftet, besprüht man die Blätter vorher mit Wasser.

*oben* Das Lilienhähnchen ist ein Käfer, der große Schäden verursachen kann.

Ohrwürmer können Dahlienblüten, Dickmaulrüssler Knollen-Begonien schädigen und Schnecken fallen über Lilien her. Zum Glück gibt es Abhilfen gegen alle Schädlinge.

## Schädlinge

### Blattläuse
*Erkennen* Kleine grüne oder schwarze Insekten auf den Knospen und Blättern. Gelagerte Tulpenzwiebeln können ebenfalls befallen werden.
*Schadbild* Unschönes Aussehen, Deformationen.
*Abhilfe* Sprühen Sie die Pflanzen mit Seifenlauge oder einem geeigneten Insektizid; gelagerte Tulpenzwiebeln mit Insektizid einpudern.

### Dickmaulrüssler
*Erkennen* Die erwachsenen Tiere sind glänzend schwarz mit festem Rückenschild. Die Larven erinnern an Maden.
*Schadbild* Die erwachsenen Tiere nagen nachts kleine Kerben in die Blattränder; die Larven richten größere Zerstörungen an.
*Abhilfe* Bleiben Sie wachsam und entfernen Sie erwachsene Tiere. Sie klettern vor allem nachts umher und ziehen sich am Tag in dunkle Ecken zurück. Kontrollieren Sie Topfunterseiten und herabgefallene Blätter. In Röhren aus dunkler Wellpappe oder anderen Fallen lassen sie sich fangen. Bringen Sie im Frühling und Spätsommer Nematoden (Fachhandel) aus, um die Larven abzutöten. Als Alternative empfehlen sich mit systemischen Insektiziden vermischte Topfsubstrate.

### Glanzkäfer
*Erkennen* Sehr kleiner, glänzend schwarzer Käfer, auch als Raps-Glanzkäfer bezeichnet; wird von gelben Blüten angelockt.
*Schadbild* Völlig zerfressene Blüten.
*Abhilfe* Schwierig; Absprühen mit Wasser hilft; Blumen für die Vase werden gründlich ausgeschüttelt und für einige Zeit in einen dunklen Raum gestellt, dann fliegen die Käfer ins Licht.

### Lilienhähnchen
*Erkennen* Der ausgewachsene Käfer ist leuchtend rot, die buckligen Larven erinnern an Maden und sind mit schwarzen Ausscheidungen bedeckt.
*Schadbild* Starke Fraßspuren an jungen Sprossen und Blütenknospen.
*Abhilfe* Käfer mit der Hand absammeln und die Larven mit Wasser absprühen; bei starkem Befall hilft nur ein entsprechendes Insektizid.

### Mäuse und Eichhörnchen
*Erkennen* Beide fressen trocken gelagerte Knollen und im Winter sogar die vergrabenen Knollen.
*Schadbild* Manchmal bleiben die angeknabberten Reste zurück. Lücken in der Bepflanzung.
*Abhilfe* Lagern Sie Zwiebeln und Knollen in sicheren Behältern. Solange keine Gefahr für Haus- und andere Wildtiere besteht, können Sie Köder oder Fallen auslegen.

### Narzissenfliege
*Erkennen* Die erwachsenen Fliegen sehen aus wie Bienen, meist sieht man nur die madenartigen, weißen Larven an Narzissen- und Hyazinthenzwiebeln.
*Schadbild* Völlig leer gefressenes Zwiebelinnere.
*Abhilfe* Entsorgen Sie alle befallenen Zwiebeln, um die Ausbreitung zu verhindern. Bestäuben Sie die Zwiebeln vor dem Auspflanzen vorbeugend mit Insektizidpulver.

### Ohrwürmer
*Erkennen* Schlanker, dunkelbrauner, glänzender Körper mit Zangen am Hinterleib. Fressen nachts Blätter und Blüten.
*Schadbild* Besonders an Dahlien. Blätter und Blüten mit runden Fraßspuren. Bei geringem Befall unauffällig, bei starkem Befall Fraßlöcher.
*Abhilfe* Stopfen Sie kleine Blumentöpfe mit Stroh oder Zeitungen aus. Mit der Öffnung nach unten in der Nähe der Dahlien auf einen Stock stellen. Morgens ausleeren und die Ohrwürmer töten.

links Vor allem die saftigen Neutriebe von Zwiebelblumen werden häufig Opfer gefräßiger Schnecken. Sie kommen nachts oder bei feuchtem Wetter aus ihren Verstecken und machen sich dann über Dahlien (links) oder Lilien (rechts) her.

## Schnecken

*Erkennen* Nacktschnecken fressen vorwiegend unterirdisch, Gehäuseschnecken auch oberirdisch.
*Schadbild* Fraßspuren bis völlige Zerstörung.
*Abhilfe* Versuchen Sie Nützlinge anzulocken, verwenden Sie biologische Mittel wie Nematoden (Fachhandel) oder stellen Sie aufgeschnittene Grapefruits und andere Köder auf.

## Stängel- und Zwiebelälchen

*Erkennen* Gewundene, durchsichtige Fraßspuren in den Blättern. Besonders an Schwertlilien, Hyazinthen, Narzissen, Schneeglöckchen und Tulpen.
*Schadbild* Die Zwiebeln fühlen sich weich an, die Stängel sind schwach, streifig oder verdreht.
*Abhilfe* Befallene Pflanzen entfernen. In den befallenen Boden dürfen mindestens drei Jahre lang keine Zwiebeln gepflanzt werden.

## Krankheiten

### Fäulen

*Erkennen* Ziehen Sie für die genaue Diagnose einen Fachmann zurate, da es verschiedene Fäuniserreger gibt. Pflanzen Sie niemals weiche oder kranke Zwiebeln oder Knollen.
*Schadbild* Kümmerwuchs.
*Abhilfe* Keine verdächtigen Zwiebeln einpflanzen. Nicht ausgetriebene Zwiebeln ausgraben; kontaminierte Erde nicht neu bepflanzen.

### Grauschimmel

*Erkennen* Samtiger, grauer Schimmelbelag oder Flecken auf Blättern und absterbenden Blüten.
*Schadbild* Blätter verformt, Zwiebeln und Knollen verfaulen.
*Abhilfe* Befallene Zwiebeln ausgraben und entsorgen; befallene Organe großzügig entfernen und mit einem Pilzmittel einsprühen. Lagern Sie die Zwiebeln trocken und frei von anhängender Erde, entfernen Sie beschädigte Teile und stäuben Sie alles vor der Lagerung mit einem geeigneten Pilzmittel ein.

## Stängelfäule

*Erkennen* Befallene Knollen sind weich, gelegentlich ist Schimmel am Sprossansatz sichtbar.
*Schadbild* Blätter gelb, welkend.
*Abhilfe* Befallene Zwiebeln ausgraben und entsorgen. Dieselbe Stelle darf nicht mehr bepflanzt werden.

## Tulpenfeuer

*Erkennen* Blätter verkrüppelt, Stängel und Blüten kümmern. An feuchten Standorten sind die Blätter mit grauem Schimmel und schwarzen Fruchtkörpern bedeckt. Kleine schwarze Schuppen auf den äußeren Schalen der Zwiebeln.
*Schadbild* Auffällig verkrüppelte Blätter und schwacher Wuchs.
*Abhilfe* Ausgraben. Kontaminierte Erde nicht wieder bepflanzen.

## Viren

*Erkennen* Viren sind extrem klein und nicht sichtbar; zu den Symptomen gehören gestreifte Blüten, gestreifte oder fleckige Blätter, Kümmerwuchs und verkrüppelte Blätter. Die Viren werden von saugenden Insekten übertragen. Auch neu gekaufte Zwiebeln können infiziert sein.
*Schadbild* Einige, aber nicht alle Virenkrankheiten sind problematisch, die Erkrankungen schwächen in jedem Fall den Pflanzenbestand.
*Abhilfe* Ausgraben und stark geschädigte Pflanzen entsorgen; gegen Blattläuse spritzen.

## Umgang mit Pflanzenschutzmitteln

Lassen Sie sich vor dem Ausbringen von Insektiziden oder Fungiziden im Gartencenter oder beim Gärtner beraten. Nur für die Verwendung im Hausgarten zugelassene Pflanzenschutzmittel dürfen verwendet werden. Bewahren Sie Pflanzenschutzmittel verschlossen und außer Reichweite von Kindern auf und halten Sie sich genau an die auf der Packung angegebene Anwendungs- und Dosierungsanleitung.

oben Diese Zwiebel ist faul. Prüfen Sie vor der Pflanzung, ob die Basis weich (und damit faul) oder fest und gesund ist.

oben Die Streifenzeichnung der Blüte wird vermutlich durch einen Virus hervorgerufen.

oben Tulpenfeuer ist eine Pilzkrankheit. Entfernen Sie befallene Pflanzen.

# Pflegekalender

## Winter

**Auswahl der Pflanzen** Viele der im Sommer und Herbst blühenden Arten und Sorten werden jahreszeitlich angeboten, insbesondere die niedrigen Begonien, *Anemone coronaria*, Freesien und hohe Dahlien, Lilien, *Crinum,* Nerine, *Chasmanthe* und Gladiolen. Lilien werden im Herbst und Spätwinter verkauft. Sie sind winterhart und können jederzeit gepflanzt werden, solange der Zustand des Bodens dies zulässt. Die meisten im Spätwinter angebotenen Zwiebeln, Knollen und Rhizome sind dagegen empfindliche Pflanzen, die keinen Frost vertragen. Sie sollten erst im Frühling eingepflanzt werden, wenn die austreibenden Blätter keinen Frost mehr zu fürchten haben. Allerdings können Sie die Natur etwas austricksen, indem Sie Begonien, Dahlien und andere Gattungen schon im Spätwinter in Töpfe setzen und unter Glas anziehen. Sie werden im Frühsommer ausgepflanzt. Die Blüte setzt früher ein und die Blühperiode wird verlängert.

**Treiben** Canna, Begonien und Dahlien sind in einer enormen Vielfalt von Farben erhältlich. Werden sie im Spätwinter oder zeitigen Frühjahr eingepflanzt, bilden sie den ganzen Sommer hindurch zahlreiche Blüten. Canna und Dahlien werden in, Begonien auf mäßig feuchtes Kompost-Substrat gepflanzt. Sie bleiben an einem hellen, kühlen Standort, bis die Wurzeln zu wachsen beginnen. Sobald sich die ersten Blätter zeigen, werden die Töpfe stärker gegossen.

**In Beete oder Kübel einpflanzen** Wenn es das Wetter zulässt, dürfen die Lilien einzeln oder in Gruppen von drei und mehr bereits ins Beet gepflanzt werden. Als Alternative bieten sich hohe Pflanzkübel an. Da Lilien gut durchlässigen Böden brauchen, werden sie sowohl im Beet als auch im Kübel auf eine Lage Kies gesetzt.

**Gießen** Im Kübel wachsende Pflanzen müssen nun sehr gezielt bewässert werden. Die Zwiebeln und Knollen brauchen durchweg feuchten Boden; kontrollieren Sie von Herbst bis Frühling regelmäßig die Substrate in Töpfen, Trögen, Fensterkästen und Hängeampeln. In den Töpfen und Trögen bleibt die Feuchte länger erhalten als in den leichter austrocknenden Fensterkästen und Hängeampeln. Ohne ausreichende Feuchte von Spätherbst bis Winterbeginn bleibt das Wurzelwachstum gehemmt, auch die im Spätwinter entstehenden Knospen sind auf Wasserversorgung angewiesen. Berücksichtigen Sie bei der regelmäßigen Kontrolle von Substrat und Feuchte unbedingt die Wettervorhersage: Die feinen Wurzeln vertragen keine feuchten Böden, wenn Fröste drohen. Auf einen sonnigen Tag folgt gewöhnlich eine eisige Nacht – besser nicht gießen. Warten Sie ab bis mehrere bewölkte, mildere Tage aufeinander folgen.

**Düngen** Zu dieser Jahreszeit besteht zwar kein spezieller Düngerbedarf, aber grundsätzlich müssen alle Zwiebeln, Knollen und Rhizome ausreichend mit Nährstoffen versorgt werden, insbesondere, wenn sie mehrere Jahre im Pflanzgefäß verbleiben. Düngen Sie zur Blütezeit oder kurz darauf, damit sich die Blätter gut entwickeln und

*oben* Dahlien zieht man in Töpfen im Frühling unter Glas oder auf der Fensterbank vor, damit man sie nach den Eisheiligen Mitte Mai in den Garten pflanzen kann.

*rechts* Winterling *(Eranthis hyemalis)* sorgt im zeitigen Frühjahr für willkommene gelbe Farbtupfer im Garten.

Nährstoffe für die nächste Saison erzeugen können. Streuen Sie im Spätwinter oder zeitigen Frühling Volldünger ins Beet. Kübelpflanzen werden besser mit Flüssigdünger versorgt.

**Frostschutz** Winterharte, im Herbst in Beete und Rasen eingepflanzte Zwiebeln und Knollen brauchen keinen speziellen Winterschutz. Allerdings sollten Sie in Grenzfällen (*Crinum*, Nerine und andere) die Pflanzen mit einer Lage trockener Blätter abdecken. Kübelpflanzen sind wesentlich stärker durch Frost gefährdet. Hängekörbe werden grundsätzlich abgehängt, sobald der Wetterbericht längere Frostperioden ankündigt. Schwache oder kurze Nachtfröste stellen kein Problem dar, doch zwei bis drei Nächte mit Temperaturen unter 0°C können bedrohlich sein. Stellen Sie die Ampeln in einen Hauseingang, eine Garage oder ein Kalthaus. Kübel werden ähnlich oder im Schutz einer Hauswand untergestellt. Sind die Gefäße zu groß oder zu schwer, werden sie mit Stroh oder Noppenfolie umwickelt, ehe die Temperatur zu frostig wird. Gewöhnlich reichen solche Schutzmaßnahmen aus. Denken Sie daran, keinesfalls an frostigen Tagen zu wässern. In diesem Fall darf die Erde ruhig etwas austrocknen.

**Verblühtes entfernen** Sofern die abgeblühten Blüten regelmäßig entfernt werden, «verschwendet» die Pflanze keine Energie, um Samen zu bilden. Stattdessen verlagert sie die Nährstoffe in die Speicherorgane. Nur wenn Sie Ihren Pflanzenvorrat über Aussaat aufstocken wollen, müssen Sie selbstverständlich einen ganzen Vegetationszyklus abwarten. Schneeglöckchen, Winterling, *Crocus tommasinianus*, Alpenveilchen, *Anemone blanda* und andere Frühblüher lassen sich recht gut über Samen vermehren.

**Vermehrung** Sammeln Sie die Samen des Winterlings im Spätwinter und zeitigen Frühling ein. Sie werden sofort wieder ausgesät – direkt ins Beet, in den Rasen oder in eine Schale. Schneeglöckchen und Märzenbecher werden geteilt und neu eingepflanzt.

**Schädlingsbefall kontrollieren** Mäuse und Eichhörnchen graben gerne frisch eingepflanzte Knollen und Zwiebeln aus. Schnecken machen sich über frühe Osterglocken her, manche Vögel über die Blüten der Krokusse.

**Garten genießen** Genießen Sie die Zeit, wenn die ersten Blüten des Jahres erscheinen: Schneeglöckchen, Märzenbecher, frühe Osterglocken, die frühen Tulpen und Knollenpflanzen, wie Iris danfordiae, Krokusse, Winterling, *Anemone blanda* und *Cyclamen coum*.

*oben* Schneeglöckchen *(Galanthus)* vermehren sich bei zusagenden Bedingungen schnell und besiedeln in kurzer Zeit große Flächen.

*oben links* Iris 'Pauline' hat dunkelviolette Blüten mit auffälliger weißer Zeichnung. Die Blüten dieser Reticulata-Iris haben einen süßlichen Duft. Pflanzen Sie sie in kleine Töpfchen oder in eine Blumenampel mit immergrünen Begleitpflanzen.

# Frühling

**Auswahl der Pflanzen** Von den Sommerblühern, die ab dem Spätwinter erhältlich sind, werden sicher noch einige Exemplare angeboten. Wenn Sie jetzt erst kaufen, achten Sie darauf, dass sich die Knollen und Zwiebeln noch fest anfühlen und nicht unter den trockenen Verkaufshallen des Gartencenters gelitten haben. Mit dem fortschreitenden Frühling werden treibende Canna, Begonien und Dahlien angeboten. Damit bekommen Sie zwar auch ausgezeichnete Gartenpflanzen, das Angebot an Farben und Formen ist allerdings größer, wenn Sie die Knollen rechtzeitig kaufen.

**Treiben** Canna und Dahlien werden in ein mäßig feuchtes Kompostsubstrat gepflanzt, die Begonien kommen auf die Oberfläche. Stellen Sie die Töpfe an einen hellen, kühlen bis warmen Ort bis die Wurzeln zu wachsen beginnen. Sobald sich die Blätter zeigen, wird stärker gegossen. Die Pflanzen kommen erst nach den letzten Spätfrösten ab Mitte/Ende Mai ins Freiland.

**Bepflanzen von Beeten, Rasen oder Kübeln** Nun sollten Gladiolen, *Anemone coronaria* (einfache De Caen-Hybriden und halb gefüllte St. Brigid-Sorten), Zimmerkalla, Tigerblume *(Tigridia)*, *Sparaxis*, *Crinum* und Lilien gepflanzt werden.

**Umpflanzen** Die bisher in Töpfen wachsenden *Dichelostemma*, Lilien und *Ornithogalum* sollten inzwischen ein gut ausgebildetes Wurzelwerk haben. Sie werden ins Freiland gepflanzt oder zusammen mit dem Topf ins Beet versenkt. Schneeglöckchen und Winterling werden im Frühling im Topf angeboten. Noch lassen sie sich problemlos einpflanzen und werden im nächsten Frühling wieder blühen.

**Ausgraben** Der Vegetationszyklus einer Zwiebel- oder Knollepflanze endet gewöhnlich etwa sechs Wochen nach der Blüte. Vorher dürfen sie auf keinen Fall ausgegraben und getrocknet werden. Auch das Gras darf erst sechs Wochen nach der Blüte gemäht werden, sonst fällt die Blüte des Folgejahres sehr spärlich aus.

**Gießen** Alle Kübelpflanzen müssen regelmäßig gegossen werden. Dies ist umso wichtiger, wenn Sie zusätzliche Sommerblumen eingepflanzt haben. Achten Sie auf die leicht austrocknenden Hängeampeln oder Blumenkästen im Regenschatten des Hauses. Im Beet kommen die Pflanzen gewöhnlich mit dem natürlichen Niederschlag aus. Nur bei Trockenheit wässert man zusätzlich.

**Düngen**
Gedüngt wird um die Blütezeit oder kurz darauf, damit die Blätter frisch und gesund bleiben. Nur so versorgt die Fotosynthese die Speicherorgane mit Nährstoffen für die nächste Saison. In Wiesen oder Beeten gepflanzte Zwiebeln und Knollen profitieren von einem Volldünger im Spätwinter oder zeitigen Frühling.

*oben* Dahlienknollen zeigen jetzt kräftige Neutriebe, die man zur Stecklingsvermehrung verwenden kann.

*rechts* Tulipa 'Blue Parrot' passt gut zu Stiefmütterchen der Turbo-Serie, wie 'Light Rose with Blotch'.

**Winterschutz**  Die winterharten Arten und Sorten brauchen keinen Schutz. Kontrollieren Sie die Temperatur im Gewächshaus, in dem Sie Canna, Begonien und Dahlien vortreiben. Rücken Sie die Töpfe von den Scheiben ab. Auch innerhalb des Gewächshauses darf die Temperatur nicht unter den Gefrierpunkt fallen. Halten Sie das Substrat eher trocken.

**Verblühtes entfernen**  Verblühtes sollte regelmäßig entfernt werden, damit die Nährstoffe in die Speicherorgane und nicht in die Samenbildung fließen. Wenn Sie durch Aussaat vermehren möchten, müssen Sie die Samenbildung abwarten.

**Vermehrung**  Sammeln Sie die reifen Samen von Winterling, Traubenhyazinthe, *Chionodoxa* und *Scilla*, sobald sie ausgereift sind. Sie werden an Ort und Stelle oder in Schalen ausgestreut.

**Schädlingsbefall kontrollieren**  Schnecken machen sich gerne über junges Grün her. Sie fressen die Blätter von Tulpen, Zier-Lauch, Lilien und Osterglocken. Versuchen Sie den Garten sauber zu halten, um die Schneckenplage zu kontrollieren. Einige Gärtner versuchen mit wechselndem Erfolg, die Schneckenplage durch Chemie in den Griff zu bekommen. Kaninchen, Mäuse und Vögel können lästig werden, da sie sich über junge Sprosse oder Blüten hermachen. Zum Glück halten sich die Kaninchen wenigstens von den Osterglocken fern. Gegen Mäuse, Eichhörnchen und Vögel gibt es keine wirkliche Abhilfe.

**Garten genießen**  Jetzt ist die beste Zeit, sich an den zahlreichen Zwiebel- und Knollenpflanzen zu erfreuen: Im Rasen, in den Beeten und Kübeln blühen Osterglocken, Tulpen, Hyazinthen, Hundszahn *(Erythronium)*, Schachbrettblumen *(Fritillaria),* Schwertlilien, Märzenbecher, Traubenhyazinthe und Dreiblatt. Planen Sie schon jetzt die Herbstpflanzung, beispielsweise welche Farbkombinationen Ihnen besonders gut gefallen.

*oben*  Genießen Sie die Farben des Frühlings, wie hier von *Tulipa* 'Striped Bellona' mit rotem Goldlack.

*oben links*  Das samtige Blau der Traubenhyazinthe passt perfekt zum silbrigen Laub des Greiskrauts.

*links*  Die robusten Tulpen, Hyazinthen und Narzissen lassen sich von Spätfrösten nicht beeindrucken.

# Sommer

**Auswahl** Noch werden Gladiolen angeboten. Damit bietet sich die letzte Gelegenheit, für Herbstfarben zu sorgen. Auch vorgezogene Dahlien, Begonien und Canna lassen sich noch einpflanzen. Allerdings ist die Auswahl gewöhnlich geringer als im Spätwinter, wenn Knollen angeboten werden.

**Treiben** Noch können Sie Dahlien und Begonien einpflanzen. Genügend Wärme und Feuchtigkeit vorausgesetzt, werden sie rasch wachsen. Sie kommen ins Freiland, sobald die Wurzeln gut entwickelt sind.

**Beete, Rasen oder Kübel bepflanzen** Noch können Sie Gladiolen und Anemonen pflanzen. Sie kommen allerdings später zur Blüte als die im Frühling gepflanzten Exemplare. Anemonen blühen drei Monate, Gladiolen bis zu vier Monate nach dem Einpflanzen.

**Umpflanzen** Das ist die zurzeit wichtigste Arbeit im Garten. Nachdem keine Spätfröste mehr zu befürchten sind, kommen die vorgezogenen Dahlien, Canna und Begonien ins Freiland. Sie passen in sonnige Beete oder Kübel. Geben Sie Langzeitdünger oder gut verrotteten Mist mit in die Pflanzlöcher.

**Ausgraben** Jetzt ist die richtige Zeit, um die Tulpen- und Narzissenzwiebeln aus dem Beet zu holen. Sie werden vorsichtig ausgegraben, getrocknet, gesäubert, beschriftet und bis zum Herbst gelagert. Warten Sie ab bis die Blätter braun aber noch nicht verrottet sind.

**Gießen** Gießen Sie in Abhängigkeit vom Wetter. Vor allem Dahlien sind während der frühen Wachstumsphasen sehr durstig.

**Düngen** Sobald sich an Dahlien, Begonien und Canna die ersten Knospen zeigen, ist es Zeit für Flüssigdünger.

**Verblühtes entfernen** Verblühte Blüten bei Begonien, Dahlien und Canna werden regelmäßig entfernt, um die Nachblüte anzuregen und die

*links* Um die Blütezeit von Begonien zu verlängern, muss man Verblühtes regelmäßig ausputzen.

Blütezeit zu verlängern. Außerdem sehen die Blumen ordentlicher aus. Bei den Gladiolen und Lilien wird Verblühtes entfernt, um die Nährstoffe in die Speicherorgane umzuleiten.

**Vermehrung**  Im Hochsommer werden reife Samen von Schachbrettblume *(Fritillaria meleagris)* gesammelt und in einer Schale ausgesät. Im Spätsommer bilden sich die Brutknöllchen von Tiger-Lilien *(Lilium lancifolium,* syn. *L. tigrinum).* Sie fallen herunter und wachsen zu neuen Pflänzchen heran, können aber auch gesammelt und in Schalen vermehrt werden.

**Rasen mähen**  Die Rasenflächen, in denen Frühblüher stehen, werden sechs Wochen nach der Blüte gemäht. Andernfalls können sie ihren Vegetationszyklus nicht abschließen und im nächsten Jahr fällt die Blüte spärlicher aus. Wiesen mit späten Osterglocken und Prärielilien *(Camassia)* werden erst ab dem Hochsommer gemäht, wenn sich die Zwiebelblumen ganz zurückgezogen haben.

**Stützen**  Alle hohen Lilien, Gladiolen und Dahlien brauchen Unterstützung. Für die schmalen Lilien und Gladiolen eignen sich Einzelstützen mit Ringen oder Bambusstäbe. Die ausladenden Dahlien werden mit größeren Metallringen, zusammengesetzten Stützen oder mit drei bis vier Stäben und Gartenschnur abgestützt.

**Schädlinge kontrollieren**  Schnecken und Ohrwürmer schätzen Dahlien als Futter. Achten Sie auch auf Dickmaulrüssler an den Knollen-Begonien. Gegen die Larven helfen Nematoden (Fachgeschäft), die im Spätsommer zusammen mit dem Gießwasser ausgebracht werden. Den gleichen Zweck erfüllen systemische Insektizide.

**Garten genießen**  Im Frühsommer blüht der Zier-Lauch, die Prärielilien im Beet und Rasen leuchten in prachtvollem Blau. Blaue Töne werden seltener, nur Freesien, Anemonen und *Triteleia* sind mit blauen Blüten erhältlich. Für den Hoch- bis Spätsommer ist das Angebot der unterschiedlichsten Zwiebel- und Knollenpflanzen kaum überschaubar. Dahlien und Gladiolen blühen in Weiß und Dutzenden von Rot-, Gelb-, Orange-, Rosa- und Purpur-Tönen. Begonien und Canna sorgen für feuriges Gelb, Orange und Rot.

*unten* Die Samen der Schachbrettblume *(Fritillaria meleagris)* können im Hochsommer gesammelt werden. Dann sät man sie in eine Aussaatschale.

# Herbst

**Pflanzenauswahl** In den Herbstmonaten überbieten sich Gartencenter und Gärtnereien mit ihrem Angebot an Zwiebeln und Knollen – einzeln oder in fertigen Sortimenten verpackt, gängige Arten wie Tulpen oder Osterglocken sogar in Säcken oder nach Gewicht. Zwar sind einzelne oder sortierte Exemplare teurer, dafür sind Farbauswahl und Sortenvielfalt größer. Fragen Sie so früh wie möglich nach, wenn Sie eine ganz bestimmte Sorte suchen.

**Treiben** Empfindliche Gattungen, wie *Calochortus* und *Dichelostemma*, werden besser in Töpfe gepflanzt und den Winter über frostfrei gestellt. Sie kommen erst im Sommer ins Freiland.

**Bepflanzen von Beeten, Wiesen oder Pflanzkübel** Im Herbst blühende Herbstzeitlosen und Madonnen-Lilie werden so rasch wie möglich an Ort und Stelle gepflanzt. Osterglocken, Tulpen, Hyazinthen und andere Frühblüher sollten ebenfalls möglichst zügig ins Beet, den Rasen oder in Pflanzkübel eingesetzt werden, damit sie noch im Herbst und Frühwinter Wurzeln bilden können. Auch die im Sommer blühenden Lilien gehören nun in die Erde; einige Sorten werden erst zum Ende des Winters verkauft.

*rechts* Blumenzwiebeln kann man an einer gespannten Schnur entlang in einer exakten Linie pflanzen. Spannen Sie dazu eine Schnur zwischen zwei Pflöcken, die an den Beetkanten eingeschlagen werden. Der Abstand zwischen den Tulpenzwiebeln sollte etwa 15 bis 20 cm betragen.

*unten* Angesichts des vielfältigen Angebots weiß man überhaupt nicht, wo man mit dem Kaufen und Pflanzen beginnen soll.

*rechts* Wenn sich nach den ersten Nachtfrösten die Dahlienblätter schwarz verfärben, ist es an der Zeit, die Knollen auszugraben und zur Überwinterung ins Haus zu holen.

Ausgraben  Empfindliche Arten, wie Begonien, Dahlien, Canna und Gladiolen werden ausgegraben, getrocknet, gesäubert, beschriftet und an einem frostfreien Ort gelagert. Sie kommen erst im nächsten Jahr wieder in die Erde.

Gießen  Beete oder Wiesen müssen nicht gewässert werden, während Kübel, Ampeln und Blumenkästen gegossen werden müssen.

Winterschutz  Dahlien vertragen frühen Frost; sie werden entnommen, nachdem die Blätter schwarz sind. Gladiolen, Begonien und Canna müssen vor den ersten Frösten aus der Erde.

Vermehrung  Setzen Sie die im Frühsommer ausgegrabenen großen Zwiebeln der Osterglocken und Tulpen gruppenweise ein. Die kleinen Tochterzwiebeln blühen erst in einigen Jahren.

Schädlinge  Prüfen Sie, ob die Knollen-Begonien von Dickmaulrüsslern befallen sind. Gegen die Larven helfen Nematoden (Fachgeschäft), die im Spätsommer zusammen mit dem Gießwasser ausgebracht werden. Den gleichen Zweck erfüllen systemische Insektizide. Mäuse und Eichhörnchen könnten sich über die neu gepflanzten Knollen hermachen.

Garten genießen  Erfreuen Sie sich an den letzten Dahlien, Begonien, Gladiolen und Canna, an den prächtigen, trichterförmigen Blüten der rosa Amaryllis, *Crinum* und Nerine und den weißen und lilafarbenen Herbstzeitlosen, den Gelben Sternbergien und den zierlichen Blüten der kleinen, im Herbst blühenden *Cyclamen*-Arten sowie den hohen Blütenständen von *Schizostylis*.

*links* Entfernen Sie nach wie vor bei Dahlien, Canna und Begonien welke Blüten.

*rechts* Dieses Herbstbeet mit rosa Nerine bietet einen prächtigen Anblick.

# Zwiebelblumen im Garten

Der Zwiebelblumengarten ändert im Laufe der Jahreszeiten ständig sein Gesicht. Wenn im Spätwinter Schneeglöckchen und Winterlinge blühen, schieben sich bereits die ersten Narzissentriebe wie Dolche aus der Erde. Bald ist der Garten mit ihren goldgelben Blütenköpfen, die sich in der Frühlingssonne wiegen, angefüllt. Dann folgen majestätische Kaiserkronen und bunte Tulpen, am Gehölzrand blühen weiße Buschwindröschen und breite Teppiche blauer Hasenglöckchen überziehen den Waldboden. In Wiesen blühen Prärielilien und in Beeten ziehen elegante Holländische Iris und die runden Blütenköpfe des Zier-Lauchs die Blicke auf sich. In den Sommerbeeten gedeihen Lilien, Begonien, Gladiolen, Dahlien und Canna. Im Herbst neigt sich der Blütenreigen dann mit Nerine, Herbstzeitlosen und Alpenveilchen dem Ende zu. Die Auswahl an Arten und Sorten ist geradezu unerschöpflich.

*Crocosmia* 'Lucifer' (vorne) und *Helenium* 'Waldtraut'

# Galerie der Spätwinterblüher

Während dieser ruhigeren Jahreszeit mit kurzen, kalten Tagen und langen, frostigen Nächten regt sich nicht viel im Garten. Einige Pflanzen haben sich aber an solche kalten Temperaturen angepasst und blühen selbst bei widrigen Bedingungen. Angesichts der geringen Sonneneinstrahlung, der kalten Temperaturen und der meist windigen Wetterbedingungen überrascht es nicht, dass viele Zwiebel- und Knollenpflanzen niedrig bleiben. Einige, wie Schneeglöckchen (Galanthus) oder Winterling (Eranthis), schieben ihre Knospen nur wenige Zentimeter über die Erde, bevor sich die Blütenstiele strecken.

❮ Das Gewöhnliche Schneeglöckchen (Galanthus nivalis) ist die am weitesten in den Gärten verbreitete Schneeglöckchenart. Sie kommt in Europa von Spanien bis nach Russland und auf den britischen Inseln vor. Es gibt einfache und gefüllt blühende Formen. Die Blüten duften leicht nach Honig.

❯ Narcissus 'January Gold' ist eine der wenigen Narzissensorten, die so früh im Jahr blüht. Sie wird etwa 30 cm hoch und besitzt große, goldgelbe Blüten, die auf stabilen Stielen auch stärkeren Winden trotzen.

❯ Galanthus 'Atkinsii' wird etwa 20 cm hoch und ist ein Cultivar des Gewöhnlichen Schneeglöckchens (Galanthus nivalis). Dieses hohe, stark duftende Schneeglöckchen ist eine attraktive Bereicherung des winterlichen Gartens.

❮ Der Winterling (Eranthis hyemalis) wird etwa 5 bis 10 cm hoch und trägt in der grünen Blattrosette einen gelben Blütenkelch. Sobald der Winter seinen Höhepunkt überschritten hat, zwängen sich die Knospen an die Erdoberfläche und öffnen ihre goldenen Kelche. Wenn sich der Stiel streckt, breiten sich die grünen Blätter wie ein Kragen unter der Blüte aus. Winterlinge verwildern leicht.

Es gibt etwa 15 verschiedene Schneeglöckchenarten, die in Europa von Spanien bis ins westliche Russland, auf der Krim und in der Türkei verbreitet sind. Sie unterscheiden sich in der Blütezeit und in der Zeichnung der Blüten. Zusätzlich gibt es noch zahlreiche Cultivare und Auslesen, die durch akribische gärtnerische Selektion entstanden sind. Die Wintergalerie auf diesen Seiten umfasst auch frühe Krokusse, Zwerg-Iris, Alpenveilchen *(Cyclamen)* und *Anemone blanda*. Nur die frühesten Narzissen, wie 'January Gold', werden mit 25 bis 30 cm deutlich höher als ihre kleinwüchsigen Beetnachbarn.

❮ *Iris danfordiae* wird etwa 10 cm hoch und gehört zu der Gruppe von Zwerg-Iris, die schon im Spätwinter blühen. Die zartgelben Blüten duften süß und tragen oft eine feine Zeichnung. *Iris reticulata* wird mit 10 bis 15 cm etwas höher und hat violettpurpurne Blüten mit gelber Zeichnung im Bart. Die schmalen, grasartigen Blätter erscheinen, wenn sich die Knospen färben und schieben sich dann über die Blüten, während sich diese öffnen.

❮ *Crocus chrysanthus* 'Blue Pearl' gehört zu den schönsten und pflegeleichtesten frühen Krokussen. Er erreicht eine Höhe von etwa 7,5 cm und hat außen zartblaue, innen silberne Blüten mit einem bronzegelben Schlund. Er eignet sich gleichermaßen für Beete, Rasenflächen und Blumenkübel.

❯ *Cyclamen coum* hat breit herzförmige, grau und silbern gezeichnete und marmorierte Blätter. Wenn diese voll entwickelt sind, erscheinen die kleinen, aber eleganten weißen, rosa oder purpurnen Blüten und bringen Farbe in den winterlichen Garten. Die Knollen verwildern schnell und gedeihen im Schatten genauso gut, wie in der Sonne. Bei der Aussaat entstehen viele neue Farbschattierungen.

❮ *Crocus tommasinianus* ist ein robuster und pflegeleichter Krokus aus Ungarn, dem Balkan und Bulgarien. Er wird bis 10 cm hoch und gedeiht im Halbschatten und in der Sonne. Er sät sich leicht selbst aus und ist daher ideal, um in Rasenflächen zu verwildern. Die zartlila Blüten bilden schnell große Blütenteppiche.

❮ *Anemone blanda* wird 10 bis 15 cm hoch und gehört zu den schönsten Frühlingsblühern. Die Blüten halten bis zu sechs Wochen lang. Je mehr Sonne sie bekommen, desto schöner entwickeln sie sich. Es gibt nicht nur blaue, sondern auch weiße und rosa Sorten.

Am Ende des Winters erscheinen die ersten weißen Schneeglöckchen durch den gefrorenen Boden in der Wintersonne.
Ihre Blüten sind kleine Kunstwerke mit den reinweißen Petalen und zarten grünen Flecken.

# Spätwinterblüher für Beete

*rechts* Winterling *(Eranthis hyemalis)* ist eine schöne Unterpflanzung von Nies-wurz *(Helleborus foetidus).*

*rechts* Die verschiedenen Rosa-Töne des *Cyclamen coum* passen wunderbar zu den reinweißen Schnee-glöckchenblüten. Die sil-brige Blattzeichnung der Alpenveilchen unterstreicht die Kombination zusätzlich.

Zwiebelblumen, die im Spätwinter oder zeiti-gen Frühling blühen, wie Schneeglöckchen, Cyclamen oder frühe Narzissen, können allein oder in Kombination von zwei oder drei Arten im Beet gepflanzt werden. Setzen Sie sie in der Nähe eines Wegs oder im Blickfeld eines Fensters, damit Sie sie auch vom Haus aus betrachten können.

Schneeglöckchen wirken in kleinen Gruppen am besten. Am häufigsten ist das Gewöhnliche Schneeglöckchen *(Galanthus nivalis)* verbreitet. Es gibt einfach und gefüllt blühende Formen. Die einfachen Formen haben elegantere Blüten, besonders der Cultivar 'S. Arnott', der lange Stie-le und wunderschöne tropfenförmige Blüten be-sitzt. An warmen Tagen öffnen sich die Petalen zur Seite und zeigen die darunter liegende grüne Aderung. Es lohnt sich wirklich, sich einmal zu bücken und die einzelnen Blüten aus der Nähe zu betrachten. Dabei werden Sie entdecken, dass sie auch noch ausgesprochen angenehm duften.

Schneeglöckchen lassen sich ausgezeichnet mit anderen Zwiebelblumen kombinieren. Sie passen ausgesprochen gut zu den rosa Blüten des Früh-lings-Alpenveilchens *(Cyclamen coum)*, eine Kom-bination, die durch die silbrig marmorierten Blät-ter des Alpenveilchens noch an Schönheit ge-winnt. Die Blüten des Alpenveilchens haben verdreht abstehende Petalen mit einem dunklen Auge. Die Samenkapseln liegen später durch den sich spiralig eindrehenden Blütenstiel flach auf dem Boden. Im Frühsommer platzen sie auf und entlassen die klebrigen Samen.

Frühlings-Alpenveilchen passen wiederum gut zu den purpurnen und violetten Blütenfarben von Zwerg-Iris aus der *Reticulata*-Gruppe, wie 'Pauli-ne', 'Hercules' und 'J.S. Dijt'. Sie sind zwar klein, haben aber ungeheuer farbenprächtige Büten. 'George' mit den purpurvioletten Blüten, die im Bart gelb gezeichnet sind, ist ebenfalls ein gutes Beispiel dafür. Sie kommen in Kombination mit rosa Alpenveilchen besonders gut zur Geltung.

Ausgesprochen beliebt ist auch der gelbe Win-terling *(Eranthis hyemalis)*, der an zusagenden Standorten schnell große Gruppen bildet. Er ist ideal zu Unterpflanzung von Gehölzen in frisch-

*links* Die blaue *Anemone blanda* sät sich leicht selbst aus und besiedelt innerhalb weniger Jahre große Flächen. Das grüne Laub bildet einen schönen Hintergrund für die strahlenförmigen Blüten.

*links* Der Märzenbecher (*Leucojum vernum* var. *carpathicum*) hat breite Blütenblätter mit einem gelben Fleck an der Spitze. Hier wächst er in Kombination mit gelben Winterlingen (*Eranthis hyemalis*).

feuchten Beeten. Er lässt sich mit weißen Schneeglöckchen oder Zwerg-Iris kombinieren, aber auch mit Stauden, wie Günsel (*Ajuga reptans* 'Atropurpurea') oder der hellgrünen Stinkenden Nieswurz *(Helleborus foetidus)*.

Der Bereich um einen Baumstamm sieht im Winter und Frühling meist kahl und unansehnlich aus. Wenn der Boden feucht genug und besonnt ist, kann man ihn vielfältig bepflanzen. Gerade frühlingsblühende Zwiebel- und Knollenpflanzen sind ideal, da sie später im Jahr, wenn die Baumscheibe beschattet und trocken ist, im Boden zurückgezogen überdauern.

Schneeglöckchen und Winterlinge kann man in Gruppen pflanzen. Anfangs erscheinen die ersten Knospen noch zaghaft, später explodieren sie förmlich zu üppiger Blüte. Pflanzen Sie mehrere Gruppen einfacher und gefüllter Schneeglöckchen mit dazwischen eingestreuten Winterlingen. Sie breiten sich bald von alleine aus und bilden einen bunten Blütenteppich. Später blühende Zwiebelblumen können ebenfalls dazwischen gepflanzt werden, damit sich die Blütezeit möglichst lange ins Frühjahr hinzieht.

Der Märzenbecher (*Leucojum vernum*) ähnelt dem Schneeglöckchen, die Blüten sind aber rundlicher und haben sechs gleich lange Petalen (Schneeglöckchen haben drei lange und drei kurze). Sie sind in Frankreich, Mittel- und Osteuropa heimisch und auf den britischen Inseln verwildert. Sie bevorzugen feuchten Boden und einen schattigen bis halbschattigen Standort. Die Varietät *L. vernum* var. *carpathicum* hat gelbe Petalenspitzen und kommt in Rumänien und Polen vor. Die Blätter des Märzenbechers sind breiter und dunkler grün als die von Schneeglöckchen und passen schön zu den goldgelben Blütenkelchen des Winterlings.

Auch die ersten Narzissen beginnen zu dieser Jahreszeit zu blühen. Die Sorte 'January Gold' gehört zu den frühesten. Die gelben Blüten halten mehrere Wochen und trotzen Schnee, Wind und

Kälte. Sie eignen sich ideal für Frühlingsbeete oder zur Unterpflanzung von Baumscheiben. Als nächstes blüht *Narcissus* 'February Gold' und schließt die Lücke zwischen Spätwinter und zeitigem Frühjahr.

Zu diesem Zeitpunkt beginnt *Anemone blanda* in der Frühlingssonne ihre zartblauen, an Astern erinnernde Strahlenblüten, zu entfalten. Beim leisesten Windhauch tanzen sie über den graugrünen Blättern. Es gibt auch weiße und rosa Sorten, die aber teurer sind. Gemischte Packungen mit blauen, hellblauen, weißen und rosa blühenden Knollen sind am günstigsten, man weiß dabei aber nie genau, in welcher Zusammensetzung die Sorten verpackt wurden. *Anemone blanda* verwildert an ihr zusagenden Standorten leicht und besiedelt dann Gehölz- und Heckenränder oder Rasenflächen. Sie lässt sich auch schön mit Schlüsselblumen, frühen Narzissen oder Frühlings-Primeln kombinieren.

*oben* Die kräftige Farbe der Iris 'George', einer Reticulata-Hybride, kommt vor dem Hintergrund der *Cyclamen coum* besonders gut zur Geltung.

Obwohl sie nicht besonders hoch werden, fühlen sich die meisten Zwiebelblumen, die im Spätwinter und zeitigen Frühjahr zur Blüte kommen, in Rasen- und Wiesenflächen wohl, wenn diese nicht zu dicht sind.

# Spätwinterblüher zum Verwildern

Verwilderte Schneeglöckchen, Märzenbecher, Winterling *(Eranthis hyemalis)*, *Anemone blanda* und die vielen Krokusse vermehren sich kräftig und wachsen im Laufe der Zeit zu einem wunderschönen Farbteppich zusammen. Sie sollten sich allerdings darüber im Klaren sein, dass sich Zwiebel-, Knollen- und Rhizompflanzen im Beet besser vermehren als im Rasen.

### Wilde Wiesen
*Crocus tommasinianus*, seine Sorten und einige andere Krokusarten vermehren sich besonders gut in einer sonnigen oder halbschattigen Wiese. Dieser Krokus sät sich leicht selbst aus und obwohl die Einzelblüten eher klein und zierlich sind, erinnern sie in ihrer Gesamtheit – bei Sonnenschein und geöffneten Blüten – an einen herrlichen, blauen Teppich. Ähnlich gut vermehrt sich *C. flavus* subsp. *flavus* mit goldgelben Blütenblättern. Er sät sich zwar nicht selbst aus, vermehrt sich aber effektiv über Tochterknollen.

*Crocus chrysanthus* stammt aus dem Balkan und der Türkei. Er hat cremegelbe Blüten. Beliebte Sorten sind 'Cream Beauty' mit cremegelben Blüten, 'Ladykiller' mit blauen, weißrandigen Blüten und 'Zwanenburg Bronze' mit hellgelben und bronzefarbenen Blüten.

### Laubabwerfende Gehölze
Zwischen laubabwerfenden Sträuchern fühlen sich Schneeglöckchen, Alpenveilchen, Osterglocken und Winterling wohl. Durch die kahlen Zweige dringt im Vorfrühling sehr viel Licht bis auf den feuchten Boden, daher schließen die Zwiebel-, Knollen- und Rhizompflanzen ihren Vegetationszyklus ab, bevor sich das Laubdach ab dem Spätfrühling wieder schließt.

Schneeglöckchen, die sich flächendeckend in Wäldern ausbreiten, bilden ein spektakuläres Schauspiel. Der Winterling breitet sich ähnlich gut aus. Er bildet auf dem Waldboden zusammen mit den Schneeglöckchen einen dichten gelb-

*oben* Galanthus 'Magnet' hat höhere, größere Blüten als das Gewöhnliche Schneeglöckchen *(Galanthus nivalis)*. Hier hat es einen weißen Blütenteppich unter einer Zaubernuss *(Hamamelis × intermedia* 'Pallida') gebildet.

*links* Diese gemischte Krokuswiese besteht aus *Crocus tommasinianus,* *C. chrysanthus* und *C. vernus*. Sie haben eine natürlich wirkende Blütenwiese gebildet.

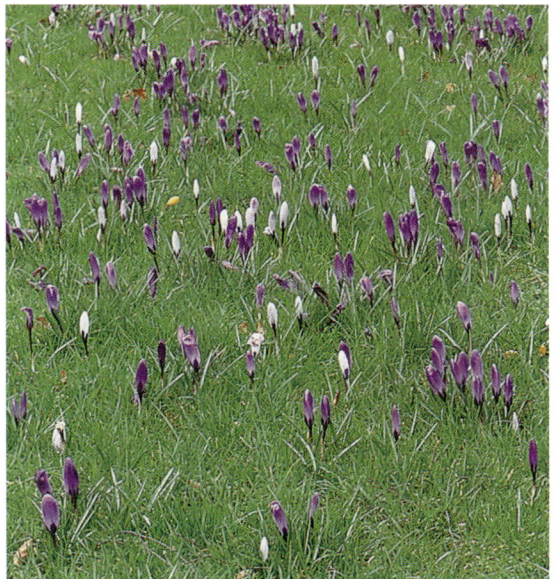

weißen Blütenteppich. Auch Alpenveilchen lassen sich verwildern. Ihre tiefrosa Blütenpracht wird durch die silbern gezeichneten, rundlichen Blätter aufgelockert. Es macht nichts, wenn der Boden im Sommer trocken und dunkel ist. Die Knollen befinden sich dann bereits in der Vegetationsruhe.

*links* Im Spätwinter und zeitigen Frühjahr erscheinen die violettblauen und weißen Blüten des Frühlings-Krokus *(Crocus vernus)* in der Rasenfläche.

*unten* Die Blätter des Frühlings-Alpenveilchens *(Cyclamen coum)* sind variabel silbern und grün gezeichnet. Sie bilden einen hübschen Hintergrund für die in vielen Weiß- und Rosa-Tönen erscheinenden zarten Blüten.

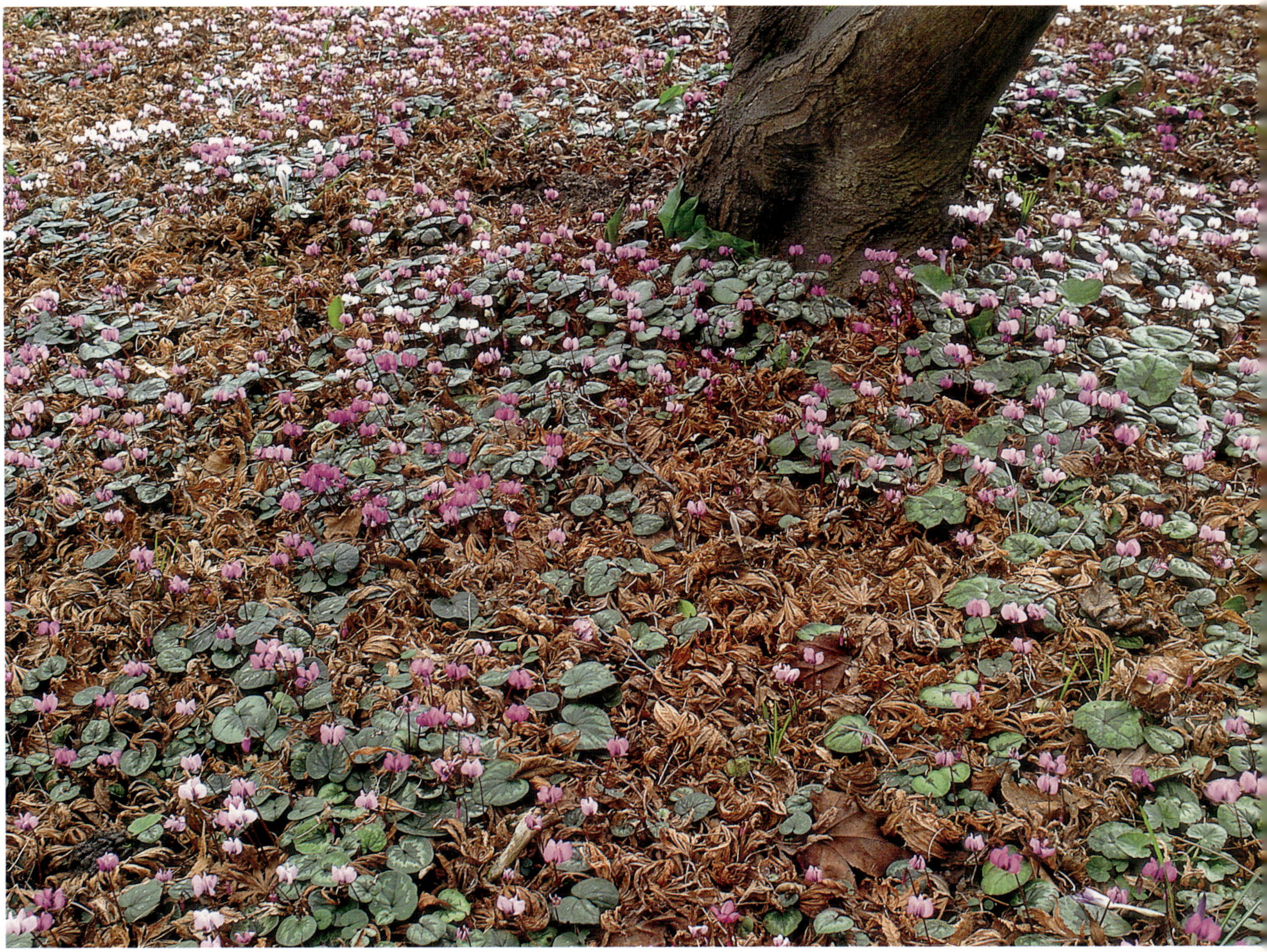

Im Winter hängt man Blumenampeln an einem sonnigen, geschützten Platz auf, damit man sie auf Augenhöhe betrachten kann. Halten Sie das Substrat feucht (nicht bei Frost gießen) und stellen Sie sie bei kaltem Wetter geschützt auf.

# Spätwinterblüher für Töpfe

*rechts* Diese winterliche Blumenampel ist mit verschiedenen Immergrünen, darunter panaschiertem Efeu und *Euphorbia myrsinites,* bepflanzt. Auch wenn die Blüten der Heide und des Schneeballs einen Akzent setzen, ist das Highlight der Pflanzung auf jeden Fall die kleine Iris 'Pauline', die wunderbar zu den übrigen passt.

In dieser Jahreszeit herrschen tiefe und sowohl für Gärtner als auch für Pflanzen unangenehme Temperaturen vor. Dennoch können Sie durch geschickte Auswahl der Gattungen selbst einen trüben Wintertag mit Farben aufhellen. Pflanzen Sie Schneeglöckchen, Märzenbecher, Zwerg-Iris, Winterling, *Anemone blanda* und frühe Osterglocken in einen Kübel und stellen Sie ihn an einen geschützten Platz vor dem Haus. Genießen Sie die Farben, wenn sie kommen oder gehen. Dieselbe Wirkung erzielt eine Ampel, die gut sichtbar vor dem Fenster aufgehängt wird.

Schneeglöckchen und Winterling werden im Herbst als kleine, trockene Knollen angeboten. Leider sind sie oftmals zu stark ausgetrocknet, sodass nur ein Teil davon im Spätwinter austreibt und blüht. Sobald sie sich allerdings in Ihrem Garten etabliert haben, blühen sie reichlich, säen sich freigiebig aus und decken zunehmend größere Flächen ab. Statt auf die trockenen Knollen des Herbstes zu vertrauen und möglicherweise enttäuscht zu werden, sollten Sie daher bereits grüne Exemplare kaufen und sie in einen großen Kübel pflanzen. Darin haben sie das ganze Jahr über Zeit, sich zu etablieren und danken es mit reicher Blüte im Folgejahr. Sollten in Ihrem Garten bereits Schneeglöckchen, Winterling oder Alpenveilchen wachsen, bietet sich eine Alternative an: Graben Sie im Spätherbst einige Exemplare aus und pflanzen Sie sie sofort in gut durchlässiges Substrat in einen Kübel. Sie sehen einzeln in Töpfen schlicht, aber wunderschön aus.

Besonders attraktiv sehen Zwiebeln, Knollen und Rhizome in Kombination mit Stauden und Sträuchern aus, die im Winter blühen. Der winterblütige Immergrüne Schneeball *(Viburnum tinus)* macht sich beispielsweise hervorragend in der Mitte eines größeren Kübels oder einer Ampel. Er ist winterhart, immergrün und bildet zahlreiche rosafarbene Knospen, die sich zwischen Herbst und Frühling zu weißen Blüten öffnen. An den Rand eines winterlichen Kübels passen im Winter blühende Heiden. Sie blühen ab Mitte des Winters, lockern den Kübelrand auf und setzen farbliche Akzente. Kaufen Sie nur Exemplare mit zahlreichen, deutlich sichtbaren Blütenknospen. Auch kriechender Efeu kann den Rand des Kübels auflockern. Drücken Sie die über den Rand wachsenden Triebe mit Drahtkrampen an das Moos an. Damit reduzieren Sie den Wasserverlust durch austrocknende Winterwinde. Die Triebe bilden Wurzeln und verwandeln die Ampel in eine Efeukugel. Auch die immergrüne *Euphorbia myrsinites* ist winterhart. Ihre grauen, markanten Triebe schmücken sich im Vorfrühling mit Blüten.

Ein paar Zwiebel- oder Knollenpflanzen sorgen für Highlights im Kübel. Graben Sie einige Schneeglöckchen, Märzenbecher oder einige Winterlinge aus Ihrem Garten aus. Vielleicht wollen

**Aus dem Beet in den Topf**

**1** Die Knollen des Winterlings *(Eranthis hyemalis)* lassen sich in der Erde des Blumenbeets gar nicht so einfach entdecken, da sie selbst wie kleine Erdklumpen aussehen. Im Spätherbst zeigen sich bereits die ersten Knospen. Junge Knollen sind winzig, ausgewachsene können durchaus einen Durchmesser von 3 bis 4 cm erreichen.

**2** Bereiten Sie einen kleinen Topf vor, indem Sie eine Schicht Kies zur Dränage auf den Boden geben und dann mit durchlässiger Blumenerde auffüllen. Setzen Sie eine Knolle etwa 5 cm tief in den Topf und füllen Sie ihn bis zum Rand mit Erde auf. Gut angießen.

**3** Stellen Sie die Töpfe im Freien an die Fensterbank oder zusammen mit anderen Frühlingsblühern auf einen Terrassentisch, um einen bunten Willkommensgruß im Frühling zu bekommen. Nach der Blüte kann man die Pflanzen wieder ins Beet, unter laubabwerfende Bäume oder Sträucher oder in Rasenflächen, setzen.

Sie etwas Neues probieren – wie wäre es mit Zwerg-Iris? *Iris danfordiae* sieht mit ihren goldgelben Blüten sehr attraktiv aus, der Handel bietet aber auch eine breite Vielfalt anderer geeigneter Sorten an, beispielsweise die *Reticulata*-Hybriden 'Harmony' und 'Joyce' in himmelblau mit gelber Zeichnung oder 'Pauline' mit herrlich dunkelvioletten Blüten mit weißen Flecken. Sie blühen vom Spätwinter bis ins zeitige Frühjahr hinein – am besten an einem sonnigen Standort. Hängen Sie eine Ampel in Augenhöhe auf.

Der Korb wird an einem sonnigen, geschützten Platz aufgehängt. Bei sehr kalter Witterung wird die Ampel in einen kühlen Eingang oder in die Garage gestellt. Das Substrat muss immer feucht sein, es darf aber niemals bei Frost gegossen werden.

# Galerie der Frühlingsblüher

Wenn im Frühling die Tage länger werden, erwacht der Garten wieder zum Leben und viele verschiedene Blumenzwiebeln kommen jetzt zur Blüte. Es ist die Hauptsaison der Zwerg-Narzissen, wie 'February Gold' und 'Tête-à-tête'. Ihre kurzen, festen Blütenstiele trotzen jedem kalten Wind.

Auch die kleine *Anemone blanda* steht jetzt in voller Blüte und reckt ihre sternförmigen Gesichter der Sonne entgegen. Sie gehören zu den wertvollsten Frühlingsblühern, da sie bis zu sechs Wochen lang blühen und sich leicht ausbreiten. Jetzt ist auch die Zeit der großblütigen Krokusse, der Blausterne, des

❮ *Narcissus* 'February Gold' wird etwa 25 cm hoch und gehört zu den Zwerg-Narzissen mit der längsten Blütezeit, die bis zu einem Monat betragen kann. Sie besitzt eine lange, elegante Trompete und zurückgeschlagene Petalen, die an ihre Eltern, *Narcissus cyclamineus,* erinnern. Sie passt gut zu weißen Krokussen und zu frühen Kaufmanniana-Tulpen.

❯ Traubenhyazinthen *(Muscari armeniacum)* blühen viele Wochen lang bis in den Spätfrühling hinein. Sie werden etwa 20 cm hoch und eignen sich hervorragend zur Unterpflanzung von vielen Tulpen, Hyazinthen und Zwerg-Narzissen sowohl im Beet wie auch im Topf. Traubenhyazinthen vermehren sich leicht und breiten sich schnell entlang eines Wegs oder unter einem Strauch aus. Der einzige Nachteil sind die etwas unansehnlichen langen Blätter, die intensive Blütenfarbe macht dies aber schnell wieder wett.

❯ Die gefüllte frühe Tulpe 'Orange Nassau' wird etwa 20 cm hoch und hat feurig orangerote Petalen. Egal ob im Beet oder Container, sie setzt Akzente. Besonders schön sieht sie in Terrakottatöpfen in Kombination mit blauen oder gelben Hyazinthen oder roten, orangefarbenen, gelben oder blauen Frühlings-Primeln aus.

❮ *Crocus* 'Large Dutch Purple' wird etwa 10 cm hoch und gehört zu den wichtigsten Frühlingsblühern im Garten. Er bildet einen perfekten Blütenteppich als Hintergrund für gelbe Zwerg-Narzissen. Nachts und bei Frost bleiben die Blüten geschlossen, wenn die Sonner scheint öffnen sie sich und zeigen ihre gelben Staubgefäße. Sie sind so schön, dass es sich auch lohnt, sie in Beete und Töpfe zu pflanzen.

Schneeglanzes und der frühen Kaufmanniana-Tulpen, wie 'Shakespeare', 'Stresa' und 'Heart's Delight'. Sie alle lassen sich in unendlichen Kombinationen pflanzen.

Einige Wochen später erscheinen dann die ersten Blüten der Traubenhyazinthe. Sie passen besonders gut zu frühen gefüllten Tulpen oder zu Hyazinthen. Die gelbe Tulpe 'Mr Van der Hoef' und die zartrosa 'Peach Blossom' passen gut zu den tiefblauen Blüten der Traubenhyazinthe. Auch Stiefmütterchen, Veilchen, Schlüsselblumen und Frühlings-Primeln sind schöne Begleiter und erweitern die Palette der Kombinationsmöglichkeiten.

❮ *Chionodoxa forbesii* 'Pink Giant' wird 15 cm hoch und trägt pro Blütenrispe vier oder mehr außen zartrosa, innen weiße Blütensternchen. Sie lassen sich mit vielen Frühlingsblühern kombinieren, wie Zwerg-Narzissen oder Hyazinthen. Dieser Cultivar ist nicht so verbreitet, wie der blaue Schneeglanz *(Chionodoxa luciliae)*, aber genauso empfehlenswert.

❮ *Narcissus* 'Jetfire' ähnelt mit ihren zurückgeschlagenen Petalen der Sorte 'February Gold' und wird ebenfalls etwa 25 cm hoch. Die Trompete ist eher orange als gelb und dadurch ist sie ein idealer Pflanzpartner für violettblaue Krokusse oder gestreifte Kaufmanniana-Tulpen. Auch eine Kombination mit gelb-violetten Stiefmütterchen ist sehr attraktiv.

❯ Der Blaustern *(Scilla sibirica)* wird bis 15 cm hoch und lässt sich leicht im Topf ziehen. Am besten wirkt er aber, wenn man ihn unter Gehölzen verwildern lässt. Die nickenden, blauen Blüten wirken in Massenpflanzen sehr viel schöner als einzeln. Durch die weiße Blütenmitte lassen sie sich auch gut mit kleinen silberlaubigen Pflanzen kombinieren.

❮ Die gefüllte Tulpe 'Kareol' wird etwa 20 cm hoch und gehört zu einer Gruppe früh blühender, gefüllter Tulpensorten, die sich alle wunderbar im Beet oder im Topf machen. Sie kommen früh zur Blüte, haben stabile Stiele und halten lange. Durch den kompakten Wuchs eignet sie sich besonders dort, wo der Platz begrenzt ist, wie in Blumenampeln, Töpfen, Balkonkästen oder Pflanzschalen.

❮ Die gefüllt blühende Tulpe 'Peach Blossom' wird etwa 20 cm hoch und gehört zu den beliebtesten frühen Tulpensorten. Ihre zart gefärbten Blüten passen besonders hübsch zu den blauen Blüten der Traubenhyazinthe. Und das im Beet, im Topf, auf der Fensterbank in Blumenkästen oder im Garten. Die Blüten halten viele Wochen lang.

Es gibt zu dieser Jahreszeit so viele Pflanzkombinationsmöglichkeiten, dass ein ganzes Gärtnerleben nicht ausreichen würde, alle auszuprobieren. Aber genau das macht ja den Reiz des Gärtnerns aus – immer etwas Neues auszuprobieren.

# Frühlingsblüher für Beete

*oben* *Tulipa* 'Oranje Nassau' hat feurig orangerote Blüten und passt ideal zu den gelb-roten Frühlings-Primeln. Pflanzen Sie sie auch in Kombination mit Goldenem Mutterkraut (*Tanacetum parthenium* 'Aureum') oder anderen Stauden mit kräftig grünen Blättern.

*rechts* *Narcissus* 'February Gold' und die elegante *Tulipa* 'Stresa', eine Kaufmanniana-Hybride, bilden eine auffällige Partnerschaft. Beide haben lange haltende Blüten. Sie eignen sich vorzüglich als Vordergrundbepflanzung vor frühlingsblühenden Sträuchern, wie Forsythien oder Blut-Johannisbeeren.

Setzen Sie die einzelnen Gattungen nebeneinander oder entscheiden Sie sich für eine dichtere, gemischte Pflanzung. Die hohen Sorten werden mit niedrigeren unterpflanzt. Eine typische Kombination wären frühe Zwerg-Narzissen und Kaufmanniana-Tulpen mit den etwas höheren späten Hyazinthen und gefüllten frühen Tulpen. Als Unterpflanzung kommen purpurne oder weiße Frühlingskrokusse, blaue, weiße oder malvenfarbene *Anemone blanda*, blaue oder rosa *Chionodoxa*, leuchtend blaue *Scilla* und die tiefblauen Traubenhyazinthen in Frage. Der genaue Blühzeitpunkt und die -dauer richten sich zwar nach dem jeweiligen Wetter (Temperatur und Feuchte), doch in der Regel überlappen sich die Blütezeiten zu einer langen Blühperiode. Die späten Frühlings-Krokusse blühen zwar zusammen mit den Zwerg-Narzissen und Tulpen, behalten die Blüten allerdings nicht lange genug, um noch die Hyazinthen und gefüllten frühen Tulpen zu begleiten.

Auch Veilchen, Stiefmütterchen, gefüllte Tausendschön und Primeln spielen eine wichtige Rolle im zeitigen Frühlingsbeet. Einen besonders reizvollen Anblick bieten Primeln und Veilchen zusammen mit frühen Zwerg-Narzissen, die in

kleinen Gruppen dazwischen gepflanzt werden. Es gibt kaum etwas Schöneres als 'Topolino' mit weißen Perigonblättern und zartgelber Nebenkrone, die sich aus einem Beet mit winzigen, weißen und duftenden Veilchen erheben. Einen ähnlichen Effekt erzielen Sie mit anderen gelb und weiß gefärbten Narzissen, wie 'Minnow', in einer Unterpflanzung aus den kleinen weißen Traubenhyazinthen (*Muscari botryoides* 'Album').

Wenn Sie mehr Wert auf kräftige, warme Farben legen, entscheiden Sie sich für intensiver gefärbte, leuchtende Tulpen und Traubenhyazinthen, die zwischen lebhaft rot, orange oder blau gefärbten Frühlings-Primeln und Schlüsselblumen wachsen. Eine Alternative wären die blauen und purpurnen Töne von Veilchen und Stiefmütterchen. Je genauer Sie die Beete im Herbst planen, desto schöner fällt das Ergebnis im Frühling aus. Ein bisschen Mühe lohnt also. Der Erfolg übersteigt den Planungsaufwand bei weitem.

Der Frühling ist eine wunderbare Zeit, um die Baumscheibe eines Laubbaums mit Blüten zu schmücken. Sie können eine einzige Sorte pflanzen – beispielsweise *Narcissus* 'February Gold' – oder Sie mischen *Scilla, Chionodoxa* und *Anemone blanda* zu einem bunten Teppich. Wenn Sie zu den Glücklichen mit mehr als einem Baum im Garten gehören, lassen sich sehr abwechslungsreiche Wirkungen erzielen. Die Zwiebeln und Knollen vermehren sich im Laufe weniger Jahre und sorgen für üppiges Farbenspiel. Im trockenen, schattigen Sommer warten die Zwiebeln auf die kühleren Herbstregen, die sie bis zum nächsten Frühling zu neuem Leben erwecken.

An Standorten, an denen sie ungestört verwildern kann, ist *Anemone blanda* die erste Wahl. Sie breitet sich nicht nur über Samen, sondern auch über Tochterknollen aus. Pflanzen Sie einige Exemplare unter einem alten Apfel- oder Birnbaum und freuen Sie sich im Frühling auf ein Meer aus blauen Blüten. *Anemone blanda* werden im Herbst als kleine, harte und etwas runzlige Knollen angeboten. Im ersten Jahr können noch Probleme auftreten, denn durch die Lagerung im

Handel (zwischen Ausgraben und Verkauf) trocknen eine Reihe der Knollen zu stark aus. Lassen Sie die Knollen vor dem Einpflanzen über Nacht in Wasser quellen. Aus den winzigen Knollen entwickeln sich innerhalb weniger Jahre 2,5 cm, später sogar 7,5 bis 10 cm große Knollen.

*oben* Hyacinthus orientalis 'Pink Pearl' gehört zu den Gartenklassikern. Blau und rosa passt immer gut zusammen, wie diese Kombination der blau-weißen Stiefmütterchen 'Universal Marina' mit den rosa Hyazinthen beweist. Eine kleine Dreiergruppe wirkt genauso attraktiv wie eine Massenpflanzung.

*links* Innerhalb weniger Jahre breitet sich *Anemone blanda* an zusagenden Standorten im Garten aus und bildet schnell große Kolonien. Frühe Narzissen, Frühlings-Primeln und Goldenes Mutterkraut (*Tanacetum parthenium* 'Aureum') sorgen für Farbtupfer im blauen Blütenmeer.

Kleine Gruppen von Zwerg-Narzissen fühlen sich an feuchten Stellen im Garten besonders wohl. Das trifft auch auf *Narcissus pseudonarcissus* und ihre Cultivare zu, die sich zudem durch Aussaat ausbreiten und neue Formen entstehen lassen.

# Frühlingsblüher zum Verwildern

*oben* Typisch für *Narcissus cyclamineus* sind die zurückgeschlagenen Petalen und die lange schmale Trompete. Die reine Art ist selten erhältlich; es gibt aber zahlreiche Sorten und Cultivare zu kaufen.

*unten* An zusagenden Standorten verwildert die Reifrock-Narzisse *(Narcissus bulbocodium)* schnell, wie in dieser Wiese in Wisley Garden, England.

M it den früh blühenden und meist natürlicherweise kleinen Osterglocken lässt sich eine Wiese, mit *Scilla* eine Gehölzpartie wunderschön aufwerten.

## Wiesen

Pflanzen Sie Osterglocken in großzügigen Gruppen mitten ins Gras. Lassen Sie zwischen den einzelnen Zwiebeln 7,5 bis 20 cm Abstand, damit sie sich über Tochterzwiebeln und Samen weiter ausbreiten können.

Einige Narzissenarten breiten sich unter günstigen Voraussetzungen sehr freigiebig aus. Die Reifrock-Narzisse *(Narcissus bulbocodium)* ist in Westfrankreich, Spanien, Portugal und Nordafrika heimisch. Sie hat weit zurückgeschlagene Petalen und fühlt sich auf torfhaltigen, sauren oder sandigen Böden wohl. Offenbar sind die sandigen Bedingungen in den *Alpine Meadows* in den Royal Horticultural Society Gardens in Wisley (England) ideal. Der leicht geneigte Hang oder das Sickerwasser aus einer natürlichen Quelle sorgen für optimale Wachstumsbedingungen – vielleicht auch die Kombination aus beidem.

Osterglocken *(Narcissus pseudonarcissus)* haben eine zierliche, primelgelbe Krone und eine gelbe Trompete. Sie kommen mit unterschiedlichen Bedingungen zurecht: auf Wiesen, in Wäldern oder auf steinigen Hängen. *N. obvallaris,* (früher *N. pseudonarcissus* subsp. *obvallaris*) ist ähnlich in der Größe, hat aber tiefgelbe Perigonblätter und Nebenkrone. Beide verwildern sehr gut im Gras, *N. obvallaris* ist allerdings besser für schattige Flächen geeignet. Von allen Zwerg-Narzissen-Sorten eignet sich 'Topolino' am besten zum Verwildern im Rasen. Sie sieht mit der weißen Krone und hellgelben Nebenkrone einfach zauberhaft aus. In die Nachbarschaft passen Schlüsselblumen oder Veilchen.

Die Alpenveilchen-Narzisse *(Narcissus cyclamineus)* kommt wild in Nordwestspanien und Portugal vor. Sie wächst vorzugsweise an feuchten Flussufern und im Talgrund, weniger auf den höheren Hängen, wie die modernen Sorten. Sie ist an den zurück gebogenen Petalen und der langen, engen Nebenkrone sehr leicht zu identifizieren. Während die Art kaum erhältlich ist, bietet der Gartenhandel viele Gartensorten an, beispielsweise 'February Gold', 'Peeping Tom' oder 'Jack Snipe'. Sie wachsen am besten an feuchten Standorten – wie die Mutterpflanze. In der Regel wird man im Internet bei spezialisieren Versendern am ehesten fündig.

Niedrige Arten, wie *Anemone blanda, Scilla sibirica* und andere, werden besser zwischen schwach wüchsige Gräser oder zwischen Sträucher und Laub abwerfende Bäume gepflanzt. *Scilla sibirica* wächst sowohl im Schatten als auch in der Sonne, bevorzugt aber einen leichten, sandigen Boden. *Anemone blanda* braucht andererseits volle Sonne bis leichten Schatten und unbedingt gut durchlässigen Boden. Beide sehen hübsch in kleinen Gruppen neben Veilchen oder Schlüsselblumen aus. Denken Sie daran, den Rasen erst dann zu mähen, wenn die Zwiebel- und Knollenpflanzen ihren gesamten Vegetationszyklus abge-

schlossen haben – frühestens also sechs Wochen nach der Blüte. Warten Sie ab, bis sich die Blätter zu verfärben beginnen. Zu diesem Zeitpunkt wurden die Nährstoffe in die Speicherorgane abtransportiert. Ab Herbst treiben sie neue Wurzeln und später Sprosse aus. Werden die Blätter jedoch zu früh entfernt, fehlen diese Reserven und die Knollen entwickeln sich nur unvollkommen oder gehen sogar ein. Im Folgejahr fällt dann möglicherweise die Blüte aus.

*links* Scilla sibirica, auch bekannt als Blaustern, fühlt sich in der Sonne und im Schatten wohl und bevorzugt durchlässige Böden. Diese kleinen Gruppen wachsen in kurz geschorenem Rasen zusammen mit Frühlings-Primeln. Die Sorte 'Spring Beauty' ist eine verbesserte Form und besitzt tiefblaue Blüten.

*unten* Diese Ansammlung von Scilla bithynica fühlt sich im lichten Schatten eines Laubbaums wohl.

Wenn man Töpfe mit Zwiebelblumen bepflanzt, kann man entweder nur eine Art oder Sorte verwenden oder viele verschiedene in einer bunten Mischung kombinieren.

# Frühlingsblüher für Töpfe

**Narzissen in zwei Etagen**

**1** Wenn man einen Topf im Herbst in zwei Etagen mit Blumenzwiebeln bepflanzt, kann man auch bei kleinen Töpfen eine üppige Blüte erzielen. Geben Sie eine Kiesschicht zur Dränage und dann eine dünne Schicht Blumenerde auf den Topfboden. Dann kommt die erste Lage Zwiebeln dicht an dicht (aber ohne sich zu berühren) in den Topf. Wir haben uns für dieses Beispiel für die Sorte 'February Gold' entschieden.

**2** Geben Sie noch etwas Erde in den Topf, sodass die Zwiebeln gerade bedeckt sind. Dann wird die zweite Lage Zwiebeln eingesetzt, zwischen die unteren. Sie sollten sich ebenfalls nicht direkt berühren. Füllen Sie dann den Topf bis 2,5 cm unter dem Rand mit Blumenerde auf.

**3** Bepflanzen Sie einen kleineren, aber ähnlich gefärbten Topf mit Krokuszwiebeln. Auch hier ist die Dränageschicht auf dem Topfboden wichtig. Je nachdem wie viele Zwiebeln Sie haben, können Sie eine oder zwei Lagen pflanzen.

**4** *Narcissus* 'February Gold' blüht zur selben Zeit, wie *Crocus sieberi* 'Albus' (syn. 'Bowles White') oder viele andere großblütige Krokusse. Eine perfekte Frühlingskombination.

1 2 3

F ast alle Frühlingsblüher wachsen gut unter beengten Bedingungen. Da viele von ihnen recht klein sind, passen sie wunderbar in alle Formen von Pflanzgefäßen, Töpfen und Kübeln.

Zwiebeln und Knollen in einem Pflanzgefäß bieten eine wunderbare Gelegenheit, die Pflanzen als Akzent zu präsentieren. Ein Topf oder ein Krug, der auf einer Mauer oder dem Terrassentisch steht, wirkt optisch vom übrigen Garten abgetrennt: Er verwandelt sich damit in einen völlig eigenständigen Blickpunkt und wird entsprechend wahrgenommen und gewürdigt.

Natürlich ist der Platz in einem kleinen bis mittelgroßen Pflanzgefäß eingeschränkt. Setzt man jedoch die Zwiebeln und Knollen in zwei Lagen ein, entsteht zur Blütezeit ein prachtvoller Eindruck. Pflanzen Sie beispielsweise sechs Narzissen 'February Gold' in einer Lage in einen kleinen, glasierten Keramiktopf (20 cm Durchmesser, 18 cm Tiefe). Nachdem sie mit Erde abgedeckt wurden, folgt eine zweite Lage – wiederum sechs Exemplare. Im Freiland stünden sie damit viel zu dicht, doch im Topf ist die Situation für eine Saison völlig ausreichend. Pflanzen Sie in einen farblich dazu passenden, kleineren glasierten Topf weiße Krokusse; die gelben Staubgefäße passen wunderschön zu den goldgelben Narzissen.

4

*unten* Die Schönheit der zartweißen Triumph-Tulpe 'White Virgin' wird durch die dunkel-violettblauen Stiefmütterchen und den blau glasierten Topf noch unterstrichen. Diese Tulpen eignen sich auch hervorragend zur Pflanzung in bunten Frühlingsbeeten.

*rechts* Krokusse lassen sich leicht im Topf ziehen. So kann man auch bei schlechtem Wetter die weit geöffneten Blüten auf der Fensterbank genießen.

*ganz unten* Zwerg-Narzissen, wie 'Tête-à-tête' gedeihen auch im Topf.

oben *Chionodoxa forbesii* 'Pink Giant' in Kombination mit der frühen gefüllten Tulpe 'Peach Blossom'. Die blauen Traubenhyazinthen im Hintergrund haben ihren großen Auftritt noch vor sich.

krone. Da alle drei kurz und kompakt wachsen, passen sie sich den Bedingungen in Pflanzkübeln und insbesondere auch Hängekörben optimal an. Die Narzissen werden mit blauen, weißen oder gemischtfarbigen *Anemone blanda* kombiniert. Als Unterpflanzung eignen sich große Krokusse, wie beispielsweise 'Remembrance', oder einfache Tulpen, wie die Kaufmanniana-Sorte 'Shake-speare'. Sie fügen sich in der Frühlingsblüte zu einem wunderschönen Bild zusammen. Hübsche Partner wären beispielsweise gefüllte Tausendschön, Veilchen und Primeln, dazu im Winter blühende Heiden und Efeu.

Verkleiden Sie die Außenwände von Hängekörben mit den kriechenden Zweigen von Efeu (siehe Seite 30 f.). Drücken Sie die Triebe mit Drahtkrampen in das Moos der Verkleidung und versuchen Sie, den Efeu zu einer kompletten grünen Kugel zu erziehen, die dann als Hintergrund für das Frühlingsschauspiel dient. Bepflanzen Sie den Korb im Herbst. Ideal ist ein Durchmesser von etwa 35 cm. Für die Bepflanzung brauchen Sie drei Efeupflanzen, 15 mehrblütige Narzissen (beispielsweise 'Quince') und 15 hübsche, blaue *Anemone blanda*.

Im Winter werden die Ampeln an einem sonnigen, geschützten Standort aufgehängt. Der Boden muss feucht bleiben, darf aber bei Frost nicht gegossen werden. Obwohl die Pflanzen winterhart sind, sollten Sie kein Risiko eingehen und die Hängekörbe bei angekündigtem Frost abhängen. Sie kommen in eine Garage oder einen kühlen Eingang, bis die Temperaturen milder werden.

Wenn die Tage länger werden, beginnen die gefüllten frühen Tulpen zu blühen. Sie sehen mit den breiten, vielblättrigen Kronen einfach wunderschön aus. Die kurzen, kräftigen Sorten passen sowohl in einen Pflanzkübel als auch in einen Hängekorb. Man bekommt sie einfarbig sortiert in Rot, Orange, Gelb, Weiß und Rosa, aber auch in Beuteln mit gemischten Blütenfarben. *Tulipa* 'Peach Blossom' überzeugt mit einem besonders

Mehrblütige Zwerg-Narzissen eignen sich bestens für begrenzten Raum, speziell für Pflanzgefäße. Die Narzisse 'Tête-à-tête' ist nicht ohne Grund so beliebt. Aus einer Zwiebel treiben Stängel mit zwei bis drei Blüten aus – jede wunderschön proportioniert mit goldgelber Krone und passender Trompete. Auch die weniger bekannte 'Jumblie' bildet zahlreiche Blüten aus. Die Trompeten sind etwas länger und weisen in alle Richtungen. Gut geeignet ist auch 'Quince'; sie hat hellgelbe Perigonblätter und eine tiefgelbe Neben-

schönen Farbton, der mit einem zarten Rosa beginnt, manchmal aber auch grün oder rot überhaucht erscheint. Die Sorte sieht zusammen mit blauen Traubenhyazinthen fantastisch aus, aber auch andere blau blühende Pflanzen, wie Veilchen oder Stiefmütterchen, sind reizvolle Partner.

Bepflanzen Sie für eine besonders lebendige Wirkung den Hängekorb mit gefüllten frühen Tulpen und Traubenhyazinthen, die aus einem Bett aus Veilchen oder Stiefmütterchen herauswachsen. Sie sorgen bereits im Herbst für Farbe au der Terrasse. Wenn die Tulpen und Traubenhyazinthen im zeitigen Frühjahr prachtvoll zu blühen beginnen, bilden sie einen lebendigen, farbigen Hintergrund. Hängen Sie den Korb an eine sonnige, geschützte Stelle.

Nun stehen auch die Hyazinthen in Blüte. Sie werden in herrlichen Farbtönen angeboten – Rosa, Blau, Amethyst-Violett, Gelb, Rosa und Weiß – und zu jeder Farbe bekommt man harmonisch passende oder kontrastierende Frühlings-Primeln. Hyazinthen passen zu vielen anderen Zwiebelpflanzen, wie *Scilla*, *Muscari* oder frühen Tulpen.

*oben* Diese Cultivare von *Narcissus cyclamineus* kommen mit ihren zurückgeschlagenen Petalen über den dunkelblauen Krokussen besonders gut zur Geltung. Die orangegelben Trompeten der *Narcissus* 'Jetfire' passen hervorragend zu den gelben Staubgefäßen von *Crocus tommasinianus* 'Ruby Giant'.

*links Narcissus* 'Quince' eignet sich vorzüglich zur Bepflanzung von Blumenampeln, da sie nur 15 cm hoch wird und die Blütenstiele sehr fest sind. Jeder Stiel trägt mehrere goldgelbe Blüten mit breitem Röckchen. Hier ist sie zusammen mit *Anemone blanda* und weißbuntem Efeu kombiniert.

# Galerie der Spätfrühlingsblüher

Im Spätfrühling und im Frühsommer erreicht der Zwiebelblumengarten seinen Höhepunkt, wenn späte Tulpen und Narzissen zusammen in voller Blüte stehen. Während die ersten Frühlingsblüher klein und gedrungen bleiben, erreichen die später blühenden Arten, darunter die Sommer-Knotenblume *(Leucojum aestivum),* die meisten Narzissen und fast alle Tulpen durchaus stattliche Höhen von 35 bis 60 cm. Die majestätische Kaiserkrone *(Fritillaria imperialis)* wird sogar 70 cm hoch. Mit 15 bis 30 cm bleiben die verschiedenen Traubenhyazinthen, wie *Muscari armeniacum, M. bortryoides* 'Album' und *M. latifoli-*

❮ Die Sommer-Knotenblume *(Leucojum aestivum)* wird etwa 45 bis 60 cm hoch und bevorzugt feuchte Standorte. Dort wächst er schnell zu großen Kolonien heran. Die eleganten Blüten sind weiß und haben an der Spitze der weißen Petalen einen charakteristischen grünen Fleck. Die Blütezeit liegt im Spätfrühling, der Name Sommerknotenblume dient der Unterscheidung vom nah verwandten Märzenbecher *(L. vernum),* der früher im Jahr blüht. Er eignet sich gut zur Teichrandbepflanzung. Die luftgefüllten Samenkapseln treiben dann auf der Wasseroberfläche zu neuen Ufern und besiedeln diese.

❯ Der Hundszahn *(Erythronium dens-canis)* kommt in den Wäldern Europas vor und hat seinen Namen von der Form der Knolle, die dem Zahn eines Hundes ähnelt. Er ist anpassungsfähig und bevorzugt lichten Schatten in lockeren Grasflächen oder unter Gehölzen. Die Blüten haben attraktive, zurückgeschlagene Petalen, die Blätter sind manchmal dunkel marmoriert.

❯ Die Schachtbrettblume *(Fritillaria meleagris)* ist in feuchten Wiesen weit verbreitet. Sie gedeiht auch gut im Garten an feuchten Stellen, in Beeten und Blumenwiesen. Ein anderer Name ist Kiebitzei und bezieht sich auf die Ähnlichkeit in der Blütenfärbung und -zeichnung.

❮ Mit einer Höhe von 30 cm gehört *Narcissus* 'Pipit' zu den wenigen Osterglocken, die noch im Spätfrühling blühen. Pro Stiel werden zwei bis drei Blüten gebildet, die zitronengelb mit cremeweißer Streifung sind. Eine wahrhaft außergewöhnliche Sorte.

*um,* Buschwindröschen *(Anemone nemorosa),* Hasenglöckchen *(Hyacinthoides)* und Hundszahn *(Erythronium dens-canis)* kleiner. Das trifft auch auf einige Narzissensorten, wie 'Thalia', 'Silver Chimes', 'Pipit' und 'Hawera' sowie etliche botanische Tulpen, wie die violette *Tulipa saxatilis* und die winzige *T. tarda,*

zu. Tulpen und Hyazinthen fühlen sich in voller Sonne am wohlsten, Schachbrettblumen *(Fritilaria meleagris)* und fast alle Osterglocken kommen auch mit Halbschatten zurecht. Buschwindröschen, Hundszahn und Sommerknotenblume bevorzugen lichten Schatten ohne direkte Sonne auf frisch-feuchten Böden.

❮ *Narcissus* 'Salome' erreicht eine Höhe von etwa 35 cm und gehört damit zu den typischen Spätfrühlingsosterglocken. Und sie ist mit den zartweißen Petalen und dem kupfergelben Rock, der mit der Zeit dunkler wird. Sie passt im Beet gut zu den hellgrünen Neutrieben verschiedener Stauden oder in einer Blumenwiese unter einen weiß blühenden Kirschbaum.

❮ Die lilienblütige Tulpe 'West Point' wird bis zu 50 cm hoch und hat exquisite, zugespitzte Blütenblätter. Sie passt gut zu anderen kräftigen Gelb-Tönen oder zu Pflanzen mit silbrig grauen Blättern, wie dem Greiskraut *(Senecio cineraria).* Setzen Sie sie an einen geschützten Platz.

❯ *Muscari latifolium* ist eine außergewöhnliche, später blühende Verwandte der Traubenhyazinthe *(Muscari armeniacum).* Die urnenförmigen Blüten variieren von Blau über Violett bis zu fast Schwarz und die Blätter sind breiter. Sie wird bis zu 20 cm hoch und ist in den Pinienwäldern der nordwestlichen Türkei heimisch.

❮ *Tulipa* 'New Design' ist eine wunderschöne rosa Tulpe, die eine Höhe von etwa 50 cm erreicht. Sie sieht besonders hübsch im Gegenlicht aus, da ihre Petalen leicht durchscheinend sind. Die Blätter sind weiß gerandet, was sie bei Gartenarchitekten beliebt macht. Pflanzen Sie sie einzeln in Töpfe oder zusammen mit silbern panaschierten Taubnesseln *(Lamium maculatum)* und weißem Tausendschön *(Bellis perennis).*

❮ Die majestätische Kaiserkrone *(Fritillaria imperialis)* wird bis zu 70 cm hoch und ist seit über 400 Jahren in Kultur. In den großen Kelchen bilden sich entlang der Staubgefäße große Nektartropfen, die in der Sonne glitzern. Der Blattschopf über den Blüten ist charakteristisch. Die ganze Pflanze verströmt leider einen leicht unangenehmen Geruch.

Ein Zwiebelblumenbeet, ob formal oder informal bepflanzt, gehört zu den Höhepunkten im Frühlingsgarten. Bei der ungeheuren Farbfülle lassen sich viele verschiedene Kombinationen zusammenstellen.

# Spätfrühlingsblüher für Beete

*rechts* Formale Pflanzungen in passenden Farben wirken äußerst beeindruckend und fröhlich. Diese lilienblütigen Tulpen 'West Point' sind mit roten Frühlings-Primeln und blauen Vergissmeinnicht unterpflanzt.

*unten rechts* Ein bezauberndes gemischtes Beet mit goldgelben Osterglocken, rot-gelben Tulpen ('Striped Ballora') und rotem Goldlack. Die Beete sind mit violettblauen Frühlings-Primeln eingefasst.

*gegenüber, links* Eine Unterpflanzung kann auch dezent und zurückhaltend sein, wie hier die weißen Tausendschön unter den weiß-grünen Tulpen. Elegant und stilvoll.

*gegenüber, rechts* Einen ganz anderen Effekt erzielt man, wenn man größere Gruppen pflanzt. Hier sind Viridiflora-Tulpen ('Christmas Marvel') mit verschiedenen Stauden kombiniert.

Jetzt bricht die aufregendste Jahreszeit im Zwiebel- und Knollenbeet an: Endlich kann man die Früchte seiner herbstlichen Arbeit bewundern. Das gilt vor allem, wenn Sie im Herbst etwas Neues ausprobiert haben. Sie könnten bei-

spielsweise mit der leuchtend gelben *Tulipa* 'Golden Apeldoorn', der orange gefleckten 'Striped Apeldoorn', der scharlachroten 'Apeldoorn' und der tief purpurnen 'Negrita' fantastische Farbmuster zeichnen. Dazu pflanzen Sie leuchtende Primelsorten, Vergissmeinnicht, Tausendschön, Stiefmütterchen und Goldlack in tiefblauen, orangefarbenen, goldenen, roten, fast schwarzen und purpurnen Tönen. Mit solchen Farben sehen die Beete bei jedem Wetter prachtvoll aus.

Mit pastellfarbenen Tulpen, wie der lachsrosa 'Apricot Beauty', der perlmuttrosa 'Esther', 'White Dream' und der wunderbar eleganten, cremeweiß und grünen 'Spring Green' lassen sich Beete in sanften Tönen gestalten. Als Begleitung bieten sich Primeln, gefüllte Tausendschön, Stiefmütterchen und Veilchen, Vergissmeinnicht und Gold-

lack in Kombination mit gelben, hellrosa, cremeweißen und zartblauen Schlüsselblumen an.

Das helle Grün des ausgetriebenen Buchs-
baums passt herrlich zu scharlachroten Tulpen.
Selbstverständlich können sich die Tulpen auch
aus einem Teppich aus niedrigen Beetpflanzen erheben. Sowohl kräftige als auch sanftere Farbthe-
men sind denkbar.

In einem informell gestalteten Garten könnten
sich unterschiedliche Zwiebel- und Knollenpflanzen in einem großen Staudenbeet entfalten. Hier
setzen einige Gruppen von Osterglocken, Traubenhyazinthen, zwei oder drei einzelne Kaiserkronen und drei oder vier Gruppen von Tulpen farbenfrohe Akzente. Obwohl solche Arrangements
einfach aussehen, wollen sie wohl überlegt sein.
Wer es minimalistisch bevorzugt, pflanzt ein paar
Zwiebeln und Knollen in ein Kiesbeet oder zwischen farbige Steine oder Rinden und verzichtet
auf zusätzliche Pflanzen. Selbstverständlich lassen
sich die Ideen auch kombinieren und in unterschiedlichen Teilen des Gartens verwirklichen.

Buschwindröschen *(Anemone nemorosa)* verwildern in Wald-
pflanzungen schnell und bedecken große Flächen. Besonders schön wirken sie in Kombination mit Hasenglöckchen
*(Hyacinthoides non-scripta)*.

# Spätfrühlingsblüher zum Verwildern

*rechts* Buschwindröschen
*(Anemone nemorosa)* und
Hundszahn *(Erythronium
dens-canis)* gedeihen ne-
beneinander in humoser
Lauberde im lichten Schatten unter Gehölzen.

*rechts* In lockeren, nicht
zu dichten Rasenflächen im
Halbschatten verwildert der
Hundszahn *(Erythronium
dens-canis)* schnell.

Noch ist das Laub der Bäume und Sträucher nicht vollständig ausgebildet, noch fallen Sonnenstrahlen bis auf den Boden und lassen noch viele Pflanzen der Wiesen und des Waldbodens gedeihen: Hundszahn, Sommer-Knotenblume, Buschwindröschen und Trillium.

Die zierliche Schachbrettblume ist einer der Stars unter den Pflanzen des Frühlings. Jede Einzelblüte besticht durch ein exquisites Schachbrettmuster. Sie blüht etwa gleichzeitig mit frühen Zwerg-Narzissen und Primeln, behält ihre Blüten aber bis zu den Echten Schlüsselblumen und späten Osterglocken. Schachbrettblumen bevorzugen sonnige, feuchte Standorte und vermehren sich an günstigen Plätzen leicht.

Im Gras lassen sich auch viele Sorten von Osterglocken verwildern: Die gelben, großblumigen 'Saint Patrick's Day' und 'Carlton' sowie die Trompeten-Narzisse 'King Alfred'; ebenso die Sorten mit weißen Blüten, wie die bekannte großblumige Sorte 'Ice Follies', deren weiße Perigonblätter durch eine cremeweiße Nebenkrone ergänzt werden. Sehr beliebt ist 'Actaea'; sie hat weiße Perigonblätter, die mit der kleinen Nebenkrone mit rotem Rand kontrastiert. Ähnlich ist die Dichter-Narzisse, die allerdings ein paar Wochen später blüht. Bei manchen Sorten mit rosa Trompete verblasst die Farbe im Alter zu einem zarten Lachsrosa. Auch 'Salome', 'Rainbow' und 'Passionale' kommen gut im Gras zurecht.

Eine Reihe weiterer Gattungen fühlt sich in einer Blumenwiese wohl: Sofern der Boden durchlässig genug ist, gedeiht *Ornithogalum nutans*. Der Milchstern hat nickende grün-weiße Blüten und wächst auch gerne unter Sträuchern. Ein noch besseres Beispiel ist das Hasenglöckchen, das weiß, rosa oder blau blüht; es bevorzugt allerdings den feuchten Schatten einer Hecke oder den humusreichen Boden unter Laub abwerfenden Gehölzen – am liebsten unter Buchen. Obwohl sich die ersten Blüten schon in der Frühlingsmitte zeigen, beginnt die Hauptsaison erst im Spätfrühling. Hundszahn bevorzugt spärlich wachsendes Gras, kommt aber auch gut im Schatten von Sträuchern oder laubabwerfenden Bäumen zurecht. Mit seinen zarten, zurückgebogenen Kronblättern in Weiß, Rosa oder Lila gehört er zu den schönsten Blumen des Frühlings. Die Sommer-Knotenblume fühlt sich in feuchtem Boden wohl – im Gras oder unter Gehölzen.

Das Buschwindröschen passt im Garten unter Gehölze oder auf schattige Hänge. Innerhalb kurzer Zeit breitet es sich zu einem grünen Teppich mit weißen Blüten aus. Gute Partner sind Hundszahn oder Hasenglöckchen, aber auch Leberblümchen oder Schlüsselblumen.

*oben* Eine Wiese mit verschiedenfarbig blühenden Schachbrettblumen *(Fritillaria meleagris)* gehört zu den schönsten Anblicken im Frühling.

*links* Die Sommer-Knotenblume *(Leucojum aestivum)* fühlt sich im feuchten Halbschatten unter einem Strauch wohl. An zusagenden Standorten bildet sie schnell große Kolonien.

Zu dieser Jahreszeit ist die Auswahl an Topf- und Zwiebelpflanzen riesig und man kann wahrlich aus dem Vollen schöpfen. Wählen Sie aus einer Vielzahl von Tulpen, Narzissen und Hyazinthen, um nur einige zu nennen.

# Spätfrühlingsblüher für Töpfe

oben Eine Teetasse und eine Teekanne, mit *Narcissus* 'Hawera' bepflanzt. Diese reizende kleine Narzisse bildet unzählige kleine zitronengelbe Blüten.

rechts Die einfache, früh blühende *Tulipa* 'Christmas Marvel' streckt ihre Blüten in die Frühlingssonne. Der blaue Topf passt hervorragend zu den silbrigen Blättern des Greiskrauts (*Senecio cineraria* 'Silver Dust'). Ein Topf im Staudenbeet sorgt durch seine erhöhte Position für einen zusätzlichen Akzente.

Für einen für die Frühlingsmitte geplanten Kübel sind alle Formen von niedrigen Osterglocken bestens geeignet. Obwohl die meisten Sorten etwas höher sind als die Zwergsorten des zeitigen Frühjahrs, gibt es genügend Auswahl für Hängekörbe, Fensterkästen und Kübel. Wo der Platz eingeschränkt ist, greift man am besten zu mehrblütigen Sorten, die Schönheit auf kleinstem Raum versprechen. Die zierlichste Sorte ist *Narcissus* 'Hawera', deren winzige, zitronengelbe Blüten ewig zu halten scheinen. Ihre drahtigen, kräftigen Stängel halten auch starken Winden Stand. Sie sieht wunderschön in hängenden Ampeln, in Fensterkästen und kleinen Töpfen aus. Die glänzend weiße 'Thalia', die weiße 'Silver Chimes' und die frische, zitronengelbe, weiß gestreifte 'Pipit' sind nur unwesentlich größer. Sie passen zwar nicht in eine Ampel, dafür aber in Töpfe, Fensterkästen und Tröge. Besonders hübsch passen sie mit Heidekraut und winterblühenden Stiefmütterchen zusammen.

Die Zahl der jetzt blühenden Tulpen ist so groß, dass die Qual der Wahl schwer wird. Die meisten Sorten werden zwischen 35 bis 40 cm hoch und passen demnach am besten in mittelgroße bis große Pflanzgefäße. Eine gute Wahl sind die Apeldoorn-Sorten mit meist gelben, orangefarbenen und scharlachroten Blüten: Sie wachsen gut und blühen verlässlich und lange. Auch die Forsteriana-Sorten, wie 'Orange Emperor', 'Yellow Emperor' und 'Red Emperor', sind sehr empfehlenswert. Sie bleiben etwas kleiner als die Apeldoorn-Tulpen und passen in Gefäße derselben Größe. Als Unterpflanzung für die kräftig gefärbten Tulpen bieten sich die intensiven Farbtöne der tiefblauen, goldgelben, gelben, roten oder purpurnen Stiefmütterchen an. Ebenso gute Partner sind Goldenes Mutterkraut (*Tanacetum parthenium* 'Aureum'), Primelsorten und Goldlack. Wenn Sie die Farbe Rosa lieben, entscheiden Sie sich für die hübsche 'Gordon Cooper' oder 'Esther', die kirschrosa 'Christmas Marvel' oder die

**Tulpen und Stiefmütterchen**
1 mittelgroßer bis großer
blau glasierter Blumentopf
10 rosa mittelfrühe Tulpen,
z.B. 'Esther'
4 zweifarbige Stiefmütterchen, z.B. 'Marina', 'Violet with Blotch', 'Light
Blue' oder 'True Blue'

**1** Geben Sie eine 5 cm dicke Dränageschicht aus
Kies oder Tonscherben auf
den Topfboden. Füllen Sie
dann den Topf bis zur Hälfte mit Kübelpflanzenerde.

**2** Damit die Wasserdurch-
lässigkeit verbessert wird,
mischen Sie Kies oder
Splitt unter die Blumen-
erde.

**3** Setzen Sie die 10 Tulpen
in 2 Kreise, sodass sich die
Zwiebeln nicht berühren.

**4** Füllen Sie bis 2,5 cm
unter den Rand mit dem
Blumenerde-Splitt-Gemisch
auf und pflanzen Sie die
4 Stiefmütterchen in den
Topf.

**5** Das Ergebnis kann sich
sehen lassen: rosa Tulpen
auf einem Teppich zart vio-
lettblauer Stiefmütterchen.

*oben links* Tulipa 'Esther'
sieht fantastisch aus in diesem nostalgischen Orchi-
deentopf und mit zartblau-
en Vergissmeinnicht unterpflanzt. Die Kombination
hat einen typischen Bau-
erngartencharme. In einem
Topf aus Holz oder Metall
wirkt sie moderner.

prachtvolle, gefüllte, rosa 'Angelique'. Als ideale
Partner bieten sich Veilchen, Stiefmütterchen und
Primeln in zartem Blau und Weiß an, dazu hell-
blaue Vergissmeinnicht und *Senecio cineraria*
'Silver Dust' mit silbernen Blättern.

Wenn der Standort sorgfältig ausgewählt
wird, reichen bereits wenige Exemplare einer einzigen Sorte aus: *Muscari armeniacum* 'Blue Spike'
kommt mit seinen herrlich blauen, gefüllten Blüten in einem kleinen Topf vor einfachem Hintergrund optimal zur Geltung. Das heißt allerdings
nicht, dass ein gut aufeinander abgestimmtes
Farbthema mit verschiedenen Tulpen in einer
Unterpflanzung aus Stiefmütterchen weniger wir-
kungsvoll wäre. Noch prächtiger wirkt ein Paar
Kübel, die symmetrisch bepflanzt wurden.

# Galerie der Frühsommerblüher

Auch wenn die meisten Osterglocken und Tulpen nun verblüht sind, gibt es noch zahlreiche Zwiebelblumen, die jetzt aufblühen. Bei den späten Tulpen stechen besonders die Papagei-Tulpen mit ihren dicht gefalteten Knospen, die sich zu üppigen, gestreiften Blüten öffnen, hervor. Zu den schönsten aller späten Tulpen gehört 'Blue Heron', die keine blauen, sondern eher violett-mauve Blüten besitzt. Beinahe mystisch kommt 'Queen of Night' daher. Sie hat ungewöhnlich dunkle, purpurviolette, ja fast schwarze Blüten und macht sowohl im Staudenbeet wie auch in Töpfen oder Kübeln eine gute Figur.

‹ *Tulipa* 'Blue Parrot' wird 55 cm hoch und hat große, violettblaue Blüten, die zur selben Zeit wie blaue Vergissmeinnicht, rosa Blaukissen oder lila oder rosa Goldlack blühen. Die großen Blüten wirken ausgesprochen opulent.

‹ 'Die Braut' aus der De Caen-Serie von *Anemone coronaria* hat wunderschöne, reinweiße Blüten mit einer apfelgrünen Mitte. Man pflanzt sie am besten in den Beetvordergrund, da sie nur 25 cm hoch wird. Sie lässt sich mit allen Pflanzen kombinieren und gedeiht auch in Töpfen.

› *Allium karataviense* wird 20 cm hoch und entwickelt runde Blütenköpfe von 5 bis 7,5 cm Durchmesser mit kleinen sternförmigen Einzelblüten. Die breiten graublauen Blätter sind ein zweiter Hingucker. Die Blüten lassen sich leicht trocknen und wirken den ganzen Sommer lang.

‹ *Camassia leichtlini* subsp. *suksdorfii* (*Caerulea*-Gruppe) gedeiht in Beeten und feuchten Wiesen, wo sie sich schnell ausbreitet. Die blauen Blütenkerzen werden bis zu 75 cm hoch. Die Blütezeit ist nur kurz, die Wirkung aber fantastisch.

Die hohe Prärielilie *(Camassia)* aus Nordamerika eignet sich für sonnige Beete und Blumenwiesen. Manchmal ist sie auch unter ihrem indianischen Namen Quamash im Handel. Es gibt blaue und weiße Sorten, beide lassen sich gut mit Dichter-Narzissen *(Narcissus poeticus* var. *recurvus)* kombinieren.

Für den Vordergrund sonniger Beete eignen sich De Caen-Anemonen *(Anemone coronaria)*, die mit ihren kräftigen Farben Akzente setzen. Sie eignen sich auch hervorragend für Töpfe und Kübel. Auch Zier-Lauch und Holländische Iris sorgen mit ihren weiß bis lila und purpurnen und gelben Blüten für Farbe.

❮ *Tulipa* 'Queen of Night' wird 60 cm hoch. Ihre Blütenfarbe wird oft als samtschwarz angegeben, sie ist aber eher ein dunkles purpurviolett. Sie lässt sich gut mit blauen Vergissmeinnicht, hohen violetten Zier-Lauch-Arten oder mit duftendem, orangerotem Goldlack kombinieren.

❮ *Allium christophii* wird etwa 60 cm hoch und trägt große, bis 20 cm breite Blütenkugeln aus kleinen, amethystblauen Sternblüten. Die länglichen Blätter erscheinen vor der Blüte und trocknen ein, wenn sich die Knospen öffnen. Die großen Samenstände kann man für Trockenblumenarrangements verwenden.

❯ *Iris* 'Purple Sensation' wird bis zu 45 cm hoch und gehört zur Gruppe der Holländischen Tulpen, die ideal sind, um die Lücke zwischen den späten Tulpen und den Zier-Lauchen zu füllen. Sie wirken besonders hübsch unter Goldregen oder Blauregen oder in Kombination mit gelbem Goldlack.

❮ Die hohe *Tulipa* 'Blue Heron' wird etwa 60 cm hoch. Sie ist eine auffällige, elegante Tulpe mit gefransten Blütenblättern und gedeiht im Beet oder in Töpfen. Sie lässt sich gut mit rosa Goldlack oder rosa-weißen Stiefmütterchen kombinieren.

❮ Die Blütenköpfe von *Allium schubertii* werden etwa 30 cm breit, bei einer Gesamthöhe von 40 cm. Sie entwickeln einen inneren, kompakten Blütenball und einen äußeren, der wie ein Feuerwerk um den Stängel tanzt.

Zier-Lauch und Holländische Iris passen hervorragend in bunte Sommerbeete. Genauso gut lassen sie sich als Unterpflanzung von Bögen aus Blauregen *(Wisteria)*, Goldregen *(Laburnum)* oder Rosa Robinie *(Robinia hispida)* verwenden.

# Frühsommerblüher für Beete

*oben* *Tulipa* 'Blue Parrot' kann in Massenpflanzungen mit der rosa blühenden *Aubrieta* 'Royal Red' unterpflanzt werden, die wie ein pink-rosa Blütenteppich wirken.

*links* Die Prärielilie *(Camassia leichtlinii)* ist ein weiterer Kandidat für großflächige Pflanzungen, wie hier in Kombination mit violettrosa Goldlack *(Erysimum* 'Prince Purple').

Die späten Tulpen zeichnen sich durch besondere Schönheit aus, man denke nur an die Papageientulpen mit den vollen, gewellten Blütenblättern. 'Fantasy' ist lachsrosa und rot, mit gelben und grünen Zeichnungen. Sie sieht wundervoll vor Pflanzen mit leuchtend grünen oder tiefbronzefarbenen Blättern aus. 'Blue Parrot' ist nicht wirklich blau, sondern eher lila. Sie kommt am besten mit Beetpflanzen des Frühlings zur Geltung, wie rosa oder purpurnem Goldlack, rosa oder hellblauen Stiefmütterchen und den vielen Schattierungen des Blaukissens.

Prärielilien mit ihren eleganten Blütenrispen sehen sowohl in der weißen als auch blauen Form prächtig aus. Es sind sehr vielseitige Pflanzen, die sowohl in ein Staudenbeet als auch in eine ungemähte Wiese passen – solange der Standort sonnig und der Boden feucht ist. Im Garten sind Teichränder perfekt. Sie sehen, zusammen mit Goldlack, aber auch in der Staudenrabatte oder in einem formalen Beet sehr attraktiv aus.

Holländische Iris blühen verlässlich Jahr für Jahr aufs Neue. Jede der herrlichen Blüten zeichnet sich durch ausgeprägte Adern auf den Blütenblättern aus. Sie variieren von Weiß über Gelb bis Blau und Purpur, manchmal auch in einer Mischung unterschiedlicher Farben. Sie blühen nur kurz, etwa in derselben Zeit wie Zier-Lauch, mit dem sie eine perfekte Partnerschaft eingehen.

Die meisten Formen des Zier-Lauchs sind winterhart und blühen verlässlich, es sei denn, Ihr Garten wird regelmäßig von Kaninchen heimgesucht. Die höchste Art ist mit 1,20 m die lila-purpurne Allium giganteum. Etwas kleiner kommt die tief purpurn gefärbte *A. hollandicum* 'Purple Sensation' daher (bis 90 cm). Die weiße *A. nigrum* mit einer Höhe von 70 cm blüht etwas später als die purpurnen und lila Sorten. Sie kommt bestens neben der silbernen Artischocke und *Hesperis matronalis* var. *albiflora* (die weiß blühende Varietät der Nachtviole) zur Geltung. Die helllila-farbene *A. hollandicum* (syn. *A. aflatunenese*) ist mit Blüten in 60 cm Höhe deutlich niedriger; sie passt gut zu der größeren *A. hollandicum* 'Purple Sensation' und *A. giganteum*, weil sie die Blüten in einer anderen „Etage" anbietet. Etwa mittelhoch, dafür aber mit großen Blütenköpfen und offener im Wuchs ist *A. cristophii*, darauf folgt *A. schubertii* mit noch größeren Blütenständen, die aber nur 40 cm hoch wird.

Zier-Lauch ist immer eine Bereicherung für jeden Garten, vor allem, weil die Samenstände so lange sichtbar bleiben. Sie haben nur einen Nachteil: Die Blätter erscheinen lange vor den Blüten und sehen während der Blütezeit unschön aus. Am besten verbergen Sie die Blätter durch andere Pflanzen. Im Gegensatz dazu hat *A. karataviense* attraktive, silbergraue Blätter. Sie sehen in einem minimalistischen Garten vor rotem Kies als kontrastierendem Hintergrund sehr überzeugend aus.

In einem schattigeren Bereich des Gartens sind Hasenglöckchen *(Hyacinthoides)* die eindeutig bessere Wahl. Unter Bäumen und Sträuchern oder der Baumscheibe eines Obstbaums breitet sich der Teppich aus blauen, rosa oder weißen Blüten rasch und sehr bereitwillig aus.

*oben* *Allium christophii* sorgt für einen kräftigen Kontrast zu den Blütenrispen des Zier-Salbeis (*Salvia sylvestris* 'Lye End'). Eine Unterpflanzung aus *Geranium sanguineum* 'Album' sorgt für einen neutralen Hintergrund in diesem Purpurbeet.

*rechts* Die hohen Blütenstände von *Allium hollandicum* 'Purple Sensation' thronen über einem Meer von Schmetterlings-Lavendel (*Lavandula stoechas*). Dieser Zier-Lauch passt auch hervorragend zu Blauregen und Goldregen und setzt mit seinen Blüten- und Samenständen monatelange Akzente im Garten.

An einem halbschattigen Platz im Garten, besonders unter Laubbäumen, kann man Hasenglöckchen pflanzen. Schon bald werden sie im Frühling die Fläche in ein blaues, rosa oder weißes Blütenmeer verwandeln.

# Frühsommerblüher zum Verwildern

Sowohl Hasenglöckchen als auch Prärielilie breiten sich in einer Wiese aus, wenn die Bedingungen stimmen: Hasenglöckchen zieht kühlere, schattigere Zonen vor, während die Prärielilie sonnige Plätze braucht. Beide bevorzugen mäßig feuchten Boden. Prärielilien sind gute Partner für Dichter-Narzissen *(Narcissus poeticus* var. *recurvus)*. Diese blüht als letzte der Narzissen im Spätfrühling und sorgt noch für Farbe, nachdem viele der Frühblüher bereits vergangen sind.

Warten Sie mit dem Mähen bis mindestens sechs Wochen nach der Blüte. Erst dann haben die Pflanzen ihren Vegetationszyklus abgeschlossen und genug Reservestoffe gespeichert. Ab dem Herbst beginnen die Wurzeln wieder zu wachsen.

Wohl nur wenige Gärtner haben das Glück, die wunderschönen Hasenglöckchen in einem richtigen Waldstück pflanzen zu können, doch der blaue Blütenteppich sieht auch in kleinerem Maßstab fantastisch aus: auf der Baumscheibe eines einzelnen Obstbaums oder unter im Frühling oder Sommer blühenden Sträuchern. Pflanzen Sie die Hasenglöckchen im Herbst ein und erlauben Sie ihnen, sich selbst auszusäen. Der Handel bietet auch rosa und weiße Sorten an.

*oben links* Prärielilien gehören zu den Highlights im Frühlingsgarten und verwildern an zusagenden Standorten schnell. Die gelben Hahnenfußblüten sorgen für zusätzlich Farbtupfer.

*links* Diese weiße Form des Hasenglöckchens blüht im Spätfrühling und Frühsommer. Hasenglöckchen wirken in kleinen Gruppen genauso attraktiv wie in großen Flächen unter Gehölzen oder Obstbäumen.

*rechts* Wenn die Hasenglöckchen in voller Blüte stehen, sind die englischen Wälder ein ganz besonderer Anblick. Sie füllen die Frühlingsluft mit ihrem intensiven süßen Duft und vermehren sich durch Selbstaussaat schnell.

Während die meisten Tulpen im Spätfrühling verblüht sind, gibt es einige Ausnahmen, wie 'Queen of Night' oder 'Blue Heron', und alle Papagei-Tulpen, die länger blühen.

# Frühsommerblüher für Töpfe

Ein wenig vorausschauende Planung vorausgesetzt, sehen spät blühende Tulpen zusammen mit nostalgischem rotem, gelbem, orange, purpurnem, rosa oder weißem Goldlack *(Erysimum cheiri)* oder ein- oder mehrfarbigen, im Winter blühenden Stiefmütterchen sensationell aus. Es ist möglich, Farbzusammenstellungen zu komponieren, die von brillant leuchtend bis ganz zart reichen: Die Fransentulpe 'Blue Heron' hat lilafarbene Blütenblätter, die auffallend mit leuchtend orangefarbenem Goldlack kontrastieren. Sehr viel ruhiger wirken dagegen primelfarbene oder rosa bis purpurne Formen von Goldlack.

Goldlack wird gewöhnlich als Zweijährige gezogen: Man sät sie im Spätfrühling aus; die Blüte erscheint aber erst im Frühling des nächsten Jahres. Manchmal bekommt man bewurzelten Goldlack im Herbst des ersten Jahres zu kaufen. Nach gründlichem Wässern kommen die Pflanzen so schnell wie möglich an eine sonnige Stelle – dort blühen sie im nächsten Frühling. Die Blüte hält viele Wochen lang an und verleiht Töpfen und Blumenkübeln eine lockere Atmosphäre, fast wie im Cottage Garten.

Für Tulpen und Goldlack wird der Blumenkübel auf die übliche Weise vorbereitet: Boden mit Scherben abdecken und durchlässige Blumenerde einfüllen. Setzen Sie zehn Tulpenzwiebeln in eine Tiefe von etwa dreimal der Zwiebelhöhe ein. Berücksichtigen Sie einen freien, oberen Rand von rund 5 cm. Pflanzen Sie sieben oder acht Goldlack-Pflänzchen im Kreis. Wählen Sie Exemplare mit gut ausgebildetem Wurzelwerk aus. Drücken Sie die Pflänzchen an, gut wässern. Der Kübel kommt an einen sonnigen, geschützten Platz.

Auch die Hybriden von *Anemone coronaria* eignen sich bestens für einen Pflanzkübel. Mit einem Farbenspektrum von leuchtend rot bis tiefblau lassen sich interessante Effekte erzielen. 'The Governor' aus der De Caen-Gruppe hat leuchtend rote Blüten, während 'Die Braut' rein weiß ist. Die gefüllten Blüten von 'Lord Lieutenant' aus

**Anemonen De Caen**

1 Die runzligen Knollen lässt man vor der Pflanzung über Nacht in Wasser einweichen.

2 Wenn möglich sollte man die Knollen mit den Knospen nach oben in die Erde setzen. Diese sind nicht immer leicht zu erkennen. Setzen Sie die Knollen 7,5 cm tief und im selben Abstand in den Boden.

3 Wenn Sie die Knollen im Abstand von einer Woche über einen längeren Zeitraum pflanzen, bekommen Sie ein wochenlanges Blütenfeuerwerk. Die abgebildete Sorte ist 'The Governor'.

*oben* 'Lord Lieutenant' aus der St. Brgid-Gruppe.

*oben rechts* Tulipa 'Fantasy' mit blauen Stiefmütterchen.

*gegenüber* Die orange blühenden Sorten des Goldlacks duften. Im Spätfrühling werden sie von späten Tulpen, wie 'Blue Parrot', ergänzt.

der St. Bridgid-Gruppe sind tiefblau gefärbt. Hinzu kommt das sehr attraktive, farnartige Laub. Planen Sie die Pflanzung genau: Wenn Sie die einzelnen Exemplare im Frühling und Frühsommer gestaffelt pflanzen, erscheinen die Blüten in einer längeren Folge. Legen Sie die runzligen Knollen über Nacht zum Quellen ins Wasser. Sie werden mit den Knospen nach oben etwa 7,5 cm tief und im Abstand von 7,5 cm eingepflanzt. Vom Einpflanzen bis zur ersten Blüte im Frühsommer vergehen mindestens drei Monate. Nachdem der Vegetationszyklus abgeschlossen ist, müssen die Knollen vollständig austrocknen.

# Galerie der Spätsommerblüher

Sommerzeit ist Lilienzeit. Nicht nur die Königs-Lilie *(Lilium regale)*, sondern auch viele andere Gartensorten und Züchtungen in allen erdenklichen Farb-Tönen von Violett, Rosa, Orange, Gelb, Lachsfarben und Weiß kommen jetzt zur Blüte. Sorten, die keine Staubgefäße bilden, sind besonders für Allergiker geeignet.

Viele sommerblühende Zwiebelblumen werden recht hoch, den Rekord halten die Riesenlilien *(Cardiocrinum)*, von denen einige Arten bis 4 m hoch werden. Ihre großen, duftenden Trompetenblüten sind eine attraktive Bereicherung von Gehölzpflanzungen. Kleiner, aber immer noch recht hoch, sind Kaphyazin-

❮ *Gladiolus* 'Seraphin' gehört zu den frostempfindlichen Schmetterlingshybriden und wird etwa 70 cm hoch. Die rosa Blüten passen besonders gut zu Limonengrün und Gelb. Gepflanzt wird im Frühling, die Blüten erscheinen im Hochsommer. Im Herbst nimmt man die Knollen zur Überwinterung ins Haus.

❯ *Agapanthus praecox* subsp. *maximus* 'Albus' wird 60 bis 90 cm hoch und hat dicke, fleischige Wurzeln. Man kann sie im zeitigen Frühjahr pflanzen. Agapanthus ist nicht frosthart und muss frostfrei überwintert werden. Da sie am üppigsten blühen, wenn der Topf dicht bewachsen ist, sollte man nicht zu oft umtopfen. Man kann die Töpfe auch im Beet versenken, um den Eindruck ausgepflanzter Exemplare zu erwecken.

❯ *Zantedeschia aethiopica* 'Crowborough' gehört zu den kälteverträglichsten Zimmerkallasorten. Sie fühlt sich in der feuchten Erde am Teichrand besonders wohl und wird bis zu 90 cm hoch. Die pfeilförmigen Blätter werden im Sommer durch die trompetenförmigen Blütenkelche ergänzt.

❮ Die Tiger-Lilie *(Lilium lancifolium)* hat leuchtend orangerote Blüten mit braunen Flecken. Auch die Staubgefäße sind dunkelbraun. Pflanzen Sie die Zwiebeln im Herbst, sobald sie erhältlich sind. Sie bevorzugt feuchte, leicht saure Erde, kommt aber mit vielen Gartenböden zurecht. Es gibt zahlreiche Sorten, darunter 'Enchantement' oder 'Pink Tiger'.

then *(Galtonia candicans)* oder Montbretien (*Crocosmia* 'Lucifer'), die an langen Stielen feurigrote Blüten bildet. Gladiolen gehören ebenso ins Sommerblumenbeet. Ihre bunten Blüten stehen an langen Blütenschwertern. Zantedeschien setzen mit ihren eleganten exotisch anmutenden Blüten Akzente im Beet.

Begonien blühen den ganzen Sommer bis weit in den Herbst hinein. Es gibt aufrecht oder flach wachsende Arten mit einfachen oder gefüllten, roten, gelben, orangefarbenen, weißen oder rosa Blüten. Manche Sorten sind auch zweifarbig. Sie gehören zu den Klassikern unter den Beet- und Balkonpflanzen.

❮ *Crocosmia* 'Lucifer' ist eine elegante Montbretie aus Südafrika. Sie wird bis zu 90 cm hoch und trägt exotische Blüten entlang gebogener Rispen. An exponierteren Standorten brauchen sie eine Stütze. Pflanzen Sie die Knollen im Frühling in der Sonne oder im Halbschatten. Montbretien passen auch gut zu rotlaubigen oder hellgrün beblätterten Blattschmuckstauden.

❮ *Gladiolus* 'Charming Beauty' wird 60 cm hoch und kann an sehr geschützten Standorten im Weinbauklima auch im Garten überwintern. Die kleinen rosafarbenen Blüten erscheinen früh im Sommer. Man kann die Knollen im Herbst oder im Frühling pflanzen. Ein idealer Platz wäre ein nach Süden ausgerichtetes Beet vor einer Mauer. Nach der Blüte sollten die Knollen ungestört weiterwachsen.

❯ Die Kaphyazinthe *(Galtonia candicans)* wird knapp über 1 m hoch und trägt lange Rispen nickender, cremeweißer Glockenblüten. Pflanzen Sie die Zwiebeln im Frühling in die hinteren Bereiche der Beete, so sorgen sie im Sommer für Eleganz.

❮ Die Königs-Lilie *(Lilium regale)* fühlt sich auch im Kübel wohl und erreicht eine Höhe von 60 bis 180 cm. Die großen weißen Trompetenblüten sind außen purpurn gestreift und duften intensiv. Pflanzen Sie die Zwiebeln im Frühjahr, sobald sie erhältlich werden. Die Königs-Lilie fühlt sich in der Sonne und im Halbschatten wohl und samt sich leicht aus. Sie gehört zu den Lilien, die am Stängel Wurzeln bilden und verträgt Kalk. Nach der Pflanzung sollte man die Zwiebeln nicht stören.

❮ *Begonia* 'Double Orange' ist eine wüchsige Sommerblume, die etwa 20 cm hoch wird und zahlreiche, dichtgefüllte Blüten ansetzt. Sie eignet sich gut als Mittelpunkt in einer Blumenampel oder für Balkonkästen. Die Knollen sollte man im Winter oder zeitigen Frühjahr im Haus vorziehen, damit man sie nach den Eisheiligen Mitte Mai direkt auspflanzen kann. Es gibt auch weiße, rosa, gelbe oder rote Sorten.

Der Sommer ist die Zeit der intensiven Farben. Stellen Sie
sich große Gruppen feurig roter Montbretien in der Abend-
sonne vor, zusammen mit verschiedenen Gladiolen, Taglilien,
hohen Ziergräsern, Ehrenpreis und Phlox.

# Spätsommerblüher für Beete

oben Die lanzettlichen
Blätter der Schmucklilie
passen gut zu verschiede-
nen Ziergräsern. Der blaue
Agapanthus 'Ben Hope' ist
zu einer großen Kolonie herangewachsen. Im Vorder-
grund wächst das Ziergras
Chionochloa conspicua.

rechts Weiße Beete wirken
an heißen Sommertagen
besonders elegant. Der
weiße Agapanthus praecox
subsp. maximus 'Albus'
harmoniert perfekt mit der
weiß blühenden Varietät
des Ehrenpreis (Veronicas-
trum virginicum var. album).
Weiße Dahlien oder weiße
Gladiolen wären Alternati-
ven, die dieselbe Wirkung
entfalten.

Im Sommer blühen die tiefblauen oder weißen
Agapanthus in dichten Gruppen im Vordergrund der Rabatten, wo sie viel Sonne bekommen. Den Hintergrund dominieren sandfarbene
Steppenkerzen (Eremurus) und die weißen Blütenstände der Kaphyazinthe. Gelbe, rosa, weiße
oder orangefarbene Lilien setzen überall im Beet
traumhafte Akzente. Alle Formen bleiben im Boden und blühen im Folgejahr erneut.

Obwohl Agapanthus und Steppenkerze beliebte Pflanzen für das sommerliche Beet sind,
fallen sie nicht unter eine der vier in diesem Buch
behandelten Kategorien: Zwiebeln, Wurzel- und
Sprossknollen, Rhizome. Sie haben nur dicke,
fleischige Wurzeln, um mit den Trockenzeiten an
ihren natürlichen Standorten fertig zu werden.
Aus diesem Grund werden sie hier als Knollenpflanzen in einem weiteren Sinn aufgefasst.

In vielen Gärten werden im Frühsommer
Knollen-Begonien gepflanzt, die den ganzen Sommer über bis zum Herbst leuchtende Farben bei-
tragen. Die Blütezeit hält nicht über Wochen, sondern monatelang an. Man kann Begonien in formalen Beeten farblich auf die anderen Beetpflanzen abstimmen.

Ähnlich lassen sich auch die Gladiolen einsetzen, deren Farben nicht nur aufregend, sondern
auch verführerisch wirken. Ihre aufrechten Blü-
tenschwerter machen sie ideal für formale Beete.
Sie changieren in Tönen von Lila über Rosa und
Lachsrosa bis Cremeweiß, Gelb und Weiß. Einige
der größeren Sorten werden über 1 m hoch, die
meisten bleiben mit rund 70 cm aber kleiner.
Die Zwerg-Gladiolen erreichen nur 60 cm. Je
nach Höhe werden Gladiolen mit einjährigen
Sommerblumen, wie karmesinroten, rosa oder
weißen Schmuckkörbchen kombiniert oder vor
Garten-Melde (Atriplex hortensis) gepflanzt.
Gladiolen brauchen einen sonnigen Standort.
Der Handel bietet auch Sonnenbraut, Schafgarbe
und viele andere Stauden an, die sich hervorragend mit Gladiolen kombinieren lassen.

*links* Crocosmia 'Lucifer'
blüht mit ihren eleganten,
überhängenden Rispen
mehrere Wochen lang und
präsentiert sich hier stolz
vor den breiten Blättern der
exotischen Canna 'Striata'.
Diese bilden gleichzeitig eine Verbindung zu den gel-
ben Goldgarben im Hinter-
grund.

ganz *links*  Die üppigen
weißen Blüten dieser hohen
Gladiole sind ein echtes
Highlight im Sommerblu-
menbeet. Ergänzt werden
sie durch die rosa Cosmos
'Sonata Pink' und die dun-
kelrote Sterndolde *Astran-
tia major* 'Ruby Wedding'.

*links* Eremurus 'Oase'
bildet dichtblütige, 90 bis
120 cm hohe Blütenrispen.
Steppenkerzen eignen sich
besonders gut zur Hinter-
grundbepflanzung von son-
nigen Staudenbeeten. Vor
dem dunkelgrünen Hinter-
grund können sie ihre ganze Pracht optimal präsen-
tieren. Auch rotlaubiger
Perückenstrauch *(Cotinus)*
wäre ein passender Pflanzpartner.

*rechts*  *Cardiocrinum gi-*
*ganteum* ist ein wahrer Rie-
se unter den Liliengewäch-
sen und erreicht eine Höhe
von 2 bis 4 m. Die großen
Blätter sind herzförmig und
werden am Ende des Stän-
gels von zahlreichen wei-
ßen, intensiv duftenden
Trompetenblüten gekrönt.
Nach der Blüte stirbt die
Mutterzwiebel ab, bildet
aber vorher zahlreiche
Tochterzwiebeln. Damit
man jedes Jahr Blüten be-
kommt, sollte man einige
Jahre hintereinander jedes
Jahr neue Zwiebeln setzen.
*Cardiocrinum* verträgt nur
leichten Frost und keinen
Wechsel von Frost und Tau-
wetter. Es ist daher besser,
die Zwiebeln im Haus zu
überwintern oder die Pflanze im Kübel zu kultivieren.

*oben rechts*  Die Königs-
Lilie *(Lilium regale)* fühlt
sich in der Sonne und im
Halbschatten wohl. Sie
wirkt einzeln in formalen
Pflanzungen oder in Grup-
pen zusammen mit rosa
Rosen oder vielen Stauden.

*unten rechts*  Die gelben
Blüten dieser Lilie aus der
Golden Splendour-Gruppe
haben auf der Außenseite
eine weinrote Zeichnung.
Hier wächst sie zusammen
mit Wasserdost *(Eupatori-*
*um purpureum)*, aber auch
rotblättrige Gehölze, Purpur-Fenchel *(Foeniculum*
*vulgare* 'Purpureum') oder
rotlaubige Blattschmuck-
stauden sind geeignete
Pflanzpartner.

## Schattenbeete

Nicht alle Beete liegen in der Sonne. Viele, wenn nicht sogar die meisten, werden im Laufe des Tages mehrere Stunden lang beschattet. An solchen Standorten blühen immer noch Zimmerkalla und Montbretien. Auch eine Reihe von Lilien ist mit Halbschatten zufrieden. Die meisten Lilien mögen es, wenn die Blüten in der Sonne stehen, während die Wurzeln beschattet bleiben. Daher sind Beete, die etwa für die Hälfte des Tages in der Sonne, die andere Hälfte im Schatten liegen, bestens für Lilien geeignet. Einige Arten, wie die Türkenbund-Lilie *(Lilium martagon)* oder die hohen Riesenlilien *(Cardiocrinum)* wachsen sogar noch an Standorten, die ganztägig im lichten Schatten bleiben. Auch *Cardiocrinum* duftet sehr süß. Den stärksten, fast parfümartigen Duft hat *Lilium regale*, besonders in der Abenddämmerung.

**Lilien stäben**

1 Stecken Sie den Stab etwa 15 cm neben der Lilie in den Boden. Dann öffnen Sie den Ring und führen ihn um den Stängel.

2 Klipsen Sie das zweite Ende des Rings in das Loch am Stab. Die Lilie kann sich so im Wind bewegen, aber nicht umknicken.

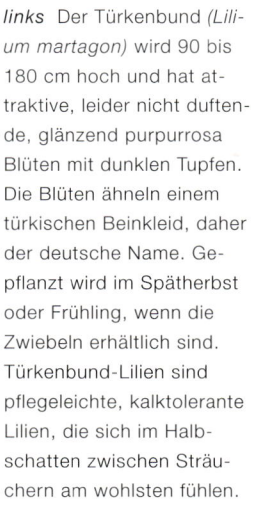

*links* Der Türkenbund *(Lilium martagon)* wird 90 bis 180 cm hoch und hat attraktive, leider nicht duftende, glänzend purpurrosa Blüten mit dunklen Tupfen. Die Blüten ähneln einem türkischen Beinkleid, daher der deutsche Name. Gepflanzt wird im Spätherbst oder Frühling, wenn die Zwiebeln erhältlich sind. Türkenbund-Lilien sind pflegeleichte, kalktolerante Lilien, die sich im Halbschatten zwischen Sträuchern am wohlsten fühlen.

Die kleinen blauen Triteleia werden nicht oft kultiviert, eignen sich aber perfekt für Beete oder Töpfe. Ihre Blüte folgt auf die der Narzissen und Hyazinthen und bringt Farbe in den spätsommerlichen Garten.

# Spätsommerblüher für Töpfe

*rechts* Lilium 'Enchantement' gehört zu den am einfachsten zu vermehrenden Lilien. Nach der Blüte bilden sich am Stängel viele kleine Tochterzwiebeln, die abfallen und in der Erde unter der Pflanze Wurzeln bilden. Am besten pflanzt man die Lilie jedes zweite Jahr (in der winterlichen Ruhezeit) in neue Erde und trennt dabei die Tochterzwiebeln und pflanzt sie separat.

*ganz rechts* Begonien fühlen sich auch in der vollen Sonne wohl und passen gut zu Mittagsblumen und Buntnesseln.

*unten rechts* Triteleia laxa 'Königin Fabiola' ist eine hübsche kleine Zwiebelblume, die man zur Ergänzung von Frühlings- oder Herbstpflanzungen, zum Beispiel mit Osterglocken, verwenden kann. Die grasartigen Blätter erscheinen vor der Blüte. Eine immergrüne Hintergrundpflanze, wie Helleborus, ist also wichtig, damit die Blüten besser zur Geltung kommen. Triteleia lässt sich auch mit gelben Zwerg-Lilien kombinieren.

Alle winterharten Sommerzwiebeln und -knollen eignen sich auch für Pflanzgefäße. Sie kommen Jahr für Jahr zur Blüte. Für Zimmerkalla, Agapanthus, Lilien und Triteleia wird das Gefäß mit Blumenerde mit Kiesbeimischung gefüllt. Wenn *Zantedeschia* im Wasser wachsen soll, wird der Kübel mit Teicherde gefüllt; achten Sie bei solchen Kübeln auf seitliche Öffnungen.

## Lilien

Solange das Substrat gelegentlich ausgewechselt wird, können Lilien viele Jahre lang im selben Kübel verbleiben. Besonders gut eignen sich Königs-Lilien und einige der Asiatischen Hybriden, wie 'Enchantment'. Die Orientalischen Lilien gehen auf Kreuzungen zwischen *L. speciosum* und *L. auratum* zurück. Sie blühen etwas später und geben hervorragende Topfpflanzen ab. Besonders bemerkenswert ist die Sorte 'Stargazer' mit hochroten Blütenblättern. Sie sehen besonders gut neben gelb blühenden Lilien aus. Lilien brauchen einen mindestens 30 cm tiefen Topf und durchlässiges Substrat. Fügen Sie auf Torf basierender Blumenerde etwas Kies bei. Sechs bis acht Wochen nachdem sich die Knospen geöffnet haben, werden die Lilien gedüngt (hoher Phosphat- und Kalianteil, geringer Stickstoffanteil). Entfernen Sie regelmäßig das Verblühte und lassen Sie die Blätter absterben, bevor Sie die Stängel abschneiden. Lilien sind zwar winterhart, brauchen aber in harten Wintern zusätzlichen Schutz. Stellen Sie die Töpfe an einen geschützten Ort und legen Sie, wenn nötig, Luftpolsterfolie darum.

## Begonien

Wahrscheinlich sind Begonien die farbenprächtigsten und vielseitigsten Pflanzen für sommerliche Pflanzgefäße. Sie sind ideal für Töpfe, Blumenampeln, Wandgefäße und Fensterkästen. Leider vertragen sie keinen Frost. Begonien werden als Jungpflanzen im Frühsommer angeboten. Die größere Auswahl an Farben bieten jedoch die im Spätwinter angebotenen Knollen.

Wenn Sie die Knollen auch im nächsten Jahr nutzen möchten, bringen Sie die Pflanzen an einen frostfreien Platz; nicht mehr gießen. Warten Sie ab, bis die Blätter absterben. Nach zwei bis drei Wochen werden die Knollen ausgegraben und an einem trockenen, kühlen Ort bis zum nächsten Jahr gelagert.

Begonien-Ampel

1 Blumenampel, 35 cm Durchmesser

1 aufrechte, gefüllte orange Begonie

4 Hängebegonien, z.B. 'Giant Flowered Pendula Yellow' oder 'Giant Flowered Pendula Orange'

4 hängende gelbe Zweizahn (Bidens)

1 Legen Sie den Korb mit Moos aus. Dann stechen Sie mehrere Löcher in ein Stück Plastikfolie und legen den Korb damit aus. Füllen Sie den Korb 7,5 bis 10 cm hoch mit wasserspeichernder Blumerde.

2 Pflanzen Sie die aufrechte Begonie in die Mitte.

3 Setzen Sie die hängenden Begonien und die Bidens um den Rand ein. Füllen Sie die Lücken mit Blumenerde auf und gießen Sie die Ampel gut an. Hängen Sie sie an einem geschützten Platz in der Sonne oder im Halbschatten auf.

4 Gießen Sie jeden zweiten Tag, bei Hitze täglich. Benetzen Sie dabei die Blätter nicht, besonders nicht, wenn die Sonne scheint.

5 Regelmäßiges Ausputzen verlängert die Blütezeit.

6 Die Blumenampel sieht den ganzen Sommer fantastisch aus. Im Herbst gräbt man die Knollen aus und überwintert sie frostfrei.

# Galerie der Herbstblüher

Im Herbst buhlen exotische Dahlien und Canna mit ihren kräftig gefärbten Blüten und dem exotischen Laub um die Wette. Beide Gattungen sind nicht winterhart und müssen im Herbst ausgegraben und die Knollen beziehungsweise Rhizome frostfrei überwintert werden. Zu den frostempfindlichen Zwie-

belblumen gehört auch die Schopflilie *(Eucomis)* mit ihren rosa oder weißgrünen Blütenrispen, die von einem Blattbüschel gekrönt werden. Der Herbst ist auch die Blütezeit von Nerine, deren gekräuselten Blüten auf den hohen Stängeln an eine rosa Variante des Agapanthus erinnern.

❮ Der Blütenstand von *Eucomis bicolor* erreicht eine Höhe von bis zu 60 cm. Den deutschen Namen Schopflilie hat diese Pflanze von dem schopfartigem Blattbüschel am Ende des Blütenstands erhalten. Der Blütenstand ist dicht mit kleinen wachsartigen Sternblüten besetzt, jede rosa überhaucht. Man kann sie einzeln in kleinen Töpfen oder in Gruppen in größeren Containern pflanzen oder zu dritt oder fünft in Staudenbeete pflanzen.

❯ *Canna indica* 'Purpurea' wird bis zu 2 m hoch und hat bronzerot überhauchte und geaderte Blätter. Die orangeroten Blüten sind nicht ganz so auffällig wie bei anderen Sorten, aber trotzdem eine Zierde. Vor den ersten Frösten müssen die Rhizome zur Überwinterung ins Haus geholt werden.

❯ *Dahlia* 'Claire de Lune' wird knapp über 1 m hoch. Sie gehört zu den Colerette-Dahlien, die sich durch Blüten mit einer ungefüllten Mitte und kurzen, kragenartigen Zungenblüten, umgeben sind. Die hellgelbe Blütenfarbe wirkt besonders am Abend frisch und strahlend.

❮ *Colchicum autumnale* 'September' wird etwa 15 cm hoch und ist ein Cultivar der bekannten Herbstzeitlosen. Sie fühlt sich im Beet oder in feuchten Wiesen in der Sonne oder im Halbschatten wohl. Die Blüten stehen auf langen Stielen, die leicht umfallen. Die Blätter werden erst im Frühjahr gebildet.

Herbstzeitlose *(Colchicum)* kommen in verschiedenen Farbtönen von Lila über Rosa bis Weiß vor. Sie gedeihen im Halbschatten oder in der Sonne in Beeten oder Blumenwiesen. Häufig werden Sie wegen der ähnlichen Blüten als Herbst-Krokus bezeichnet, was aber falsch ist. Es gibt in der Tat mehrere echte herbstblühende Krokusarten, darunter der bekannte Safran-Krokus *(Crocus sativus)*. Weitere Highlights im Herbst sind Sternbergien mit ihren gelben, krokusähnlichen Blütensternen, die Hakenlilie *(Crinum)* und die rosa oder roten Blüten der Spaltblume *(Schizostylis coccinea)*.

❮ Die Hakenlilie *(Crinum × powelli)* wird etwa 1 m hoch und bildet eine dichte Rosette fleischiger, länglicher, leuchtend grüner Blätter. In der Mitte der Blattrosette erscheint ein kräftiger Blütenstiel, an dessen Ende mehrere elegante rosa Trompetenblüten sitzen. Sie sind ein Highlight im Herbstgarten, benötigen aber eine Unterpflanzung, damit man die dann unschönen Blätter nicht mehr so sieht.

❮ *Nerine bowdenii* blüht vor dem Blattaustrieb. Sie wird etwa 45 cm hoch und bevorzugt einen geschützten Standort, zum Beispiel am Fuß einer nach Süden gewandten Mauer. Achten Sie darauf, dass sie nicht von anderen Pflanzen beschattet wird.

❯ *Canna* 'Wyoming' ist eine starkwüchsige Sorte mit großen bronzefarbenen Blättern und feurig orangeroten Blüten. Die Rhizome müssen im Herbst vor den ersten Frösten ausgegraben und ins Haus gebracht werden. Sie lässt sich gut mit orange blühenden Dahlien oder dem silberlaubigen *Eucalyptus gunnii* kombinieren.

❮ Die Spaltblume *(Schizostylis coccinea* 'Sunrise') ist eine horstförmig wachsende Staude mit dicken Rhizomen. Sie wird bis zu 60 cm hoch und trägt attraktive Blütenrispen mit rosa Blüten. Sie bevorzugt feuchten Boden und einen sonnigen Standort. Sie gedeiht auch gut im Topf.

❮ Das Herbst-Alpenveilchen *(Cyclamen hederifolium)* ist ein hübscher Bodendecker, der nur 10 cm hoch wird. Die kleinen rosa oder weißen Blüten erscheinen vor oder mit den Blättern. Das Laub erinnert mit seiner silbernen Aderung an das des Efeus. Das Herbst-Alpenveilchen bevorzugt einen durchlässigen Boden im Halbschatten unter Gehölzen.

Der Herbst ist die Zeit der warmen, feurigen Farben – sowohl bei den Blüten als auch beim Laub. Bevor der Winter beginnt, kann man noch einmal in der Vielzahl der roten, orangefarbenen oder purpurnen Farb-Töne schwelgen.

# Herbstblüher für Beete

Ein Herbstgarten besticht durch kontrastierende Formen. Die hohen, schlanken Blütenstände der Canna erheben sich über die großen, ovalen Blätter, die sich manchmal in leuchtenden Farben zeigen. Dahlienblüten sind rund, von den einfachen, offenen Blütenköpfchen bis zu den kugeligen, festen Köpfchen der Pompon-Dahlien. Einige Sorten haben sogar bronzefarbene Blätter, wie 'Bishop of Llandaff'.

Begonien stehen immer noch in voller Blüte. Auch die hohen Blütenstände der Gladiolen sorgen für Farbe. Da diese Arten aus tropischen Regionen stammen, müssen sie vor dem Winter ausgegraben werden.

Auch an anderen Stellen im Beet, etwa vor einer sonnigen, geschützten Mauer, wachsen noch winterharte Arten. Nerine, *Eucomis* und *Sternbergia* baden in der Sonne und füllen ihre Speicherorgane für das nächste Jahr auf. Hier fühlen sich auch Herbstzeitlose wohl, sie sind mit Alpenveilchen und Hakenlilien aber auch mit schattigeren Plätzen unter Sträuchern zufrieden.

*links* Dahlien, Canna und Ziergräser sind die Highlights im herbstlichen Garten. Elegant und doch nie aufdringlich. In diesem Beet gedeihen *Dahlia* 'Ellen Huston' und 'David Howard' mit Canna 'Striata' und Moor-Reitgras *(Calamagrostis × acutiflora* 'Karl Förster'), Chinaschilf *(Miscanthus chinensis)* und Pampasgras *(Cortaderia selloana* 'Pumila').

*unten links* Die bronzeroten Blätter der *Canna* 'Wyoming' geben einen vortrefflichen Hintergrund für die orange blühende *Dahlia* 'David Howard' ab.

*unten rechts* Dahlia 'Witteman's Superb' strahlt mit ihren kräftig gefärbten Blüten im herbstlichen Morgennebel. Dazwischen wächst *Verbena bonariensis*.

*gegenüber, links* Am Ende des Sommers hat *Canna indica* 'Purpurea' große Horste gebildet und fühlt sich in der Herbstsonne im feuchten Boden am Teichrand besonders wohl.

*gegenüber, rechts* Dahlia 'Tally-ho' hat ungewöhnlich bläulich schimmerndes Laub, das sich wunderbar mit *Sedum telephium* subsp. *maximum* 'Atropurpureum' kombinieren lässt.

Herbstliche Regenfälle und kühleres Wetter wecken den Unterwuchs im Waldgarten und unter Gehölzen zu neuem Leben, wenn die kleinen weißen und rosa Blüten des Herbst-Alpenveilchens *(Cyclamen herderifolium)* erscheinen.

# Herbstblüher zum Verwildern

Sowohl im Wald als auch auf den Wiesen blüht es noch. Die Herbstzeitlosen fühlen sich in Sonne oder Halbschatten wohl; sie wachsen im offenen Gras oder dem lichten Schatten von Gehölzen. Leider ist die Blüte von *Colchicum autumnale* nicht so standfest und kippt leicht um. Nur im Gras werden die Blüten durch die Halme gestützt. *C. bivonae* ist robuster und wächst problemlos. Sie ist allerdings nicht zuverlässig winterhart und braucht einen geschützten Standort. *C. speciosum* wächst stärker, verträgt Frost und kann im schattigen Gras unter einem Strauch, aber auch im sonnigen Staudenbeet stehen. Die Blätter aller Herbstzeitlosen erscheinen erst nach den Blüten. Sie dürfen erst entfernt werden, wenn sie von selbst eintrocknen.

Alpenveilchen fühlen sich im Halbschatten unter Gehölzen wohl. Sie breiten sich leicht zu einem herrlichen herbstlichen Teppich aus.

*unten* Das Herbst-Alpenveilchen *(Cyclamen hederifolium)* sät sich im lichten Schatten unter Gehölzen leicht aus und bildet schnell große, rosa-weiße Blütenteppiche.

**rechts** *Colchicum bivoniae* wird 10 bis 15 cm hoch und hat stabilere Blüten als die Gewöhnliche Herbstzeitlose *(C. autumnale)*.

**gegenüber, oben** Die Gewöhnliche Herbstzeitlose *(Colchicum autumnale)* ist die am weitesten verbreitete Art der Gattung. Die zartrosa, selten weißen, Blüten stehen auf recht weichen Stielen. Die Blätter erscheinen erst im folgenden Frühjahr. Sie lassen sich gut zwischen niedrigen Bodendeckern oder in Blumenwiesen ziehen, die den Blüten halt geben.

**gegenüber, unten rechts** *Colchicum speciosum* 'Rosy Dawn' hat festere Blütenstiele als die reine Art und wächst hier mit Elfenblumen *(Epimedium rubrum)* und Immergrün.

**rechts** *Colchicum speciosum* 'Album' blüht im Herbst, die Blätter folgen im Frühjahr. Hier bildet Silberblatt *(Helichrysum petiolare* 'Variegatum') einen Hintergrund für die elfenbeinfarbenen Blüten.

# Zwiebelblumen als Zimmerpflanzen

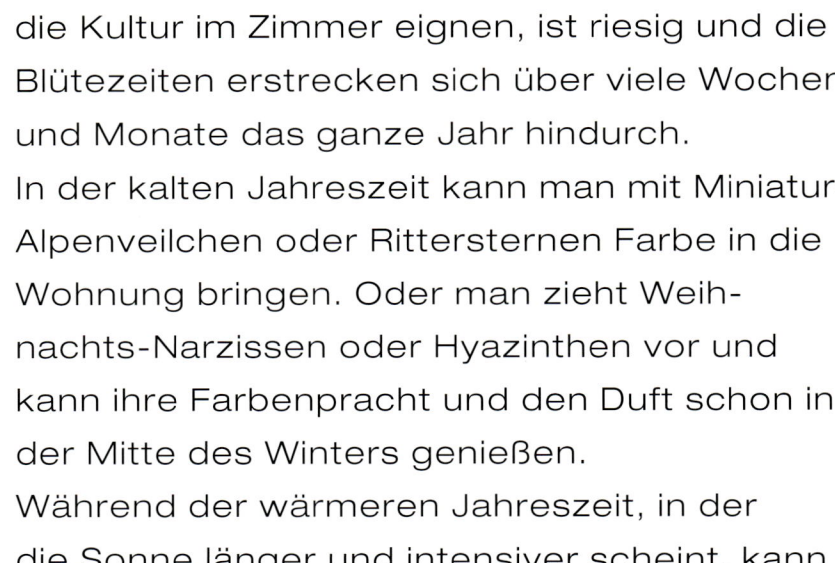

Die Vielfalt der Zwiebelblumen, die sich für die Kultur im Zimmer eignen, ist riesig und die Blütezeiten erstrecken sich über viele Wochen und Monate das ganze Jahr hindurch.

In der kalten Jahreszeit kann man mit Miniatur-Alpenveilchen oder Rittersternen Farbe in die Wohnung bringen. Oder man zieht Weihnachts-Narzissen oder Hyazinthen vor und kann ihre Farbenpracht und den Duft schon in der Mitte des Winters genießen.

Während der wärmeren Jahreszeit, in der die Sonne länger und intensiver scheint, kann man mit der kletternden *Gloriosa superba* 'Rothschildiana', interessanten Schopflilien, bunten Schieftellern und samtigen Gloxinien für exotisches Flair sorgen. Etliche mehr kann man sowohl im Haus als auch im Garten ziehen, darunter Freesien oder De Caen-Anemonen, Begonien, Canna und Zimmerkalla.

austreibende Hyazinthe

Im Uhrzeigersinn von unten links: Hyazinthen-, Amaryllis- und  Narzissenzwiebeln.

Die meisten Zwiebeln, Knollen und Rhizome lassen sich roden, reinigen und lagern und werden in Gartencentern angeboten. Was gäbe es Schöneres, als in der trüben Jahreszeit den Frühling ins Haus zu holen?

# Pflege von Zwiebelblumen

**oben** Hyazinthenzwiebeln sind anfällig für Virus- und Pilzkrankheiten. Sie werden deshalb häufig mit Pflanzenschutzmitteln behandelt. Da diese bei Berührung die Haut reizen können, sollte man Handschuhe beim Hantieren tragen.

**oben rechts** Einen Plastiktopf kann man in einen Übertopf stellen. Eine Kiesschicht sorgt dafür, dass der innere Topf hoch genug steht. Überschüssiges Wasser kann so ebenfalls besser abfließen und sorgt im Sommer für ein Wasserreservoir.

**rechts** Hyazinthen kommen auch in flachen Töpfen, die nur 7,5 cm hoch sein müssen, zurecht. Tiefere Töpfe stellen aber auch kein Problem dar.

I m Herbst werden frisch geerntete Zwiebeln von Hyazinthen, Rittersternen und Weihnachts-Narzissen in Gärtnereien oder Gartencentern angeboten. Alternativ kann man Blumenzwiebeln auch im Versandhandel bestellen. Sie sind so robust und unempfindlich, dass ihnen der Versand nichts ausmacht. Diese Widerstandskraft ist einer der Gründe, warum Zwiebelblumen so beliebt sind und seit Jahrhunderten gehandelt werden.

## Vorsicht beim Hantieren

Einige Blumenzwiebeln müssen vorsichtig gehandhabt werden. Das gilt zum Beispiel für Scheinzwiebeln von Pleione, die oft schon vor dem Pflanzen austreiben und einzeln, in mit Sägespänen oder Moos gepolsterten Tüten, verpackt, verkauft werden. Auch die langen, zugespitzten (und giftigen) Knollen der *Gloriosa superba* 'Rothschildiana' brechen beim Transport leicht. Sie werden deshalb oft in Zellstofftücher gewickelt. Die Rhizome des Schieftellers (*Achimenes*) sind sehr brüchig und werden deshalb in kleinen torfgefüllten Plastiktöpfchen verkauft.

## Töpfe und Pflanzerden

Wichtig bei Blumentöpfen ist, dass sie ausreichend Wasserabzugslöcher besitzen. Trotzdem muss man die Pflanzerde und die Wassergaben genau kontrollieren, damit keine Staunässe entsteht. Für die meisten Zwiebelblumen, die im Winter und Frühjahr blühen, ist ein durchlässiges Pflanzsubstrat, wie es für Kübelpflanzen oder Kakteen und Sukkulenten, angeboten wird, ideal. Diese Substrate versauern nicht und eine Zugabe von mineralischen Substratkomponenten, wie Sand, Lavagrus und Ton sorgt für Dränage und Strukturstabilität. Wenn man Töpfe ohne Wasserabzugslöcher verwendet, wie sie manchmal zum Treiben von Hyazinthen und Narzissen angeboten werden, muss man besonders vorsichtig gießen. Zwiebelblumen, die einen durchlässigen Boden bevorzugen, wie Nerine oder Freesien,

pflanzt man besser in Töpfe, die Wasserabzugslöcher besitzen. Mischen Sie der Blumenerde zusätzlich Sand bei, damit die Dränage noch besser
wird. Damit kein Wasser herausläuft, stellt man
die Töpfe in Untersetzer oder in einen Übertopf.

Um Hitze- und Trockenperioden im Sommer
zu überbrücken, kann man den Topf in einen
Übertopf stellen, in den man einige Kiesel auf den
Boden gelegt hat. Jetzt kann man Wasser einfüllen
und den Topf mit der Pflanze auf die Kiesschicht
stellen. Das Wasser darf nur so hoch stehen, dass
es den Boden des Pflanztopfes gerade berührt. So
hat die Pflanze ein Wasserreservoir, aus dem sie
einige Tage schöpfen kann. Je nach Pflanzenart
verwendet man Blumenerde auf Torfbasis oder
mit höherem Anteil an mineralischen Zuschlagst-
offen, wie Sand, Lavagrus oder Ton.

Die Wahl des Topfes wird auch von der
Wuchsfreudigkeit der Zwiebeln beeinflusst. Die
hohen Weihnachts-Narzissen *(Narcissus papyraceus)*, die im Spätwinter blühen, bilden sehr viele
Wurzeln und brauchen einen Topf, der mindestens 15 cm tief ist. Hyazinthen sind schon mit
flacheren Töpfen, die nur 7,5 cm tief sind, zufrieden. Lilien, die auch am Stängel Wurzeln bilden,
brauchen viel tiefere Töpfe (mindestens 25 cm).

## Wasserkultur

Es ist möglich, Hyazinthen, Weihnachts-Narzissen oder Rittersterne ganz ohne Blumenerde nur
über Wasser anzutreiben. Diese Anzuchtmethode
eignet sich nur für Zwiebelblumen, die schnell zur
Blüte kommen. Da die ganze Kraft der Zwiebeln
dabei aufgebraucht wird und keine neuen Nährstoffe vorhanden sind, kann man die Zwiebeln
nicht für eine zweite Blühsaison weiterkultivieren.
Für Hyazinthen gibt es besondere Gläser, die
oben eine Schale besitzen, in die die Zwiebel ge-

legt wird. Damit das Wasser nicht fault, gibt man
ein Stück Holzkohle in das Glas. Der Wasserspiegel sollte sich knapp unter der Basis der Zwiebel
befinden und die Temperatur 7 bis 10 °C nicht
überschreiten. Nachdem man die Zwiebeln auf
die Gläser gesetzt hat, stellt man sie kühl und
dunkel. Innerhalb weniger Wochen erscheinen die
ersten kleinen Wurzeln. Wenn der Neutrieb etwa
5 cm hoch ist, stellt man das Hyazinthenglas mit
der Zwiebel hell und warm, damit sich die Blüte
entwickeln kann. Erhöhen Sie die Temperatur
und die Lichtintensität langsam, wenn sich der
Blütenstand in die Länge streckt. Damit die Blüte
länger hält, sollte man direkte Sonne vermeiden
und die Hyazinthe nachts kühler stellen. Einige
Kiesel im Glas geben den Wurzeln halt und der
ganzen Pflanze mehr Standfestigkeit. Bunte Zierkiesel sind im Aquaristikhandel erhältlich.

### Zwiebeln über Wasser antreiben

1 Sie brauchen Wasser, ein
Stück Holzkohle, eine Blu-
menzwiebel (hier eine Hyazinthe) und ein Hyazinthenglas. Für größere Zwiebeln,
wie Rittersterne, nimmt
man ein größeres Gefäß.

2 Legen Sie die Holzkohle
in das Glas.

3 Füllen Sie bis zum Hals
des Glases Wasser ein.
Dann legen Sie die Zwiebel
ein, sodass das Wasser gerade bis zur Basis reicht.
Kühl und dunkel aufstellen.
Wenn sich die ersten Wur-
zeln gebildet haben und der
Trieb etwa 5 cm lang ist,
heller und wärmer stellen.
Direkte Sonne sollte man
vermeiden.

4 Wenn man Hyazinthen in
Gläsern antreibt, kann man
ihre ganze Schönheit be-
wundern. Gerade die Mas-
sen an Wurzeln bekommt
man sonst ja nicht zu Ge-
sicht.

Moos, bunte Kiesel und Stein, bemalte Nussschalen, Birkenreisig, Deko-Vlies und Kerzen sind nur einige der Materialien,
mit denen man Töpfe von Zimmerpflanzen verschönern kann.

# Der letzte Deko-Schliff

Man kann die Zwiebeln auch mit Moos
oder bunten Zierkieseln verzieren, beim
Einsetzen oder wenn sich der Trieb zeigt. Norma-
les Gartenmoos ergibt eine frischgrüne Oberfläche, beim Floristen kann man auch bunt einge-
färbtes Islandmoos kaufen, wenn man mehr Farbe möchte. Kiesel oder bunte Steine, die im
Aquaristikhandel erhältlich sindsind ebenfalls eine farbenfrohe Alternative. Geben Sie eine dünne
Schicht um die Zwiebeln auf das Substrat.

Mit Tannen- oder Kiefernzapfen, Nüssen und
glitzerndem Vlies kann man die Töpfe für die
Weihnachtssaison festlich schmücken.

Mit Teelichtern, die man um die Zwiebeln in
einfache Kerzenhalter stellt, wird die Stimmung
besonders festlich. Beim Floristen gibt es spezielle
Halter mit einem Spieß, den man in die Erde stecken kann. Lassen Sie brennende Kerzen nie unbeaufsichtigt!

*rechts* Das glitzernde Vlies
nimmt die zarten Töne der
Umgebung auf.

### Stützen und Haltestäbe
Meist ist es nicht nötig, Zwiebelblumen zu stützen, aber einige Arten, zum Beispiel Freesien, profitieren davon, wenn man mit Stäben oder Reisig
verhindert, dass die Stängel und Triebe umfallen.
Bringen Sie beim ersten Anzeichen von sich zur
Seite neigenden Stängeln eine Stütze an. Als Hal-

testäbe kann man Bambus oder dünne Schasch-
likstäbchen, die man mit bunten Bändern oder
Bast zusammenbindet, verwenden. Höhere Arten
mit dünnen Stängeln kann man mit Buchenreisig
stützen. Dieses ist auf der ganzen Länge verzweigt

*rechts* Zierkies, wie er für
Aquarien angeboten wird,
kann auf die Substratoberfläche gestreut werden.
Es gibt auch bunt einge-
färbte Zierkiesel.

*ganz rechts* Silbern ange-
sprühte Walnüsse eignen
sich besonders gut für
Weihnachtsdekorationen.

und sehr stabil. Man kann sie natürlich belassen oder mit Sprühfarbe passend zum Topf einfärben. Beide Varianten sehen ausgesprochen attraktiv aus.

Auch Zweige der Blut-Johannisbeere *(Ribes sanguineum)* sind sehr stabil und lassen sich silbern oder in anderen Farben ansprühen. Sie eignet sich besonders für spät blühende Narzissen, denn die Triebe treiben oft aus und blühen dann zusammen mit den Zwiebelblumen.

*Gloriosa superba* 'Rothschildiana' ist eine Kletterpflanze, die innerhalb einer Saison bis zu 1,8 m hoch wird. Ein Topfspalier oder Obelisk, fest im Topf verankert, gibt den Ranken Halt. So kommen die exotischen Blüten besonders gut zur Geltung. *Gloriosa superba* eignet sich auch hervorragend für die Kultur in einem Wintergarten, wo sie ihre Wuchskraft voll entfalten kann und schnell größere Wandspaliere begrünt. Von Sommer bis Herbst schmückt sie sich dann mit den rot-gelben Blüten.

*oben* Islandmoos gibt es auch bunt eingefärbt.

*ganz links* Birkenreisig eignet sich als Stütze für hohe Narzissen. Damit sie farblich zum Topf passen, kann man sie bunt ansprühen.

*links* Gartenmoos gibt der Topfoberfläche einen natürlichen Touch.

Schon ein einzelnes Exemplar eines Alpenveilchens in einer kleinen Glasvase oder einem Übertopf kann ein Badezimmer, ein Schlafzimmer und natürlich auch das Wohnzimmer verzaubern.

# Alpenveilchen

Genau wie Freiland-Alpenveilchen haben auch die Sorten, die man fürs Zimmer kaufen kann, große Wurzelknollen. Die Wurzeln erscheinen an der Knollenoberseite und den Seiten. Zimmer-Alpenveilchen stammen von *Cyclamen persicum* ab, einer frühlingsblühenden Art, die in den Ländern des östlichen Mittelmeerraums und auf Rhodos, Kreta und in Lybien verbreitet ist. Bei der Wildform sind die Blüten weiß, hellrosa, mauve oder dunkellila. Die Blätter variieren in der Farbe und haben oft interessante silberne Zeichnungen, Flecken oder Ränder.

Aus dieser Ursprungsform wurden unzählige Sorten und Cultivare gezüchtet und die Farbpalette von Reinweiß über Lachsrosa bis Scharlach, Rosa und Purpurrot erweitert. Viele Sorten haben ein charakteristisches, dunkleres Auge, andere haben gekräuselte oder gefranste Blütenblätter, gefüllte Blüten oder duften intensiv.

In den letzten Jahrzehnten wurden viele kleinblütige Sorten, die an die Wildarten erinnern, gezüchtet. Auch die Blattformen und -zeichnungen wurden verbessert, sodass es viele Sorten mit interessanten silbernen Zeichnungen, Marmorierungen oder Mustern gibt. Die Kälteverträglichkeit wurde ebenfalls verbessert, sodass man heute viele im Herbst auf Balkon oder Terrasse in Kübeln

*oben* Welke Blätter und Blüten zieht man mit einem beherzten Ruck von der Knolle ab.

*oben rechts* Gekräuselte Blüten verbreiten nostalgisches Flair. Wählen Sie nur gesunde Pflanzen mit festen Blättern und zahlreichen Blütenknospen an der Basis aus.

*rechts* Mini-Cyclamen sind ausgesprochen reichblütig und bezaubern mit ihren farbenprächtigen Petalen.

*ganz rechts* Die Miracle-Serie gehört zu den bemerkenswertesten Neuzüchtungen der letzten Jahre. Sie sind kältetoleranter und können bis zum Spätherbst auch im Garten stehen. Sobald die ersten Fröste angekündigt werden, holt man sie ins warme Haus.

ziehen und im Winter als blühenden Zimmer-
schmuck im Haus weiterkultivieren kann. Besonders die Miracle-Serie bietet viele Vorteile für
Gärtner, ob drinnen oder draußen. Eine weitere
positive Entwicklung ist die Züchtung intensiv
duftender Sorten.

Cyclamen gedeihen an einem hellen, luftigen
Standort. Zugluft oder pralle Sonne werden aber
nicht vertragen. Nässe und Trockenheit sind die
Todfeinde von Alpenveilchen. Zu wenig oder zu
viel Gießen kann zu bleibenden Schäden führen.
Wassergaben über die Blätter oder Blüten können
zu Fäulnis führen. Es ist besser, die Pflanzen von
unten oder über den Untersetzer zu gießen. Stellen Sie Cyclamen nicht in der Nähe von einer Hei-
zung oder hinter einem geschlossenen Vorhang
auf. Eine Temperatur von 18 bis 21 °C am Tag
und knapp über 10 °C nachts ist ideal. Wenn man
die Pflanzen alle zwei Wochen mit einem ver-
dünnten Flüssigdünger düngt, blühen sie länger.

Entfernen Sie regelmäßig Verblühtes und ver-
gilbte Blätter. Achten Sie darauf, den ganzen
Blatt- oder Blütenstiel zu entfernen, da Reste zu
Fäulnis an der Knolle führen können. Fassen Sie
den Stängel dazu fest zwischen Daumen und Zei-
gefinger und ziehen Sie ihn mit einem beherzten
Ruck von der Knolle weg. Nach der Blüte zieht
die Pflanze ein. Verringern Sie nach und nach die
Wassergaben, bis alle oberirdischen Pflanzenteile
abgestorben sind und lassen Sie die Pflanze dann
zwei bis drei Monate komplett trocken stehen.
Die Knollen brauchen nur alle paar Jahre umgetopft zu werden, da sie am schönsten blühen,
wenn der Wurzelballen dicht ist.

## Alpenveilchen in Szene setzen.
Alpenveilchen sehen ganz bezaubernd aus, wenn
man sie als Einzelpflanzen platziert, und passen
praktisch in jedes Zimmer, das sie mit ihrem Duft
und ihrer Eleganz füllen. Mini-Cyclamen werden
meist in Plastiktöpfchen verkauft, die man schnell
in hübsche Übertöpfe, Glasvasen oder kleine chi-

nesische Zuckertöpfchen stellen kann. Besonders
schön sieht es auch aus, wenn man mehrere
Exemplare in kleinen Schalen oder Töpfen arrangiert. Kerzen geben dann den letzten Schliff. Nach
der Pflanzung gießt man nur von unten oder über
den Untersetzer – niemals über die Knollen. Es ist
sogar besser zu warten, bis die Blätter etwas
schlapp werden. Wenn Sie für eine besondere
Gelegenheit oder ein großes Fest solche Arrangements vorbereiten, ist es besser, sie in einem kühleren Raum aufzubewahren und erst kurz vor
Beginn ins Warme zu bringen.

**Ein Drahtkorb als
Tischgesteck**
1 Wählen Sie einen Draht-
korb von etwa 23 cm
Durchmesser und 13 cm
Höhe und legen Sie ihn mit
Moos aus.

2 Bedecken Sie das Moos
mit schwarzer Plastikfolie
und füllen Sie den Korb
dann mit Blumenerde.

3 Setzen Sie die Alpenveilchen rund um den Korb-
rand. Achten Sie dabei darauf, den Wurzelballen fest
in die Blumenerde zu drü-
cken. In der Mitte lässt man
eine Lücke, in die man mit
einer langhalsigen Kanne
gießen kann.

4 Farblich passende Kerzen
geben den letzten Schliff.
Lassen Sie brennende Ker-
zen nie unbeaufsichtigt!

Reinweiße Hyazinthen in schlichten Tontöpfen sind ein unschlagbarer Klassiker, während rosafarbene Sorten in Gläsern mit bunten Glasperlen für romantische Stimmung sorgen.

# Hyazinthen

Moderne Kulturtechniken ermöglichen es heute, dass wir Hyazinthen nicht nur im Frühling genießen können. Die Zwiebeln werden heute früh gerodet und anschließend abwechselnd hohen und niedrigen Temperaturen ausgesetzt. So kommen sie schon im Winter zur Blüte. Achten Sie beim Kauf auf das Etikett „präpariert" oder «vorbehandelt». Zwischen Pflanzung und Blüte vergehen dann nur drei Monate.

Es gibt zahlreiche Sorten der *Hyacinthus orientalis*. 'Anne Marie' ist zart hellrosa, 'Pink Pearl' etwas dunkler, 'Bismarck' hat himmelblaue Blüten, 'Delft Blue' eher porzellanblaue, 'L' Innocence' ist weiß, 'Jan Bos' karminrot und 'City of Haarlem' zitronengelb. Alle Sorten duften.

Da Hyazinthen auch mit flachem Boden zurechtkommen, kann man sie in fast allen Töpfen ziehen. Eine Topftiefe von 7,5 cm ist ideal. Terrakottatöpfe, kleine Zinkeimerchen oder Keramikvasen sind hübsche Gefäße.

Hyazinthen kann man über Wasser oder in Erde anziehen. Wenn man sie in Erde pflanzt, gibt man zuerst eine Schicht Splitt auf den Topfboden und füllt mit durchlässiger Blumenerde auf. Setzen Sie die Zwiebel so ein, dass die untere Hälfte in der Erde, die obere über der Substratoberfläche liegt. Wenn Sie mehrere Zwiebeln in einen Topf

**Hyazinthen antreiben**

1 Geben Sie etwas Splitt in einen Blumentopf.

2 Füllen Sie den Topf dann bis 5 cm unter den Rand mit durchlässiger Blumenerde.

3 Pflanzen Sie die Hyazinthenzwiebeln so, dass die untere Zwiebelhälfte in der Erde, die obere frei liegt. Die Zwiebeln sollten sich nicht berühren. Vorsichtig gießen, damit die Zwiebeln nicht faulen.

4 Eine Schicht Zierkies oder Moos verhindert ein zu schnelles Austrocknen. Stellen Sie die Zwiebeln 8 bis 10 Wochen kühl (7 bis 10 °C) und dunkel, bis sich die Wurzeln bilden.

5 Wenn der Trieb eine Länge von etwa 5 cm erreicht hat, stellt man die Hyazinthen heller und wärmer. Halten Sie das Substrat feucht.

*gegenüber, links* Hyacinthus orientalis 'L'Innocence' ist wunderschön und blüht etwas später als die meisten anderen Hyazinthensorten.

*gegenüber, rechts* Hyacinthus orientalis 'Pink Pearl' sieht in diesem Glasgefäß ganz besonders apart aus.

setzen, sollten sie sich oder den Topfrand nicht berühren. Die Substratoberfläche bedeckt man mit Moos oder Kieseln und stellt die Töpfe kühl und dunkel für acht bis zehn Wochen auf, bis sich die Zwiebeln gut eingewurzelt haben. Die Temperatur sollte 7 bis 10 °C nicht überschreiten.

Wenn die Triebspitzen etwa 5 cm lang sind, stellt man die Hyazinthen ins Helle. Langsam kann man nun auch die Temperaturen erhöhen und die Pflanzen mehr in die Sonne stellen, wenn die Blütenstängel länger werden. Zuviel Wärme oder Trockenheit führt zu verkrüppelten Blütentrieben. Nach der Blüte gibt man einen Flüssigdünger und hält die Erde feucht, damit sich die Zwiebel regenerieren und genug Energie für die nächste Blühperiode einlagern kann.

Diese exotische Zwiebelblume ist immer noch unter ihrem alten Namen *Amaryllis* am bekanntesten. Heute trägt sie den botanischen Namen *Hippeastrum*. Es gibt zahlreiche Sorten, deren Blütenfarben von Weiß über Rosa bis Dunkelrot reichen.

# Rittersterne

Die riesigen Zwiebeln des Rittersterns kann man ab Spätsommer kaufen und bis zum Frühwinter antreiben. Zwiebeln, die von Herbst bis Winter angetrieben werden, blühen vom Spätwinter bis in den Frühling, je nach Pflanzzeit. Es gibt zahlreiche Sorten, darunter die dunkelroten 'Red Velvet' und 'Red Lion', die leuchtend rot-weiße 'Christmas Star', die orangefarbene 'Florida' sowie die rosa-weiße 'Flamingo'. Auch gefüllte Sorten werden angeboten, wie die weiße, rosa gerandete 'Mary Lou'.

Zwiebeln, die man im Spätfrühling kauft, sind oft günstiger und kommen, wenn sie fest sind, auch noch zur Blüte. Je später man sie jedoch pflanzt, desto eher bilden sie nur Blätter aus.

Nach der Ruheperiode brauchen die Zwiebeln Wärme. Wählen Sie einen Topf, der etwa 2,5 cm breiter ist als der Durchmesser der Zwiebel, und füllen Sie ihn mit durchlässiger Blumenerde. Auf den Topfboden legt man einige Kiesel zur Stabilität und zur Dränage.

Stellen Sie die Zwiebel warm. Die Temperatur sollte 20 bis 25 °C betragen. Sobald sich die Triebspitze zeigt, stellt man den Ritterstern an einen eher temperierten, hellen Platz. Halten Sie die Blumenerde während der Wachstumsperiode immer feucht und geben Sie wöchentlich einen Flüssigdünger für Blühpflanzen, sobald sich die ersten Knospen geöffnet haben. Wenn der erste Blütentrieb abgeblüht ist, erscheinen die neuen Blätter. Es ist jetzt wichtig, die Erde feucht zu halten, damit die Pflanze ihren Wachstumszyklus vollenden kann. Wenn dann einige Monate später die Blätter vergilben und eintrocknen, reduziert man nach und nach die Wassergaben und lässt die Zwiebel in ihre natürliche Ruheperiode übergehen. Rittersterne mögen es nicht, wenn man sie zu oft umtopft – alle drei bis vier Jahre, am besten im Spätsommer, reicht aus. Lassen Sie die Zwiebel im Freien an einem trockenen, geschützten Standort, bis sie im Herbst wieder ins Haus geholt werden und ein neuer Zyklus beginnt.

*links* Die Zwiebeln des Rittersterns (*Hippeastrum*) sind außergewöhnlich groß.

## Ritterstern über Wasser antreiben

Die Zwiebeln von *Hippeastrum* können auf dieselbe Art und Weise über Wasser angetrieben werden, wie Hyazinthen oder Narzissen. Treiben Sie die Zwiebel wie links beschrieben an. Sobald sich die Knospe zeigt, topft man sie aus und wäscht die Erde vorsichtig von den Wurzeln. Setzen Sie sie nun in ein Glas oder anderes Gefäß auf bunte Kiesel, Steine, Murmeln oder Glasperlen. Der Wasserspiegel sollte immer knapp unter der Basis

*gegenüber, links* Diese *Hippeastrum* 'Red Velvet' blüht zum zweiten Mal im selben Topf. Es ist wichtig, dass man die Pflanzen nach der Blüte düngt und wässert bis die Blätter welken. Dann reduziert man die Wassergaben und lässt die Zwiebel in die Ruhephase übergehen. Im Frühling beginnt man wieder zu gießen, wenn sich der erste Neutrieb zeigt. Man kann die Pflanze bis zu drei Jahren in derselben Blumenerde wachsen lassen, bevor man umtopft.

*gegenüber, rechts* Murmeln und Glasperlen gibt es in verschiedenen Größen und Farben. Sie sind ideal, um durchsichtige Gefäße zu dekorieren. Hier ist *Hippeastrum* 'Christmas Star' der Blickfang.

*links* Der Topf sollte etwa 2,5 cm breiter sein als der Zwiebeldurchmesser. Wenn man zwei Zwiebeln gleichzeitig pflanzt, bekommt man ein beeindruckendes Blütenpaar.

der Zwiebel liegen. Damit man nicht so viele Glasperlen, Kiesel oder Steine braucht, kann man die Zwiebel auch auf ein Glas im Glas setzen. Stellen Sie dazu ein Marmeladenglas in das Pflanzgefäß und füllen Sie dieses dann mit den Schmucksteinen bis zur Oberkante des Glases. Ein kleines Stück Holzkohle sorgt dafür, dass das Wasser nicht faul wird. Setzen Sie die Zwiebel vorsichtig ein, sodass sie im Innern des Gefäßes zu liegen kommt, und die Wurzeln knapp die Glasperlen berühren. Füllen Sie dann so viel Wasser ein, bis die Basis der Zwiebel gerade benetzt ist. Das Gefäß können Sie mit Bändern oder anderem Dekomaterial verzieren.

Eine einzelne Zwiebel blüht wochenlang, manchmal werden sogar zwei Blütenstände gebildet. Danach schrumpft sie immer mehr in sich zusammen, da ihre Energievorräte aufgebraucht werden. Zwiebeln, die man in Erde pflanzt, kann man weiterkultivieren, jene, die man über Wasser angezogen hat, wirft man nach der Blüte am besten weg.

Weihnachts-Narzissen eignen sich besonders gut zum Treiben im Zimmer. Jede Zwiebel bildet einen Blütenstand mit zehn bis zwölf Blüten.

# Weihnachts-Narzissen

*ganz rechts* Sobald sich die Blüten öffnen, kann man durch ein Absenken der Temperatur die Haltbarkeit verlängern. Setzen Sie die Narzissen aber keinem Frost aus. Wer den Duft zu intensiv und schwer findet, kann die Töpfe auch tagsüber auf den Balkon oder die Veranda stellen.

Die Weihnachts-Narzisse *(Narcissus papyraceus)* stammt ursprünglich aus dem südöstlichen Frankreich, dem Südwesten Spaniens und aus Portugal. Dort blüht sie den ganzen Winter über. Die meisten kommerziell erhältlichen Zwiebeln stammen jedoch aus Israel. Es ist nicht überraschend, dass die Zwiebeln ihre Blüten mit ungeheurer Kraft bilden, wenn man sie im Herbst im Haus zum Treiben aufstellt. Schöne Sorten sind 'Grandiflora Ziva' und 'Galilee'. Auch 'Cragford' und 'Bridal Crown' sind leicht erhältlich, sie blühen aber etwas später. Spätblühende Sorten brauchen nach der Pflanzung eine kühlere Ruheperiode von mehreren Wochen.

Wenn man ein Gefäß ohne Abzugslöcher verwendet, wie kleine verzinkte oder glasierte Töpfchen, dann muss man mit dem Gießen besonders vorsichtig sein, damit keine Staunässe oder Fäulnis entsteht. Töpfe mit Loch stellt man einfach in einen Übertopf oder auf einen Untersetzer, damit Fensterbank oder Möbel nicht feucht werden.

## Weihnachts-Narzissen antreiben

Weihnachts-Narzissen gehören zu den am einfachsten im Spätherbst oder Winter zum Blühen zu bringenden Narzissenarten. Meist blühen sie schon sechs Wochen nach dem Pflanzen und die

*rechts* *Narcissus papyraceus* (syn. *N.* 'Paper White') und ihre Cultivare bilden Stiele mit zehn bis zwölf Blüten. So kann man schon mit nur drei Zwiebeln einen kleinen Blumenstrauß anziehen. Sie sehen immer attraktiv aus, egal ob man sie in Erde oder über Wasser antreibt.

meisten Sorten brauchen, im Gegensatz zu Osterglocken oder anderen Narzissenarten, keine kühle
oder dunkle Ruheperiode, wenn man sie im Zimmer anziehen möchte. Überlegen Sie einfach,
wann Sie blühende Narzissen möchten und rech-
nen Sie dann in der Zeit zurück. Möchten Sie
über einen längeren Zeitraum Ihr Heim schmücken? Dann pflanzen Sie die Zwiebeln einfach
über eine Periode von etlichen Wochen.

Die Zwiebeln vertragen keinen Frost. Man
kann sie also nicht in den Garten pflanzen, wenn
sie abgeblüht sind. Am besten wirft man sie weg
und kauft sich im Herbst neue.

## Narzissen über Wasser antreiben

*Narcissus papyraceus* und ihre Cultivare lassen
sich leicht über Wasser antreiben, da sie schnell
wachsen und zur Blüte kommen. Später blühende
Narzissen treibt man besser in Erde an. Man
kann die Zwiebeln in ein mit Kies gefülltes Gefäß
setzen oder, wenn man den Wurzeln beim Wachsen zuschauen möchte, in ein Glas mit bunten
Kieseln. Schauen Sie doch mal in einem Aquaris-
tikgeschäft nach bunten Kieseln, Sand oder Steinen. Auch eine Mischung aus roten und weißen
Kieseln, Muschelschalen oder Steinen, die man
am Strand gesammelt hat, sieht interessant aus.
Geben Sie ein kleines Stück Holzkohle ins Wasser,
damit es nicht faul wird. Nach der Blüte sind die
gesamten Energiereserven der Zwiebeln aufgebraucht und man wirft sie am besten weg.

### Narzissen antreiben

1 Setzen Sie die Zwiebeln
sechs Wochen vor dem ge-
wünschten Blühtermin in
die Erde. Es macht nichts,
wenn die Zwiebeln schon
ausgetrieben haben.

2 Eine Kiesschicht auf dem
Topfboden sorgt für Dränage. Füllen Sie dann durchlässige Blumenerde bis 5 cm
unter den Topfrand ein. Die
Zwiebeln sollten sich und
den Rand nicht berühren.
Die obere Hälfte der Zwiebeln bleibt unbedeckt.

3 Eine Moosschicht
schützt vor Austrocknung
und sieht attraktiv aus.

4 Damit die Blütentriebe
nicht umknicken, stützt
man sie mit Reisigzweigen.
Das ist nur nötig, wenn sich
die Stiele zur Seite neigen,
dann muss man aber sofort
handeln. Buchenreisig, na-
turbelassen oder farbig an-
gesprüht, ist ideal, da es
von oben bis unten mit Sei-
tenzweigen besetzt ist, die
zusätzlichen Halt geben.

Mit Zwerg-Narzissen, Traubenhyazinthen und Krokussen holt
man sich den Frühling ins Haus und kann Farbenpracht, Schönheit und Duft der Blüten aus nächster Nähe genießen.

# Frühlingsblüher

*rechts* Hyacinthus orientalis 'Amethyst' hat zart lavendelfarbene Blüten. Zusammen mit einer Frühlings-Primel ergibt sich ein bezauberndes Arrangement.

*unten* Einige Cultivare des Frühlings-Krokus (Crocus vernus) haben tief violette Blüten mit kontrastierenden orangegelben Staubgefäßen. Im Freien öffnen sie sich nur bei Sonne, auf der Fensterbank kann man die weit geöffneten Blüten dagegen noch viel besser betrachten.

Es gibt einige Zwiebelblumen, die man in kleinen Töpfen im Freien kühl, aber geschützt aufstellen kann und die, wenn man sie ins Haus holt, einige Wochen vor ihren Gefährten im Garten zum Blühen kommen. So kann man sich mit Krokussen, Winterlingen, Traubenhyazinthen und Zwerg-Narzissen oder Hyazinthen den Frühling schon im Winter ins Haus holen.

Der Frühlings-Krokus (Crocus vernus) gehört zu den besten Kandidaten. Wenn man die Sprossknollen in Töpfe ohne Wasserabzugslöcher pflanzt, braucht man eine dicke Dränageschicht auf dem Topfboden und muss sehr vorsichtig wässern. Einen besonders üppigen Blüheffekt erzielt man, wenn man fünf Krokusknollen in einem Kreis in den Topf legt, dünn mit Erde bedeckt und dann noch einmal fünf Knollen in einem weiteren Kreis darüber. Wichtig ist nur, dass die Knollen nicht direkt übereinander liegen. Die Töpfe stellt man dann hell und geschützt auf, wässert ab und zu, damit sie nicht austrocknen und bringt sie, wenn sich die ersten Triebe an der Erdoberfläche zeigen, ins Haus. So kann man die Schönheit der Blüten ganz aus der Nähe und ungestört von Wind und Wetter genießen.

Behandelte oder präparierte Hyazinthenzwiebeln, die man im Winter vortreiben kann, werden nur in einigen wenigen Farben angeboten. Bei den Sorten, die für die Kultur im Garten, in Beeten oder Kübeln gezüchtet wurden, ist die Farbpalette viel größer und reicht von Aprikot bei 'Gipsy Queen' über Violett, Lila, Maulbeerfarben und Weinrot wie bei 'Violet Pearl', 'Amethyst', 'Mulberry Rose' und 'Woodstock', Blau und Weiß wie bei 'Blue Jacket' bis zu Dunkelblau, wie bei 'Blue Magic'. Es gibt auch gefüllt blühende Sorten, wie die weiße 'Ben Nevis', die rote 'Hollyhock', die violette 'King Codro' und die rosa 'Rosette'. Sie vertragen keine Nässe und brauchen vor allem in Winter einen durchlässigen Boden. Wenn der Boden im Garten im Winter zu feucht ist, ist es besser, sie in Töpfen mit guter Dränage zu ziehen.

## Vorgetriebene Frühlingszwiebeln

Eine der einfachsten Möglichkeiten, sich an der
Schönheit von Zwiebelblumen im Spätwinter im
Haus zu erfreuen, ist es, vorgetriebene Zwiebeln
in Töpfen zu kaufen. Stellen Sie die Plastiktöpfe
einfach in schöne Übertöpfe und genießen Sie den
vorgezogenen Frühling. Damit die Blüten lange
halten, sollte man die Pflanzen nicht zu warm
und nicht in die pralle Sonne stellen. Sonst währt
die Freude nicht lange.

## Häufig angebotene Arten

Zwiebel-Iris, Blausternchen, Krokus, Hyazinthen
und Zwerg-Tulpen gehören zu den regelmäßig
angebotenen Arten, am häufigsten findet man
aber wohl die Miniatur-Narzisse 'Tête-à-tête'.
Diese zwergige, vielblütige Narzissenkreuzung
hat dunkelgelbe Blüten und kann nach der Blüte
in den Garten gepflanzt werden.

## 'Tête-à-Tête'-Narzissen im Zimmer

Stellen Sie die vorgezogenen kleinen Narzissen in
hübsche, bunte Übertöpfe. Eine Sand- oder Kiesschicht auf dem Boden sorgt dafür, dass beide
Töpfe auf einer Höhe sind. Mit Moos oder bunten Kieseln verbirgt man den Rand des Plastik-
topfes und sorgt für eine schöne Oberfläche. Halten Sie die Zwiebeln immer feucht und kneifen
Sie abgeblühte Knospen aus.

Eine andere Möglichkeit besteht darin, sie in
verzinkte Kästen für die Fensterbank zu stellen.
Auch hier kann man die Topfoberflächen mit
Sand auf ein Niveau bringen. Eine Schicht Islandmoos sorgt für eine schöne lindgrüne Oberfläche.
Alternativ kann man auch grünes Waldmoos oder
bunte Zierkiesel verwenden. Auch Glasperlen
oder Murmeln sehen sehr hübsch aus. Nach dem
Pflanzen gut feucht halten und Verblühtes regelmäßig ausputzen, damit sich die Narzissen immer
von ihrer schönsten Seite präsentieren.

Da Zwiebelblumen viel länger als Schnittblumen halten, kann man sie auch in Gestecke oder

Arrangements integrieren. Mit herbstlichen oder
winterlichen Zweigen dekoriert, kann man fantastische Arrangements kreieren. Es gibt viele verschiedene Immergrüne, die sich als Schnittgrün
eignen. *Euonymus japonicus* 'Aureus' sieht wunderschön aus, genau wie Kirschlorbeer oder die
gedrehten Triebe der Korkenzieher-Hasel.

### Narzissen im Topf

1 Sie brauchen eine Gar-
tenschere, einen Ring aus
Moossteckschaum, ein
Tablett zum Arrangieren
und Präsentieren, drei bis
vier Töpfe mit 'Tête-à-tête'-
Narzissen, etwas Schnitt-
grün, zum Beispiel von
*Euonymus japonicus* 'Au-
reus', lange, verdrehte
Zweige der Korkenzieher-
Hasel (*Corylus avellana*
'Contorta') und einige blü-
hende Triebe von Forsy-
thien, Mittelmeerschneeball
(*Viburnum tinus*) und Duft-
Schneeball (*V. × bodnan-
tense* 'Dawn').

2 Befeuchten Sie den
Steckschaum und lassen
Sie das Schnittgrün in einer
Vase mit Wasser vollsau-
gen. Legen Sie den Ring
auf einen großen Teller oder
eine Schale und stellen Sie
die Töpfe in die Mitte. Dann
schneiden Sie von den
Zweigen kleine Stücke ab
und stecken Sie diese in
Büscheln in den Ring. Einige längere Zweige der For-
sythie und Haselnuss ge-
ben Höhe. Bedenken Sie,
dass die Narzissen inner-
halb weniger Tage etwa
20 cm hoch werden. Wenn
Sie den Steckschaum
feucht halten, hält sich das
Arrangement etwa zehn Ta-
ge lang.

*links* Ein kleiner metallener
Blumenkasten passt per-
fekt auf die Fensterbank in
der Küche oder in einen
Wintergarten.

Achimenes oder Schiefteller waren zu viktorianischen Zeiten beliebte Wintergartenpflanzen. Heute kann man sie als Rhizome im Winter oder fertige Pflanzen im Sommer im Gartencenter kaufen.

# Schiefteller

Der Schiefteller *(Achimenes)* hat lange, röhrenförmige Blüten, deren Farbe von Rosa über Rot bis hin zu Blau und Violett variiert. Der Blütenschlund ist goldgelb oder weiß, manchmal auch gepunktet oder mit Flecken verziert.

Die Rhizome ähneln kleinen Kiefernzapfen und brechen sehr leicht. Trotz der Empfindlichkeit der Rhizome wachsen sie leicht in flachen Schalen oder Töpfen, und die hängenden Sorten eignen sich besonders schön für Blumenampeln. Setzen Sie die Rhizome etwa 2,5 cm tief und im Abstand von etwa 5 cm voneinander in die Töpfe. Bis die ersten Triebe erscheinen, wässert man nur sehr vorsichtig. Danach dürfen die Pflanzen nicht mehr austrocknen. Schon bei kurzer Trockenheit werden keine Blüten mehr gebildet.

Wenn die Pflanzen wachsen, düngt man alle zwei Wochen mit einem Flüssigdünger. Damit sich die Triebe besser verzweigen und die Pflanzen buschig wachsen, kneift man überlange Triebe aus. Gegebenenfalls braucht man ein paar Stützstäbe, damit die Triebe nicht umfallen. Stellen Sie *Achimenes* hell bis sehr hell, aber nicht in die pralle Sonne. Bei warmem Wetter kann man die Blätter mit entkalktem Wasser oder Regenwasser besprühen. Um die Luftfeuchtigkeit zu erhöhen, kann man die Pflanzen auch auf mit Kies und Wasser gefüllte Schalen stellen.

Nach der Blüte reduziert man nach und nach die Wassergaben bis das Substrat ganz ausgetrocknet ist. Die Rhizome lagert man in trockenem Torf bei mindestens 10 °C.

**Schiefteller im Hanging Basket**

**1** Legen Sie einen Weidenkorb mit Folie aus und geben Sie eine Handvoll Styroporkugeln, Tonscherben oder Kies als Dränage auf den Boden. Dann füllt man mit Blumenerde bis 2,5 cm unter den Rand auf.

**2** Der abgebildete Korb hat einen Durchmesser von 30 cm und wird mit acht Rhizomen, die im Abstand von 5 cm und 2,5 cm tief eingesetzt werden, bepflanzt. Wir haben zwei verschiedene Sorten gewählt, die hängende *Achimenes* 'Cascade Violet Night' und *Achimenes* 'Violet Charm'.

**3** Regelmäßiges Besprühen mit entkalktem Wasser sorgt für eine Erhöhung der Luftfeuchtigkeit. Die Pflanzen blühen viele Monate.

Freesien stammen ursprünglich aus Südafrika, wo sie vor allem in der Kapprovinz vorkommen. Durch Züchtung sind viele Sorten in Weiß, Gelb, Rosa, Violett, Mauve und Blau entstanden.

# Freesien

Es gibt einfach und gefüllt blühende Freesiensorten. Auch die Wuchshöhe variiert von 10 bis 40 cm. Freesien kann man im Zimmer vortreiben und, wenn man die Knollen über einen Zeitraum von mehreren Wochen pflanzt, kann man die Blüten mit ihrem betörenden Duft vom Spätfrühling bis in den Frühsommer genießen. Man kann auch präparierte oder behandelte Knollen kaufen, die man im Zimmer vortreibt, um sie dann ins Freie zu stellen, wo sie im Spätsommer zur Blüte kommen. Zimmer-Freesien pflanzt man im zeitigen Frühjahr in feuchte, durchlässige Blumenerde, etwa 7,5 cm tief und im selben Abstand. Während der Wachstumsphase muss das Substrat feucht gehalten werden. Wenn sich die ersten Knospen zeigen, gibt man alle zwei Wochen einen Flüssigdünger. Freesien vertragen kühle bis warme Temperaturen; nur Hitze mögen sie nicht, diese verkürzt die Blütezeit.

Viele Freesien duften zwar ausgesprochen betörend, haben aber wenig attraktives Laub. Eine Stütze aus einem Ring ist sinnvoll. Leider kommen nicht immer alle Pflanzen zur Blüte.

*links* Freesien gehören zu den Zwiebelblumen mit dem betörensten Blütenduft. Der Metallring stützt die Triebe, damit sie nicht umknicken.

*ganz links* Freesienknollen setzt man in durchlässige Blumenerde, etwa 7,5 cm tief, im selben Abstand.

*links* Diese beiden Töpfe mit einer Bemalung, die exotischen Tierfellen nachempfunden ist, passen hervorragend zu einer Pflanze, deren Heimat Südafrika ist. *Freesia* 'Miranda' ist reinweiß, 'Beethoven' hat hellgelbe Blüten.

Eine elegante Zwiebelblume fürs Zimmer ist die Schopflilie. Mit ihr bringt man exotisches Flair in die Wohnung. Zu den erhältlichen Arten gehören *Eucomis autumnalis*, *E. bicolor*, *E. comosa* und *E. pallidiflora*.

# Schopflilien

Der deutsche Name der *Eucomis* ist Schopflilie und rührt von dem Büschel blättriger Brakteen über dem Blütenstand her. Sie stammt aus Südafrika, wo sie in feuchten Wiesen gedeiht.

Im Frühjahr pflanzt man die Zwiebeln einzeln oder in Gruppen in Töpfe, etwa 10 cm tief in durchlässige Blumenerde. Bis die Triebe erscheinen gießt man nur wenig, dann darf das Substrat nicht mehr austrocknen. Nach der Blüte reduziert man die Wassergaben, denn die Pflanze braucht zur Vollendung eines Wachstumszyklus eine Ruheperiode. Im folgenden Frühjahr beginnt man dann wieder vorsichtig mit dem Gießen und regt so einen neuen Austrieb an. Schopflilien sind nicht frosthart.

*Eucomis autumnalis* 'White Dwarf' hat attraktiv gewellte Blattränder. Die weißen Blüten haben gelbe Staubgefäße und öffnen sich von unten nach oben. Mitsamt dem blättrigen Schopf wird diese Sorte knapp über 30 cm hoch.

*oben* Die Blüten der Schopflilie halten mehrere Wochen und öffnen sich von unten nach oben. Sie gehören zu den dankbarsten, langlebigsten und pflegeleichtesten Zimmerpflanzen überhaupt.

*links* Eucomis autumnalis 'White Dwarf' hat eine wunderbare Silhoutte mit ihren gewellten Blättern, dem schmalen Blütenstand, mit duftenden Blüten und einem kleinen Blattschopf an der Spitze.

Die Blüten der Gloxinie sind samtig und haben beim Öffnen häufig einen helleren Rand. Es gibt einfarbige und mehrfarbige Sorten, viele mit kontrastierendem Auge.

# Gloxinien

Obwohl der Gattungsname dieser Pflanze *Sinningia* lautet, ist sie in Gärtnerkreisen viel häufiger unter dem Namen Gloxinie bekannt. Sie stammt aus den tropischen Regionen Brasiliens, Mexikos und Argentiniens, wo sie sich an den Wechsel zwischen Regenzeit und Trockenzeit angepasst hat und die Trockenperiode in einer Ruhephase überdauert. Die großen, samtigen Blüten erscheinen aus Wurzelknollen, die denen von Begonien ähneln. Man pflanzt sie im Spätwinter oder zeitigen Frühjahr auf feuchte Einheitsblumenerde. Bei moderater Wärme und vorsichtigen Wassergaben erscheinen bald die ersten Triebe. Die Pflanzen werden etwa 20 cm hoch und breit. Die Blüten sind ein- oder mehrfarbig, wie bei der weiß-rosa 'Blanche de Méru', der karminroten 'Étoile de Feu', der violetten 'Hollywood', der rot- und elfenbeinfarbigen Tigrina-Gruppe oder der purpurn und weißen 'Kaiser Wilhelm'.

Pflanzen sie die Knollen in kleine Töpfe mit Abzugslöchern in Einheitsblumenerde. Da diese Pflanzen es nicht mögen, wenn die Blätter nass werden, gießt man am besten von unten. Bis zur Blüte ist eine Temperatur zwischen 21 und 23 °C ideal, sobald die Blüten erscheinen, stellt man sie etwas kühler. Gloxinien brauchen einen hellen Standort, aber keine pralle Sonne. Alle zwei Wochen wird mit einem Flüssigdünger gedüngt.

Nach der Blüte reduziert man die Wassergaben und lässt den Wurzelballen austrocknen. Bei etwa 7 °C lagert man die Knollen bis zur nächsten Wachstumsperiode.

**Gloxinien arrangieren**

1 Man braucht einen kleinen Plastiktopf mit Abzugslöchern und einen etwas größeren Übertopf. Eine Kiesschicht auf dem Boden des Übertopfes sorgt dafür, dass beide Töpfe gleich hoch sitzen und dient gleichzeitig als Wasserreservoir.

2 Mit feuchter Blumenerde füllt man den Topf nun bis 3 cm unter den Rand. Die Knolle drückt man leicht in die Blumenerde, sodass sie nicht bedeckt wird. Die Temperatur muss bis zur Blüte 21 bis 23 °C betragen. Dann kann man die Pflanzen auch kühler stellen. Stellen Sie sie hell, aber nicht in die direkte Sonne.

3 Vermeiden Sie es, die Blätter beim Gießen zu benetzen. Es ist besser, die Pflanze von unten zu gießen, indem man sie von Zeit zu Zeit aus dem Übertopf nimmt und in eine Schale mit Wasser stellt, bis sich die Erde vollgesogen hat.

*links* Sinningia 'Hollywood' hat fantastische, samtig violette Blüten und ist ein wahrer Hingucker. Der Cultivar 'Etoile de Feu' im Hintergrund hat samtig karminrote Blüten. Zusammen ergeben sie ein hübsches Arrangement.

Viele sommerblühende Zwiebel- und Knollenpflanzen gedeihen auch im Garten. Im Haus kann man sie als Kübel- oder
Topfpflanzen pflegen und so mit Begonien, Dahlien, Zimmerkalla oder Lilien Farbe in die Wohnung bringen.

# Blütenpracht im Hochsommer

*rechts* Zwei oder drei Knollen-Begonien in einen weißen Blumenkasten ge-pflanzt, wirken schlicht und elegant. Regelmäßiges Ausputzen und Düngen verlängert die Blütezeit.

*unten* Ein farbiger Topf un-terstreicht die Blüten der Knollen-Begonien. Es gibt sie in vielen Farben, von Gelb über Rot, Weiß, Rosa, Orange und allen Farb-schattierungen dazwischen.

Viele sommerblühende Zwiebel- und Knollen-pflanzen werden vorgezogen angeboten, lan-ge bevor die natürliche Blütezeit beginnt. So kann man Begonien und Lilien oft schon im Frühling kaufen, gefolgt von Dahlien. Sie lassen sich gut im Zimmer pflegen, vorausgesetzt, man stellt sie nicht zu warm und nicht in die pralle Sonne, sonst welken die Blüten schnell.

Es gibt viele Möglichkeiten, Pflanzen in Szene zu setzen. Silberne Metallgefäße sehen besonders im Zimmer viel moderner aus, und wenn man sie mit attraktiven Pflanzen, wie einer Zimmerkalla, bepflanzt, sieht das ganz besonders elegant aus.

Denken Sie daran, dass auch Pflanzen Nähr-stoffe benötigen und düngen Sie regelmäßig. Auch auf eine angemessene Wasserversorgung muss geachtet werden. Wenn man verblühte Blü-ten von Dahlien, Begonien oder Zimmerkalla regelmäßig ausputzt, verlängert man die Blütezeit. Lilien kann man nach der Blüte in den Garten pflanzen, wo sie überwintern und im kommenden Jahr erneut zur Blüte kommen. Begonien- und Dahlienknollen gräbt man im Herbst aus und lagert sie in der Ruhephase der Pflanze kühl und trocken ein, bis sie im folgenden Frühling wieder ausgepflanzt werden können.

*rechts* Zimmerkalla
*(Zantedeschia)* in silbernen
Pflanzgefäßen arrangiert.
So kommen die eleganten
Blüten hervorragend zur
Geltung.

*oben* *Zantedeschia* 'Dusky
Pink' ist eine der zahlreichen modernen Züchtun-
gen der Zimmerkalla mit
wunderschönen eleganten
Röhrenblüten.

*gegenüber, links* Knollen-
Begonien zeichnen sich
durch eine ausgesprochen
lange Blütezeit aus. Sie
sind ausgezeichnete Zim-
merpflanzen und in vielen
Farben erhältlich.

links Dahlien besitzen wunderschöne Blüten, die aus zahlreichen Petalen zusammengesetzt sind und in vielen Farben angeboten werden. Niedrig wachsende Arten eignen sich auch für die Kultur im Zimmer. Dieser Balkonkasten aus Holz ist mit mehreren Dahlien bepflanzt.

gegenüber Lilien setzen mit ihren wunderbaren Blüten und dem eleganten Laub, das mit dem Licht spielt, wunderbare Akzente. Eine alte Obst- oder Gemüsekiste kann mit etwas Farbe zu neuem Leben erweckt werden. Dann stellt man einfach einige Töpfe mit vorgezogenen Lilien hinein und kaschiert die Topfränder mit Moos.

Alte Töpfe, Blumenkästen oder eine ausgediente Obstkiste können mit bunter Farbe zu neuem Leben erweckt werden. Ganz nach Geschmack wählt man die Farbe leuchtend und kräftig, wie viele Dahlienblüten, oder eher dezent und zurückhaltend. Manche Sorten, wie die rosarote 'Sweetheart', werden nur 30 cm hoch.

Kurzstielige Lilien eignen sich ideal für die Topfkultur. Die Pixie-Typen werden nur 30 bis 45 cm hoch. Lilien duften intensiv und schwer. Für Allergiker ist es interessant zu wissen, dass es spezielle, pollenlose Sorten gibt. Diese werden unter dem Namen Kiss-Lilien angeboten und haben zartrosa, gelbe, orange oder weiße Blüten.

links Diese Dahlien wurden in bunten Pflanzgefäßen arrangiert. Achten Sie dabei immer auf eine ausreichende Dränage.

# Porträts

Die Welt der Zwiebelblumen zu entdecken ist
ein aufregendes Erlebnis, welches, je länger
man sich mit dieser faszinierenden Pflanzen-
gruppe beschäftigt, immer spannender wird.
Eine Auswahl aus den tausenden von Arten
und Sorten zu treffen ist naturgemäß schwierig, aber ich denke, dass die folgenden Arten,
die sich für die Kultur im Garten oder als Zimmerpflanzen eignen, Ihr Interesse wecken
werden. Die Gruppe der Zwiebel- und Knollenpflanzen ist ungeheuer vielfältig. Obwohl sie
kommerziell nur in wenigen Ländern, darunter
in den Niederlanden, in England, den USA und
in Südafrika, angebaut werden, kommen sie in
der Natur in vielen Regionen der Erde vor, von
Kalifornien bis nach Westchina. Aus diesem
Grund gibt es Arten für jeden Boden, jedes
Klima und jeden Lebensraum, von sonnigen
Steppen bis zu kühlen Waldgebieten.

*Allium und Iris*

Bei allen Pflanzen ist die Frostverträglichkeit nach folgendem Schema angeben:

| | |
|---|---|
| frostempfindlich | Unter 5 °C treten Kälteschäden auf. |
| grenzwertig | Temperaturen bis –5 °C werden toleriert. |
| frosthart | Temperaturen bis –15 °C und darunter werden vertragen. |

*Achimenes* 'Cascade Fairy Pink'

*Agapanthus* 'Ben Hope'

# *Achimenes* Gesneriaceae

Diese kleine, aber attraktive Pflanze ist auch als Schiefteller bekannt. Der Name rührt von den asymmetrisch zusammenstehenden Kronblättern her. Sie bevorzugt Wärme und einen schattigen Standort. Die Gattung umfasst etwa 25 Arten von rhizombildenden Stauden, die im Winter eine Ruheperiode durchmachen und aus den subtropischen Wäldern Mittelamerikas stammen. Die Blütenfarbe der zahlreichen Cultivare variiert von Dunkel- und Hellrosa über Blau bis hin zu Primelgelb. Es gibt aufrecht und hängend wachsende Formen. Die winzigen Knöllchen brechen leicht.

**Standort** Zimmerpflanze. Kann im Sommer auch im Beet als Sommerblume kultiviert werden, ist aber nicht frosthart. Die Pflanzen bevorzugen lichten Schatten, aber keine direkte Sonne. Die hängenden Formen eignen sich gut für Blumenampeln, die aufrechten für flache Schalen und Töpfe.

**Kultur** Im Frühling bei 16 bis 18 °C einpflanzen, dabei anfangs nur wenig gießen. Setzen Sie die Rhizome 2,5 cm tief und im selben Abstand in Töpfe oder Schalen (etwa 10 Rhizome für einen 25-cm-Topf). Als Substrat eignet sich durchlässige Blumenerde. Im Sommer wird reichlich gegossen und wöchentlich ein Flüssigdünger gegeben. Im Herbst entfernt man die abgestorbenen Teile und lagert die Knollen bei 10 °C und völlig trocken bis zum nächsten Frühjahr.

**Vermehrung** Rhizomteilung oder Stecklinge im Frühling.

**Krankheiten und Schädlinge** Blattläuse, Thrips und Rote Spinne.

### *Achimenes* 'Cascade Fairy Pink'
Einzelne rosa Blüten mit 5 cm Durchmesser werden den ganzen Sommer und Herbst reichlich angesetzt. Ein idealer Pflanzpartner für 'English Waltz'.
**Herkunft** gärtnerisch
**Höhe** 20 cm, rankt aber bis 40 cm
**Blütezeit** Sommer bis Herbst
**Frosthärte** frostempfindlich

### *Achimenes* 'Cascade Violet Night'
Die purpurblauen Blüten sind ein Highlight von Sommer bis Herbst.
**Herkunft** gärtnerisch
**Höhe** 20 cm, rankt aber bis 40 cm
**Blütezeit** Sommer bis Herbst
**Frosthärte** frostempfindlich

### *Achimenes* 'English Waltz'
Die großen, rosaroten Blüten heben sich deutlich vom dunkelgrünen, bronzerot überhauchten Laub ab.
**Herkunft** gärtnerisch
**Höhe** 20 cm
**Blütezeit** Sommer bis Herbst
**Frosthärte** frostempfindlich

### *Achimenes* 'Violet Charm'
Die violettblauen Blüten werden in großer Zahl angesetzt und wirken für sich oder in Kombination mit denen einer hängenden Sorte einfach fantastisch.
**Herkunft** gärtnerisch
**Höhe** 20 cm
**Blütezeit** Sommer bis Herbst
**Frosthärte** frostempfindlich

# *Agapanthus* Alliaceae

Dieser Gartenklassiker ist auch unter dem Namen Schmucklilie bekannt. Die Gattung umfasst etwa 10 Arten und kommt ursprünglich aus dem südlichen Afrika. Es handelt sich um horstbildende Stauden mit dicken, fleischigen Wurzeln, riemenförmigen Blättern und runden Blütendolden mit weißen oder blauen Blüten. Die Samenstände sind sehr attraktiv.

**Standort** Braucht volle Sonne und feuchte, aber durchlässige Erde. Fast alle Arten und Sorten sind nicht zuverlässig frosthart, deshalb ist eine Kultur als Kübelpflanze empfehlenswert.

**Kultur** Der grüne Teil der Triebe sollte knapp über der Erdoberfläche liegen. Bei Topfkultur ist eine durchlässige, strukturstabile Kübelpflanzenerde angeraten. Eine Dränageschicht auf dem Topfboden ist wichtig. Frostfrei überwintern. Von Frühling bis zur Blüte monatlich mit Flüssigdünger düngen.

**Vermehrung** Aussaat bei 13 bis 15 °C nach der Ernte oder im Frühling. Sämlinge brauchen 2 bis 3 Jahre bis zur ersten Blüte. Teilung im Frühling.

**Krankheiten und Schädlinge** Schnecken und Pflanzenviren.

### *Agapanthus* 'Ben Hope'
Die runden Dolden mit den leuchtend blauen Glockenblüten sind ein wunderbarer Kübelschmuck. Am besten blühen die Pflanzen, wenn sie dicht im Topf stehen.
**Herkunft** gärtnerisch
**Höhe** 1,2 m  **Breite** 60 cm
**Blütezeit** Hoch- bis Spätsommer
**Frosthärte** frosthart

### *Agapanthus* 'Loch Hope'
Die tiefblauen Blüten dieser Schmucklilie erscheinen im Spätsommer und Frühherbst über graublauen Blättern. Gehört zu den höchsten Sorten.
**Herkunft** gärtnerisch
**Höhe** 1,5 m  **Breite** 50 cm
**Blütezeit** Spätsommer bis Frühherbst
**Frosthärte** frosthart

### *Agapanthus praecox* subsp. *orientalis*
Früher auch unter dem Namen *A. orientalis* bekannt. Die leuchtend blauen Blütendolden stehen auf stabilen Stielen und erscheinen im Spätsommer. Sie bilden einen intensiven Kontrast zu den dunkelgrünen Blättern.
**Herkunft** Südafrika
**Höhe** 1 m  **Breite** 60 cm
**Blütezeit** Spätsommer
**Frosthärte** frostempfindlich

### *Agapanthus* 'Snowy Owl'
Die weißen Blüten erscheinen im Spätsommer und setzen sich wunderschön von den dunkelgrünen Blättern ab.
**Herkunft** Südafrika
**Höhe** 1,2 m  **Breite** 60 cm
**Blütezeit** Spätsommer
**Frosthärte** frosthart

Allium caeruleum

Allium cristophii

Allium sphaerocephalon

Amaryllis belladonna

# *Allium*  Alliaceae

Diese große Gattung umfasst etwa 700 Arten von sommer- und herbstblühenden Zwiebelpflanzen. Sie sind in den trockenen Bergregionen der ganzen nördlichen Hemisphäre verbreitet. Viele Arten haben einen typischen Zwiebelgeruch – auch die Speisezwiebel gehört in diese Gattung. Sie bilden kurze bis hohe Dolden mit blauen, rosa, weißen, gelben oder rötlichpurpurnen Blüten und dekorativen Samenständen. Bei vielen Zier-Lauch-Arten können die Blätter und Zwiebeln bei empfindlichen Menschen eine allergische Hautreaktion bei Berührung hervorrufen.

**Standort** Vollsonnig, in feuchter, aber durchlässiger Gartenerde in Beeten. Frostempfindlichere Arten, wie *A. caeruleum*, *A. cristophii*, *A. nigra* und *A. schubertii* sollte man im Winter mit einer Mulchschicht schützen.

**Kultur** Pflanztiefe 15 cm. Pflanzzeit ist im Herbst. *A. sphaerocephalon* sollte nur 7,5 cm tief gepflanzt werden.

**Vermehrung** Aussaat bei 13 bis 15 °C nach der Ernte oder im Frühling. Teilung im Herbst.

**Krankheiten und Schädlinge** Bakterienfäule, Mehltau und Zwiebelfliege.

### *Allium caeruleum*

Die dichten Dolden tragen 30 bis 50 leuchtend blaue, sternförmige Blüten, die einen Durchmesser von 3 bis 4 cm erreichen und auf dünnen schlanken Stielen stehen.
**Herkunft** Nord- und Mittelasien
**Höhe** 20 bis 80 cm
**Blütezeit** Frühsommer
**Frosthärte** grenzwertig, im Winter mulchen

### *Allium cristophii*

Die Dolden erreichen einen Durchmesser von 20 cm und sind aus bis zu 50 sternförmigen, lila-purpurnen Blüten zusammengesetzt, die in der Sonne metallisch glänzen. Lässt sich gut mit Goldregen oder weißem Goldlack kombinieren.
**Herkunft** gärtnerisch
**Höhe** 60 cm
**Blütezeit** Frühsommer
**Frosthärte** grenzwertig, im Winter mulchen

### *Allium hollandicum*
'Purple Sensation'

Die Dolden werden bis zu 7,5 cm breit und bestehen aus bis zu 50 sternförmigen dunkelpurpurnen Blüten. Sie passen gut zu Blauregen oder Holländischen Iris.
**Herkunft** gärtnerisch
**Höhe** 90 cm
**Blütezeit** Frühsommer
**Frosthärte** frosthart

### *Allium karataviense*

Die runden Dolden werden 5 bis 7,5 cm im Durchmesser und haben kleine sternförmige, hellrosa Blüten mit einer purpurnen Mittelrippe. Die breiten, elliptischen Blätter sind graublau und liegen flach auf dem Boden. Sie werden 15 bis 25 cm lang.
**Herkunft** Zentralasien
**Höhe** 20 cm
**Blütezeit** Frühsommer
**Frosthärte** frosthart

### *Allium nigrum*

Die 7,5 breiten Dolden bestehen aus 30 cremeweißen, kelchförmigen Blüten mit einem dunkelgrünen Griffel.
**Herkunft** Mittelmeerraum
**Höhe** 70 cm
**Blütezeit** Spätfrühling bis Frühsommer
**Frosthärte** grenzwertig, im Winter mulchen

### *Allium schubertii*

Die runden Dolden stehen auf stabilen Stängeln und sind aus einem inneren und äußeren Blütenkranz zusammengesetzt.
**Herkunft** östlicher Mittelmeerraum bis Zentralasien
**Höhe** 40 cm
**Blütezeit** Frühsommer
**Frosthärte** grenzwertig, im Winter mulchen

### *Allium sphaerocephalon*

Die eiförmigen Dolden sind dicht mit dunkelroten Blüten besetzt und werden etwa 2,5 lang. Passt gut zu rotbraunem Laub.
**Herkunft** Europa, nördliches Afrika und Westasien
**Höhe** 50 cm
**Blütezeit** Früh- bis Hochsommer
**Frosthärte** frosthart

# *Amaryllis*  Amaryllidaceae

Diese einzige Art der Gattung ist eine herbstblühende, laubabwerfende Zwiebelblume, die ursprünglich aus den Küstenregionen und entlang von Flüssen in der westlichen Kapregion Südafrikas stammt. Sie wird oft mit der Gattung *Hippeastrum* verwechselt.

**Standort** Vollsonnig in feuchter, aber durchlässiger Erde. Nur begrenzt winterhart, deshalb ist eine Kübelkultur empfehlenswert.

**Kultur** Während der Ruhezeit im Spätsommer pflanzt man die Zwiebeln so ein, dass die Spitze noch aus der Erde ragt. Dem Pflanzsubstrat sollte man Lauberde und Sand beimischen. Vor den ersten Frösten ins Haus holen.

**Vermehrung** Aussaat bei 16 °C nach der Ernte. Die Sämlinge sind in den ersten 2 Jahren etwas empfindlich. Tochterzwiebeln im Frühjahr abtrennen.

**Krankheiten und Schädlinge** Schnecken, Narzissenfliege, Blattläuse und Rote Spinne (Spinnmilbe).

### *Amaryllis belladonna*

Die echte Amaryllis trägt Dolden mit 6 oder mehr rosa, duftenden, trompetenförmigen Blüten, die 6 bis 10 cm lang werden. Die riemenförmigen, sukkulenten Blätter werden erst nach der Blüte ausgetrieben. Amaryllis erzeugt im Garten eine besonders exotische Wirkung, wenn man die Töpfe unter Gehölzen eingräbt, sodass der Eindruck von ausgepflanzten Exemplaren entsteht.
**Herkunft** westliche Kapregion, Südafrika
**Höhe** 60 cm
**Blütezeit** Herbst
**Frosthärte** grenzwertig

Anemone blanda • Anemone nemorosa • Beg. 'Giant Flowered Pendula Yellow' • Begonia 'Double Orange'

## *Anemone* Ranunculaceae

Das griechische Wort *anemos* bedeutet «Wind», was den volkstümlichen Namen Buschwindröschen erklärt. Die zarten Blütenblätter tanzen beim leisesten Windhauch. Die Gattung umfasst etwa 120 Arten, darunter Stauden mit Rhizomen und knollenartigen Wurzelstöcken.

**Standort** Vollsonnig oder Halbschatten. In Beeten oder Baumscheiben, auch in Töpfen und Kübeln. *A. nemorosa* bevorzugt lichten Schatten.

**Kultur** Pflanzen Sie die Knollen von *A. blanda* im Herbst, sobald sie erhältlich sind, 5 cm tief ein. Vor der Pflanzung über Nacht in Wasser einweichen lassen. Im Laufe der Zeit können die Knollen einen Durchmesser von 10 cm erreichen und bringen dann viele Blüten. Sie vermehrt sich leicht durch Selbstaussaat. Auch die runzligen Knollen der De Caen- und der St. Bridgid-Gruppe von *A. coronaria* weicht man vor der Pflanzung ein und pflanzt sie im Frühling mit den Knospen nach oben. Nach der Blüte lässt man die Pflanze einziehen. Die Rhizome von *A. nemorosa* pflanzt man im Herbst 5 cm tief.

**Vermehrung** Knollenteilung in der Ruhezeit. Selbstaussaat.

**Krankheiten und Schädlinge** Raupen, Schnecken und Mehltau.

### *Anemone blanda*

Die einzelnen Blüten erreichen einen Durchmesser von 2,5 cm und haben 10 bis 15 weiße, zartrosa, lila oder blaue Petalen. Die Blätter sind farnartig und sehr attraktiv. Sie lassen sich gut mit Schlüsselblumen und allen frühen Narzissen kombinieren und gedeihen in Beeten, unter Hecken und Gehölzen und im Topf.

**Herkunft** östlicher Mittelmeerraum

**Höhe** 10 bis 15 cm

**Blütezeit** zeitiges Frühjahr, halten 6 bis 8 Wochen

**Frosthärte** frosthart

### *Anemone coronaria* De Caen- und St. Bridgid-Gruppe

Die De Caen-Gruppe hat einzeln stehende, ungefüllte weiße, rote, rosa, lila oder blaue Blüten, die einen Durchmesser von bis zu 7,5 cm erreichen und 6 bis 8 Petalen aufweisen. Die Blüten der St. Bridgid-Gruppe sind gefüllt und haben viel mehr Blütenblätter. Die Farbe variiert von Rosa über Rot bis zu Violettblau und Weiß. Alle diese Anemonen bevorzugen einen warmen, geschützten Standort im Vordergrund eines Beetes oder in Töpfen und Kübeln. Sie eignen sich auch als Schnittblumen.

**Herkunft** Beide Sortengruppen stammen von *A. coronaria* ab, die im ganzen Mittelmeerraum vorkommt.

**Höhe** 25 cm

**Blütezeit** Spätfrühling bis Frühsommer, je nach Pflanzzeit

**Frosthärte** frosthart

### *Anemone nemorosa*

Das Buschwindröschen trägt kleine weiße, manchmal rosa überhauchte, 2,5 cm große Blüten mit 6 bis 8 Petalen.

**Herkunft** Europa

**Höhe** 7,5 bis 15 cm

**Blütezeit** Spätfrühling

**Frosthärte** frosthart

## *Begonia* Begoniaceae

Diese Gattung ist nach dem französischen Botaniker und Governor von Französisch Kanada, Michel Bégon (1638–1710), benannt. Sie umfasst etwa 900 Arten, von denen etliche knollenartig verdickte Wurzeln bilden. Die Knollen-Begonien umfassen die Sortengruppen der Tuberhybrida-, Multiflora- und Pendula-Hybriden, die von Arten, die in den Anden vorkommen, abstammen. Viele besitzen nelkenartige Blüten. Exotische Sorten gibt es mit zweifarbigen Blüten, die Non-Stop-Serie ist eine kompakte und pflegeleichte Beetpflanze und Hänge-Begonien eignen sich besonders für Ampeln und Hanging Baskets.

**Standort** Sonnig oder halbschattig, in Beeten, Töpfen und Kästen.

**Kultur** Legen Sie die Knollen mit der hohlen Seite nach oben im Frühling bei 16 bis 18 °C auf Blumenerde. Wenn kein Frost mehr droht, kann man sie ins Freie pflanzen. Nach der Blüte einziehen lassen. Im Herbst holt man die Knollen aus dem Boden, reinigt, trocknet, und lagert sie bei 5 bis 7 °C kühl und trocken. Gegebenenfalls mit einem zugelassenen Fungizid einstäuben, um Pilzkrankheiten vorzubeugen.

**Vermehrung** Aussaat und Wurzelschnittlinge im Frühjahr.

**Krankheiten und Schädlinge** Dickmaulrüssler im Spätsommer.

### *Begonia* 'Billie Langdon'

Diese sehr großblumige Begonie hat reinweiße Blüten von bis zu 18 cm Durchmesser. Die mittelgrünen Blätter werden etwa 20 cm lang. Man pflanzt sie am besten einzeln in einen schweren Topf.

**Herkunft** gärtnerisch

**Höhe** 60 cm

**Blütezeit** Sommer

**Frosthärte** frostempfindlich

### *Begonia* 'Champagne'

Die gefüllten Blüten erreichen einen Durchmesser von 5 bis 7,5 cm und sind cremeweiß. Sie hängen kaskadenartig um die ganze Pflanze herum. Ideal für Wandtöpfe, Balkonkästen und Blumenampeln.

**Herkunft** gärtnerisch

**Höhe** hängend bis 20 cm

**Blütezeit** Sommer

**Frosthärte** frostempfindlich

### *Begonia* 'Double Orange'

Aufrecht wachsend mit gefüllten, orangefarbenen, 10 cm großen Blüten. Wunderschön in Töpfen. Es gibt auch gefüllte gelbe, rosa, rote und weiße Begonien.

**Herkunft** gärtnerisch

**Höhe** 20 cm

**Blütezeit** Sommer

**Frosthärte** frostempfindlich

### *Begonia* 'Giant Flowered Pendula Yellow'

Die großen, einfachen oder gefüllten Blüten sind etwa 5 cm groß. Durch den hängenden Wuchs ideal für Ampeln. Es gibt auch orange, rosa, rote und weiße Sorten in dieser Sorten-Serie.

**Herkunft** gärtnerisch

**Höhe** hängend bis 20 cm

**Blütezeit** Sommer

**Frosthärte** frostempfindlich

*Calochortus luteus* 'Golden Orb'

*Camassia leichtlinii* subsp. *leichtlinii*

*Camassia quamash*

**Begonia grandis** subsp. *evansiana*
Diese Tuberhybride hat gezähnte, olivgrüne Blätter, die 10 cm lang werden und auf der Unterseite hellgrün oder rot sind. Die weißen oder rosa Blüten duften.
**Herkunft** China bis Malaysia, Japan
**Höhe** 50 cm **Breite** 30 cm
**Blütezeit** Sommer
**Frosthärte** frostempfindlich

**Begonia** 'Helene Harms'
Aufrecht wachsend mit halbgefüllten, bronzegelben Blüten, die 5 bis 7,5 cm groß werden. Die Blätter sind mittelgrün und bis 20 cm lang.

**Herkunft** gärtnerisch
**Höhe** 13 cm **Breite** 15 cm
**Blütezeit** Sommer
**Frosthärte** frostempfindlich

**Begonia** 'Pendula Orange'
Die Blüten dieser Hänge-Begonie sind eleganter als die der Giant Flowered-Serie. Sie werden bis 5 cm groß und stehen auf kurzen Stielen.
**Herkunft** gärtnerisch
**Höhe** hängend und in der Breite bis 20 cm
**Blütezeit** Sommer
**Frosthärte** frostempfindlich

# *Calochortus* Liliaceae

Der Name stammt aus dem Griechischen. *Kalós* bedeutet «schön» und *chortos* «Gras». Die Blüten sind in der Tat wunderschön und die Blätter grasartig. Die Gattung umfasst etwa 60 verschiedene Zwiebelpflanzenarten, die in den Steppen- und Waldgebieten des westlichen Nordamerikas und in Mexiko vorkommen. Der deutsche Name lautet Mormonentulpe.
**Standort** Volle Sonne.
**Kultur** Pflanzen Sie die Zwiebeln im Abstand von 7,5 cm und genauso tief in durchlässige, mineralische Blumenerde in Töpfe. Man holt sie im Winter besser ins Haus, da sie extrem nässeempfindlich sind. Im Frühling versenkt man die Töpfe einfach im Beet. Nach der Blüte teilt sich die Zwiebel und blüht erst ein oder zwei Jahre später erneut.
**Vermehrung** Aussaat in Schalen oder Töpfen nach der Samenernte im Kalten Kasten oder Frühbeet. Teilung im Spätsommer.
**Krankheiten und Schädlinge** Keine.

**Calochortus luteus** 'Golden Orb'
Die dünnen, aber stabilen verzweigten Stiele tragen 1 bis 7 dunkelgelbe Kelchblüten von 4 bis 6 cm Größe. An der Basis der Petalen befinden sich rotbraune Flecken. Die attraktiven Blüten erscheinen im Frühling.

**Herkunft** gärtnerisch; die Art stammt aus Kalifornien, USA.
**Höhe** 50 bis 60 cm
**Blütezeit** Sommer
**Frosthärte** grenzwertig

# *Camassia* Hyacinthaceae

Diese Zwiebelblume ist bekannter unter dem Namen Prärielilie oder ihrem indianischen Namen Quamash, den sie von den Ureinwohnern des pazifischen Nordwestens der USA, wo sie beheimatet ist, bekommen hat. Die Gattung umfasst 5 Arten, die in feuchten Wiesen wachsen. Sie haben eine gewisse Ähnlichkeit mit den beliebten Hyazinthen.
**Standort** Vollsonnig oder im Halbschatten.
**Kultur** Pflanzzeit ist im Herbst, Pflanztiefe und Abstand 10 cm. Lassen Sie diese Gewächse in Beeten oder feuchten Blumenwiesen verwildern, sie bilden schnell größere Kolonien.
**Vermehrung** Aussaat in Schalen oder Töpfen nach der Samenernte im Kalten Kasten oder Frühbeet. Teilung im Spätsommer.
**Krankheiten und Schädlinge** Keine besonderen Probleme bekannt.

**Camassia leichtlinii** subsp. *leichtlinii*
Die 10 bis 30 cm hohen Rispen tragen 5 bis 7,5 cm große, sternförmige Blüten. Es gibt blaue und weiße Sorten. Passt gut zu Dichter-Narzissen (*Narcissus poeticus* var. *recurvus*).
**Herkunft** westliches Nordamerika von Kalifornien (USA) bis Britisch Kolumbien (Kanada)
**Höhe** 75 cm
**Blütezeit** Spätfrühling bis Frühsommer
**Frosthärte** frosthart

**Camassia quamash**
Diese sommerblühende Zwiebelblume trägt weiße, blaue oder violette sternförmige Blüten, die einen Durchmesser von 7 cm erreichen. Die Zwiebeln waren früher eine wichtige Nahrungsquelle für die Ureinwohner Amerikas.
**Herkunft** Kanada, USA
**Höhe** 20 bis 80 cm
**Blütezeit** Sommer
**Frosthärte** frosthart

*Canna 'Red King Humbert'*

*Cardiocrinum giganteum*

*Chionodoxa forbesii 'Pink Giant'*

# *Canna*  Cannaceae

Diese Gattung, die den deutschen Namen Blumenrohr trägt, umfasst etwa 50 Arten von rhizombildenden, krautigen Stauden. Sie stammen aus feuchten, lichten Waldgebieten in Asien und Nord- sowie Südamerika. Der botanische Name der Gattung leitet sich vom griechischen *kanna*, was «Schilfrohr» bedeutet, ab.

**Standort**  Im Garten in voller Sonne oder im Wintergarten mit leichter Schattierung. Manche Arten eignen sich auch als Sumpfpflanze.

**Kultur**  Die Rhizome werden im Frühling im Haus 5 cm tief in große Kübel oder Eimer in nahrhafte Blumenerde gepflanzt. Nach den Eisheiligen Mitte Mai pflanzt man sie im Garten in gut gedüngte, humose Gartenerde an einen sonnigen, geschützten Platz. Ausputzen von Verblühtem verlängert die Blütezeit. Monatlich mit Flüssigdünger düngen. Bevor die Blätter im Herbst vom Frost schwarz werden, schneidet man die Stängel auf 15 bis 20 cm zurück und gräbt die Rhizome aus. Lagern Sie sie in Torf oder Lauberde, die nur leicht feucht gehalten wird. Ein einziges Rhizom kann in einer Saison einen Wurzelballen von 50 cm Durchmesser bilden.

**Vermehrung**  Aussaat bei 21 °C im Frühling oder Herbst. Feilen Sie die hare Samenschale leicht an und weichen Sie die Samen 24 Stunden in warmem Wasser ein, bevor Sie sie aussäen. Im Frühling kann man die eingelagerten Rhizome vor der Pflanzung in kleinere Teilstücke trennen, jedes mit einem eigenen Auge. Bei 16 °C weiterkultivieren, anfangs vorsichtig gießen.

**Krankheiten und Schädlinge**  Im Garten Schnecken und Raupen, im Wintergarten Rote Spinne (Spinnmilben).

### *Canna* 'Red King Humbert'

Diese Canna hat 20 bis 30 cm lange Blütenrispen mit orangeroten Blüten. Sie kommen vor den rötlichbraunen paddelartigen Blättern erst richtig zur Geltung. Canna lässt sich gut mit anderen rotlaubigen Pflanzen, wie Ziergräsern oder dem Purpur-Fenchel *(Foeniculum vulgare* 'Purpureum' kombinieren.

**Herkunft**  gärtnerisch
**Höhe**  1,5 m
**Blütezeit**  Hoch- bis Spätsommer
**Frosthärte**  frostempfindlich

### *Canna* 'Lucifer'

Die roten, gelb gerandeten Blüten werden 5 cm groß und stehen an langen Blütenrispen. Das Laub ist mittelgrün. Diese kleinwüchsige Sorte ist besonders reichblühend.

**Herkunft**  gärtnerisch
**Höhe**  60 cm
**Blütezeit**  Hoch- bis Spätsommer
**Frosthärte**  frostempfindlich

### *Canna* 'Orange Perfection'

Diese ebenfalls kleinwüchsige Sorte hat zartorange Blüten.

**Herkunft**  gärtnerisch
**Höhe**  60 bis 80 cm
**Blütezeit**  Sommer
**Frosthärte**  frostempfindlich

# *Cardiocrinum*  Liliaceae

Die Gattung dieser sommerblühenden Zwiebelblumen umfasst drei Arten. Die bekannteste ist die Riesenlilie *(Cardiocrinum giganteum)*. Man pflanzt sie wegen der lilienartigen Blüten und der herzförmigen Blätter.

**Standort**  Halbschatten. Verlangt feuchte, humusreiche Erde. Trockenheit muss vermieden werden. Ideal für Waldgärten.

**Kultur**  Pflanzung im Herbst, knapp unter der Erdoberfläche. Den Neutrieb schützt man im Frühling mit trockenem Laub vor Spätfrösten. Im Sommer sorgt eine Mulchschicht dafür, dass der Boden nicht so schnell austrocknet.

**Vermehrung**  Die Zwiebel stirbt nach der Blüte ab. Es werden allerdings zahlreiche Tochterzwiebeln angesetzt, die innerhalb von drei bis fünf Jahren zur Blüte kommen. Sämlinge blühen erst nach sieben Jahren.

**Krankheiten und Schädlinge**  Schnecken, Lilienhähnchen, Viren.

### *Cardiocrinum giganteum*

Die hohen Stängel sind mit großen, herzförmigem Laub beblättert und tragen an der Spitze bis zu 20 trompetenförmige, weiße, außen rot gestreifte, duftende Blüten.

**Herkunft**  Himalaja, Nordwestburma, Südwestchina
**Blütezeit**  Hoch- bis Spätsommer
**Frosthärte**  frosthart

# *Chionodoxa*  Hyacinthaceae

Diese Gattung umfasst 6 Arten von Zwiebelblumen und kommt an freien Berghängen und in den Wäldern von Kreta, der Westtürkei und Zypern vor. Die Arten sind eng mit dem Blaustern *(Scilla)* verwandt und werden manchmal unter dem Namen Schneeglanz angeboten.

**Standort**  Vollsonnig.

**Kultur**  Pflanzung im Herbst. Pflanzabstand und -tiefe 5 cm.

**Vermehrung**  Aussaat im Kalten Kasten nach der Samenernte. Abtrennen der Tochterzwiebeln im Sommer.

**Krankheiten und Schädlinge**  Keine besonderen Probleme.

### *Chionodoxa forbesii* 'Pink Giant'

Die Blütentriebe tragen 4 bis 12 sternförmige, hellrosa Blüten von 1 bis 2 cm Größe. Sie sind in der Mitte weiß. Schön mit Veilchen und Zwerg-Narzissen.

**Herkunft**  gärtnerisch; stammt von Arten aus der Westtürkei ab.
**Höhe**  15 cm
**Blütezeit**  Frühjahr
**Frosthärte**  frosthart

### *Chionodoxa luciliae*

Diese Art bildet bis zu 3 blaue, 1 bis 2 cm große Blüten mit weißer Mitte. C. *luciliae* verwildert leicht in Beeten und unter Gehölzen. Oft erscheinen mehrere Blütentriebe pro Zwiebel.

**Herkunft**  Westtürkei
**Höhe**  15 cm
**Blütezeit**  Frühjahr
**Frosthärte**  frosthart

*Colchicum autumnale*

*Corydalis solida*

# Colchicum Colchicaceae

Herbstzeitlose werden häufig mit den ähnlichen Herbst-Krokussen verwechselt, mit denen sie jedoch nicht verwandt sind. Die Gattung umfasst etwa 45 Arten von Sprossknollenpflanzen, die in alpinen und subalpinen Wiesen und steinigen Berghängen in Europa, Nordafrika, West- und Zentralasien, Nordindien und Westchina vorkommen.

**Standort** Volle Sonne.

**Kultur** Pflanzung im Sommer oder Frühherbst. Pflanztiefe 10 cm, in offene Beete oder Blumenwiesen.

**Vermehrung** Aussaat im Kalten Kasten nach der Samenernte. Abtrennen von Tochterknollen im Sommer während der Ruheperiode.

**Krankheiten und Schädlinge** Grauschimmel und Schnecken.

### Colchicum autumnale
'September'
Aus jeder Knolle erscheinen 1 bis 6 lavendelrosa, kelchförmige Blüten mit 4 bis 6 cm langen Petalen. Die Blüten fallen leicht um. Die breiten, 25 cm langen Blätter erscheinen nach der Blüte, meist erst im Frühling. Sie unterdrücken leicht zarte Frühlingsblüher, was man bei der Pflanzung beachten muss. Ideal zum Verwildern in Blumenwiesen.
**Herkunft** Europa
**Höhe** 15 cm
**Blütezeit** Frühherbst
**Frosthärte** frosthart

### Colchicum bivonae
Die großen, trichterförmigen Blüten sind rosapurpurn mit dunklerer Zeichnung. Die Blätter erscheinen im Frühling nach der Blüte.

**Herkunft** Italien bis Westtürkei
**Höhe** 10 bis 15 cm
**Blütezeit** Frühherbst
**Frosthärte** frosthart

### Colchicum speciosum 'Album'
Aus jeder Knolle erscheinen 1 bis 3 kelchförmige weiße Blüten mit 5 bis 7,5 cm langen Petalen, die sehr standfest sind. Nach der Blüte erscheinen die glänzenden Blätter. Ideal für offene Flächen oder Blumenwiesen. Lässt man die Pflanzen ungestört wachsen, bilden sich schnell große Kolonien.
**Herkunft** Kaukasus, Nordosttürkei, Iran
**Höhe** 18 cm
**Blütezeit** Herbst
**Frosthärte** frosthart

# Corydalis Papaveraceae

Die Blüten dieser Pflanzengattung sind ungewöhnlich geformt. Der lange Sporn auf der Oberseite der Blüte gab ihnen den Namen. Im Griechischen bedeutet *korydalis* «Lerche» und auch der deutsche Name Lerchensporn erinnert an die Ähnlichkeit mit dem Sporn einer Lerche. Die Gattung umfasst etwa 300 Arten, darunter Ein- und Zweijährige mit fleischigen oder feinen Wurzeln, aber auch mehrjährige Stauden mit Knollen oder Rhizomen. Die meisten sind sommergrün, es gibt aber auch immergrüne Arten. Viele wachsen an bewaldeten oder felsigen Berghängen in der nördlichen gemäßigten Zone.

**Standort** *C. solida* bevorzugt volle Sonne, kommt aber auch mit Halbschatten zurecht. *C. cava* und *C. fumariifolia* bevorzugen Halbschatten.

**Kultur** Pflanzen Sie die Knollen im Herbst 7,5 cm tief in Beete oder unter Gehölzen. Sie breiten sich schnell von alleine aus.

**Vermehrung** Aussaat im Kalten Kasten, sobald die Samen reif sind. Teilung der frühlingsblühenden Arten im Sommer. Verwildern leicht.

**Krankheiten und Schädlinge** Schnecken.

### Corydalis cava
Der Hohle Lerchensporn hat dichtblütige Rispen mit lila oder weißen Blüten, jede etwa 2,5 cm lang mit einem nach unten weisenden Sporn.
**Herkunft** Europa
**Höhe** 10 bis 20 cm
**Blütezeit** Frühling
**Frosthärte** frosthart

### Corydalis fumariifolia
Diese Art war früher unter dem Namen *C. ambigua* bekannt und hat leuchtend blaue oder purpurblaue Blüten mit flachem Sporn, die 2,5 cm lang werden.
**Herkunft** Russland, China, Japan
**Höhe** 10 bis 15 cm
**Blütezeit** Frühling bis Sommer
**Frosthärte** frosthart

### Corydalis solida
Der Gefingerte Lerchensporn hat dichte Rispen hell mauve-violetter bis rötlich purpurner oder weißer Blüten, die 2 cm lang werden und einen nach unten gebogenen Sporn tragen. Die Blüten stehen hoch über den gräulichen Blättern. 'George Baker' hat tief lachsrosa Blüten. Kombinieren Sie sie mit Narzissen und Türkenbund-Lilien (*Lilium martagon*), die kurze Zeit später blühen.
**Herkunft** Nordeuropa und Asien
**Höhe** 18 cm
**Blütezeit** Frühling
**Frosthärte** frosthart

*Crinum × powellii* 'Album'

*Crocosmia* 'Lucifer'

*Crocus chrysanthus* 'Blue Pearl'

## *Crinum* Amaryllidaceae

Die Gattung ist nach dem griechischen Wort *krinon* für «Lilie» benannt. Sie umfasst etwa 130 Arten von immergrünen oder laubabwerfenden Zwiebelblumen, die in der Nähe von Fließgewässern und Seen in den tropischen Regionen Südafrikas vorkommen. Vorsicht: Der Pflanzensaft kann bei empfindlichen Menschen zu Hautirritationen führen.

**Standort** Vollsonnig, an einem geschützten Standort. Im Sommer im Freien.

**Kultur** Die Zwiebeln können sehr groß werden und erreichen einen Durchmesser von bis zu 20 cm. Pflanzen Sie sie im Frühling so, dass der Hals oberhalb der Erdoberfläche liegt. Der Pflanzerde muss Sand und etwas Langzeitdünger beigemischt werden. Während der Wachstumszeit reichlich gießen. Im Winter hell und kühl überwintern.

**Vermehrung** Aussaat bei 21 °C nach der Samenernte. Tochterzwiebeln im Frühjahr abtrennen.

**Krankheiten und Schädlinge** Keine.

*Crinum × powellii* 'Album'
Die bis zu 10 cm langen Blüten stehen in Dolden von etwa 5 bis 10 über den Blättern, die bis zu 1,5 m lang werden können. Die normale *C. × powellii* ist rosa.

**Herkunft** gärtnerisch; eine Kreuzung zweier Arten aus Südafrika
**Höhe** 1,5 m
**Blütezeit** Spätsommer bis Herbst
**Frosthärte** grenzwertig

## *Crocosmia* Iridaceae

Der Name der Gattung stammt aus dem Griechischen und leitet sich von *krokos*, dem griechischen Wort für Safran-Krokus, und *osme*, was Duft bedeutet, ab. Die getrockneten Blüten duften leicht nach Safran, wenn man sie in Wasser einweicht. Die Gattung umfasst nur 7 Arten und wächst horstartig in den Steppen und Savannen Südafrikas. Der deutsche Name Montbretie gilt genau genommen nur für die Hybride *C. × crocosmiiflora*.

**Standort** Sonnig oder halbschattig.

**Kultur** Im Frühling pflanzt man die Knollen 7,5 bis 10 cm tief ins Beet oder zwischen Sträucher. Eine Mulchschicht schützt im Winter vor Frostschäden. In harschen Gegenden ist es besser, die Pflanzen im Haus zu überwintern. Die langen Triebe profitieren von einer Stütze, damit sie nicht umfallen. Um das Wachstum anzuregen, kann man große Horste im Frühling roden und teilen.

**Vermehrung** Aussaat, wenn die Samen reif sind. Teilung im Frühjahr, kurz bevor der neue Austrieb erscheint.

**Krankheiten und Schädlinge** Rote Spinne (Spinnmilben).

*Crocosmia* 'Lucifer'
Blüten leuchtend rot, auf hohen Stielen. Die Blüten zeigen nach oben und werden etwa 5 cm groß.

**Herkunft** gärtnerisch
**Höhe** 1 m
**Blütezeit** Spätsommer
**Frosthärte** grenzwertig bis frosthart

## *Crocus* Iridaceae

Der Krokus gehört zu den bekanntesten und beliebtesten Frühlingsblühern. Der Name leitet sich vom griechischen *krokos*, dem Namen für den Safran-Krokus *(Crocus sativus)*, ab. Aus den Samenfäden gewinnt man das wertvolle Gewürz. Die Gattung umfasst etwa 80 Arten, die in Mittel- und Südeuropa, Nordafrika, dem Mittleren Osten und Westchina verbreitet sind. Heute gibt es Hunderte verschiedene Cultivare.

**Standort** Volle Sonne.

**Kultur** Die Knollen werden 7,5 cm tief gepflanzt. Frühlingsblüher pflanzt man im Herbst, die Herbstblüher im Spätsommer.

**Vermehrung** Viele Krokusse säen sich leicht selbst aus. Tochterknollen kann man nach der Blüte während der Ruheperiode abtrennen.

**Krankheiten und Schädlinge** Eichhörnchen, Mäuse und Wühlmäuse fressen die Knollen, Vögel zerzupfen die Blüten.

*Crocus chrysanthus* 'Blue Pearl'
Die Blüten sind außen zartblau, innen weiß mit gelbem Schlund. Die Färbung ist ausgesprochen apart.
**Herkunft** gärtnerisch
**Höhe** 7,5 cm
**Blütezeit** Frühling
**Frosthärte** frosthart

*Crocus chrysanthus* 'Zwanenburg Bronze'
Die hellgelben Blüten sind auf der Außenseite bräunlich überhaucht. Pflanzen Sie sie zwischen violette Veilchen oder in eine farbige Mulchschicht.
**Herkunft** gärtnerisch
**Höhe** 7,5 cm
**Blütezeit** Frühling
**Frosthärte** frosthart

*Crocus × luteus* 'Golden Yellow'
Dieser Cultivar wird auch oft unter dem Namen 'Dutch Yellow' angeboten. Die sterilen Blüten sind leuchtend goldgelb und passen gut zu Zwerg-Narzissen, *Anemone blanda* und Veilchen. Gedeiht auch in Rasenflächen. Eine Vermehrung ist nur durch Teilung möglich.
**Herkunft** gärtnerisch
**Höhe** 7,5 cm
**Blütezeit** Frühling
**Frosthärte** frosthart

*Crocus sieberi* subsp. *sublimis* 'Tricolor'
Jedes Blütenblatt ist dreifarbig: in der Mitte gelb, dann weiß und außen blauviolett. Eine wahrhaft exquisite Bereicherung der Frühlingsfarbpalette.
**Herkunft** gärtnerisch
**Höhe** 5 bis 7,5 cm
**Blütezeit** zeitiges Frühjahr
**Frosthärte** frosthart

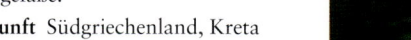
*Crocus tommasinianus*  *Cyclamen coum*

*Cyclamen persicum*

### Crocus tommasinianus

Die Blüten variieren von hell silber-lila bis rötlich-purpurn. An bedeckten Tagen bleiben sie geschlossen, in der Sonne öffnen sie sich zu einem wunderschönen Blütenfeuerwerk.

**Herkunft** Wälder und schattige Hänge in Ungarn, auf dem Balkan und Nordwestbulgarien
**Höhe** 7,5 bis 10 cm
**Blütezeit** zeitiges Frühjahr
**Frosthärte** frosthart

### Crocus tommasinianus 'Ruby Giant'

Die rundlichen, tief violettblauen Blüten passen gut zu *Anemone blanda* und Frühlings-Primeln. Sie sind steril.

**Herkunft** gärtnerisch
**Höhe** 7,5 cm
**Blütezeit** zeitiges Frühjahr
**Frosthärte** frosthart

# Cyclamen  Primulaceae

Der botanische Name des Alpenveilchens stammt aus dem Griechischen: *kyklos* bedeutet «Kreis» und bezieht sich wohl auf die Eigenart einiger Arten, die Samenstände nach der Blüte einzurollen. So wird die Samenkapsel zum Boden gezogen. Die Gattung umfasst 19 Arten, die vom östlichen Mittelmeerraum bis in den Iran und im Süden bis nach Somalia verbreitet sind. Sie kommen aus typischen Winterregengebieten, die im Sommer trocken sind. Die herzförmigen Blätter sind häufig silbrig gezeichnet.
**Standort** Sonnig oder halbschattig.
**Kultur** Im Herbst pflanzt man die Knollen 3 bis 5 cm tief. Ein Standort unter Bäumen oder Sträuchern ist ideal.
**Vermehrung** *C. hederifolium* samt sich von alleine aus. Bei den anderen Artens sät man, sobald die Samen reif sind. Die Samen keimen im Dunkeln bei 6 bis 12 °C. Nur *C. persicum* benötigt Temperaturen von 12 bis 15 °C. Weichen Sie die Samen 10 Stunden vor der Aussaat in Wasser ein.
**Krankheiten und Schädlinge** Eichhörnchen, Mäuse und Wühlmäuse fressen an den Knollen. Alpenveilchen sind auch anfällig für Dickmaulrüßler, Rote Spinne, Cyclamen-Milben und im Zimmer für Grauschimmel.

### Crocus tournefortii

Die Blüten sind hell violettblau und haben orange Griffel und weiße Staubgefäße.

**Herkunft** Südgriechenland, Kreta
**Höhe** 5 bis 7,5 cm
**Blütezeit** Herbst
**Frosthärte** frosthart (grenzwertig)

### Crocus vernus 'Pickwick'

Blüten weiß mit violetter Streifung.
**Herkunft** gärtnerisch
**Höhe** 7,5 cm
**Blütezeit** Frühling
**Frosthärte** frosthart

### Crocus 'Zephyr'

Die zart silberblauen Blüten sind dunkler geadert und haben einen gelben Schlund.

**Herkunft** gärtnerisch
**Höhe** 10 bis 12 cm
**Blütezeit** Herbst
**Frosthärte** frosthart

### Cyclamen coum

Die nickenden helllila Blüten haben ein dunkleres Auge. Die attraktiven Blätter sind rundlich und silbern gezeichnet. Sie passen gut zu Schneeglöckchen.

**Herkunft** Bulgarien, Kaukasus, Türkei und Libanon
**Höhe** 5 bis 7,5 cm
**Blütezeit** zeitiges Frühjahr
**Frosthärte** frosthart

### Cyclamen hederifolium

Diese Art wurde früher unter dem Namen C. *neapolitanum* gehandelt. Die rosa Blüten haben ein dunkles Auge. Das efeu- oder herzförmige Laub ist häufig silbrig oder heller gezeichnet.

**Herkunft** Italien bis in die Türkei
**Höhe** 10 cm
**Blütezeit** Herbst
**Frosthärte** frosthart

### Cyclamen mirabile

Die zartrosa Blüten haben leicht gesägte Petalen und ein purpurn überhauchtes Auge. Die herzförmigen Blätter sind oft silbrig marmoriert.

**Herkunft** Bulgarien, Kaukasus, Türkei und Libanon
**Höhe** 10 cm
**Blütezeit** Herbst
**Frosthärte** frosthart

### Cyclamem persicum

Die rosa, roten oder weißen Blüten dieses klassischen Zimmer-Alpenveilchens haben meist ein dunkleres Auge und herzförmige, oft marmorierte Blätter. Es gibt unzählige Cultivare und Sorten in allen Farben, Formen und Größen. Achten Sie auf Blütenduft und attraktives Laub. Besonders die kleinwüchsige, duftende Miracle-Serie sticht hier hervor. Die großblütige 'Victoria' wird dagegen bis zu 30 cm hoch. Diese Alpenveilchen vertragen keinen Frost und müssen im Winter ins Haus.

**Herkunft** südöstlicher Mittelmeerraum und Nordafrika
**Höhe** 10 bis 20 cm
**Blütezeit** Herbst bis Frühling
**Frosthärte** frostempfindlich

*Dahlia* 'Bishop of Llandaff'

*Dahlia* 'Brilliant Eye'

*Dahlia* 'Claire de Lune'

*Dahlia* 'Purple Gem'

# *Dahlia*  Asteraceae

Dahlien gehören zu den schönsten Sommerblumen. Die Gattung wurde nach dem schwedischen Botaniker Dr. Anders Dahl (1751–89) benannt, der ein Schüler Linnés war. Sie umfasst etwa 30 Arten und mittlerweile über 2000 Cultivare. Die Gattung ist in den Bergregionen Mexikos und Mittelamerikas beheimatet. Die Blütenfarbe variiert von zart bis kräftig, von Gelb, Orange, Rot, Lila, Violett und Rosa bis Weiß. Pompon-Dahlien können bis zu 30 cm breite Blüten tragen. Es gibt auch Zwergsorten für Balkon und Terrasse und Sorten, die speziell für Show-Zwecke gezüchtet werden. Fast alle werden mittelgroß bis groß und brauchen eine Stütze.

**Standort** Vollsonnig.

**Kultur** Ziehen Sie die Knollen im Frühling auf der Fensterbank oder unter Glas vor, aber pflanzen Sie sie erst ins Freie, wenn kein Frost mehr droht. Im Herbst schneidet man sie zurück, gräbt die Knollen aus und überwintert diese trocken und kühl im Keller oder in der Garage. Fast alle Dahlien brauchen eine Stütze, damit sie nicht umfallen.

**Vermehrung** Knollen antreiben und die Triebe als Stecklinge schneiden. Knollenteilung, dabei darauf achten, dass jedes Teilstück ein Auge hat.

**Krankheiten und Schädlinge** Raupen, Ohrwürmer, Schnecken. Im Winterlager kann es bei Feuchtigkeit zu Fäulnis an den Knollen kommen.

### *Dahlia* 'Arabian Night'
Die samtig roten Petalen sind lang, breit und leicht gerundet. Gedeiht in Beeten und Rabatten, sieht aber auch im Kübel gut aus.
**Herkunft** gärtnerisch
**Höhe** 1 m
**Blütezeit** Sommer bis Herbst
**Frosthärte** frostempfindlich

### *Dahlia* 'Bishop of Llandaff '
Diese beliebte Dahlie hat tiefdunkelrote, halbgefüllte Blüten mit gelben Staubgefäßen und schwarzroten Blättern. Die warmen Farben machen sie für Herbstkompositionen unentbehrlich.
**Herkunft** gärtnerisch
**Höhe** 1 m
**Blütezeit** Sommer bis Herbst
**Frosthärte** frostempfindlich

### *Dahlia* 'Brilliant Eye'
Diese Pompon-Dahlie hat leuchtend rote Blüten mit eingerollten Petalen. Die Blütenbälle sind nur 5 cm groß. Sie passen gut zu Bartblumen *(Caryopteris)* oder Astern.
**Herkunft** gärtnerisch
**Höhe** 90 cm
**Blütezeit** Sommer bis Herbst
**Frosthärte** frostempfindlich

### *Dahlia* 'Clair de Lune'
Diese Collerette-Dahlie hat einen inneren Ring kurzer Blütenblätter, der von einem äußeren mit langen Petalen gesäumt ist. Die Blüten sind reingelb. Sie gedeiht in Beeten, Rabatten und im Topf und passt gut zu rot- oder hellgrün belaubten Blattschmuckstauden.
**Herkunft** gärtnerisch
**Höhe** 1,1 m
**Blütezeit** Sommer bis Herbst
**Frosthärte** frostempfindlich

### *Dahlia* 'David Howard'
Die bronzeroten Blätter sind ein perfekter Hintergrund für die goldorangen Blüten.
**Herkunft** gärtnerisch
**Höhe** 75 cm
**Blütezeit** Sommer bis Herbst
**Frosthärte** frostempfindlich

### *Dahlia* 'Geerlings Indian Sommer'
Diese Semi-Kaktus-Dahlie hat kleine Blüten mit zugespitzten, roten Petalen. Diese Sorte eignet sich ideal für die Topfkultur oder im Vordergrund von Blumenbeeten und -rabatten.

**Herkunft** gärtnerisch
**Höhe** 1,2 m
**Blütezeit** Sommer bis Herbst
**Frosthärte** frostempfindlich

### *Dahlia* 'Purple Gem'
Eine Kaktus-Dahlie mit langen, schmalen, zugespitzten und zurückgebogenen Petalen, die leuchtend violettpurpurn gefärbt sind. Ideal in Rabatten und eignet sich auch als Schnittblume.
**Höhe** 1 m
**Herkunft** gärtnerisch
**Blütezeit** Sommer bis Herbst
**Frosthärte** frostempfindlich

# *Eranthis*  Ranunculaceae

Diese Gattung umfasst etwa 7 Arten mit kleinen, runzligen Knollen. Die Arten sind in den Wäldern Europas und Asiens verbreitet und bevorzugen alkalische bis neutrale Böden. Sie meiden saures Milieu.

**Standort** Vollsonnig bis halbschattig.

**Kultur** Die erbsengroßen Knollen werden im Herbst 5 cm tief gepflanzt. Wenn der Standort zu trocken ist, kann es mit der Etablierung dauern. Es ist deshalb ratsam, die Knollen vor der Pflanzung über Nacht in Wasser einzuweichen. Man kann Winterlinge im Frühling auch vorgezogen in Töpfchen kaufen und dann auspflanzen. Sie eignen sich ideal für Baumscheiben, wo sie zur selben Zeit wie Schneeglöckchen blühen. Besonders auf leicht alkalischen Böden bilden sie schnell große Kolonien.

**Vermehrung** Aussaat der reifen Samen im Kalten Kasten im Spätfrühling. Teilung der Knollen nach der Blüte im Spätfrühling.

**Krankheiten und Schädlinge** Anfällig für Rostpilze.

### *Eranthis hyemalis*
Der Winterling gehört zu den allerersten Frühlingsblühern überhaupt. Die goldgelben Blütenblätter stehen über einem Kragen tief geschlitzter grüner Blätter. Wenn man sich im Herbst noch daran erinnern kann, wo sie wachsen, kann man einige Knollen ausgraben, in kleine Töpfchen pflanzen und so die winterliche Blütenpracht auch im Haus genießen. Im Frühling pflanzt man sie dann einfach wieder in den Garten aus.
**Herkunft** Südfrankreich bis Bulgarien
**Höhe** 5 bis 7,5 cm
**Blütezeit** Winter
**Frosthärte** frosthart

*Eranthis hyemalis*     *Eremurus 'Oase'*     *Erythronium dens-canis*     *Erythronium 'Pagoda'*

# *Eremurus*  Asphodelaceae

Der Name spricht für sich: *eremos* ist das griechische Wort für «einzeln» und *oura* bedeutet «Schwanz». Man braucht sich nur die hohen Blütenstände, die über den Blättern stehen, anschauen, um zu wissen, warum. Im deutschen ist sie als Steppenkerze bekannt. Die Gattung umfasst etwa 40 bis 50 Arten horstbildender Stauden mit fleischigen Wurzeln, die aus einem Vegetationspunkt erscheinen. Sie kommen ursprünglich aus den trockenen Gebieten West- und Zentralasiens.

**Standort**  Vollsonnig, an einem geschützten Standort.
**Kultur**  Pflanzen Sie die Rhizome im Herbst an einen sonnigen Platz mit durchlässiger Erde knapp unter die Erdoberfläche. Die Wurzeln sollten so wenig wie möglich gestört werden.  Eine Mulchschicht schützt den Neutrieb im Frühling. In exponierten Lagen braucht die Steppenkerze eine Stütze.
**Vermehrung**  Aussaat im Kalten Kasten im Herbst oder Teilung großer Horste nach der Blüte.
**Krankheiten und Schädlinge**  Schnecken.

### *Eremurus* × *isabellinus*
**Ruiter-Hybriden**
Diese hohen Stauden haben lange schmale Blätter und hohe Blütenrispen mit orange-, kupferfarbenen oder rosa Blüten. Etablierte Exemplare setzen markante Akzente im Garten.
**Herkunft**  gärtnerisch
**Höhe**  bis 1,5 m
**Blütezeit**  Früh- bis Hochsommer
**Frosthärte**  frosthart

### *Eremurus* 'Oase'
Dies ist eine niedriger bleibende Form. Nichtsdestotrotz sind die langen schmalen Blätter und die hohen Blütenstängel mit den gelben oder orangebraunen Blütenrispen äußerst imposant.
**Herkunft**  gärtnerisch
**Höhe**  90 bis 120 cm
**Blütezeit**  Früh- bis Hochsommer
**Frosthärte**  frosthart

### *Eremurus robustus*
Diese besonders hohe Art hat langes Laub und mächtige Blütenrispen mit hellrosa Blüten. Diese werden durch die gelben Staubgefäße noch betont.
**Herkunft**  Zentralasien
**Höhe**  2,2 m
**Blütezeit**  Früh- bis Hochsommer
**Frosthärte**  frosthart

### *Eremurus stenophyllus*
**subsp.** *stenophyllus*
Die Blätter sind lang und schmal. Die langen Rispen tragen leuchtend gelbe Blüten, die sich beim Abblühen orangebraun verfärben.
**Herkunft**  Zentralasien, Iran und Westpakistan
**Höhe**  1,5m
**Blütezeit**  Früh- bis Hochsommer
**Frosthärte**  frosthart

# *Erythronium*  Liliaceae

Die Gattung umfasst etwa 22 Arten kleiner Stauden mit Zwiebeln. Sie kommen in Europa, Asien und Nordamerika vor. Die Zwiebeln sind ungewöhnlich länglich, weißlich gefärbt und gaben Ausschlag für den deutschen Namen Hundszahn. Ein zweiter Name, Forellenlilie, bezieht sich auf die attraktiv marmorierten Blätter.

**Standort**  Halbschatten.
**Kultur**  Die Pflanztiefe beträgt 10 cm. Wenn die Zwiebeln ausgetrocknet sind, wachsen sie nur schlecht an. Achten Sie beim Kauf auf in feuchten Torf verpacktes Pflanzgut. Damit sich große Horste bilden, muss man den Hundszahn ungestört wachsen lassen.
**Vermehrung**  Große Horste kann man im Frühling nach der Blüte teilen. Sofort neu einpflanzen.
**Krankheiten und Schädlinge**  Schnecken.

### *Erythronium californicum*
**'White Beauty'**
Die zart marmorierten Blätter sind ein perfekter Hintergrund für die weißen Blüten, von denen jede einen dunkleren orangefarbenen Ring in der Mitte trägt.
**Herkunft**  Kalifornien, USA
**Höhe**  20 bis 30 cm
**Blütezeit**  Frühling
**Frosthärte**  frosthart

### *Erythronium dens-canis*
Dieser hübsche Frühlingsblüher hat elegante Blüten mit zurückgeschlagenen Petalen, die weiß, rosa oder lila gefärbt sein können. Die Staubgefäße sind sehr auffällig. Die Blätter sind attraktiv blau und grün marmoriert. Wächst in Beeten oder lockeren Blumenwiesen.
**Herkunft**  Europa und Asien
**Höhe**  10 bis 15 cm
**Blütezeit**  Frühling
**Frosthärte**  frosthart

### *Erythronium* 'Pagoda'
Diese wüchsige Sorte stammt von der kaliformischen *E. tuolumnense* ab.  Sie hat gelbe, zurückgeschlagene Blütenblätter und tiefgelbe Staubgefäße. Pro Stiel trägt sie 2 oder mehr Blüten. Die glänzenden Blätter sind reingrün. Ein etablierter Horst wirkt besonders vor dunkelgrünem Laub schön.
**Herkunft**  gärtnerisch
**Höhe**  15 bis 35 cm
**Blütezeit**  Frühling
**Frosthärte**  frosthart

### *Erythronium revolutum*
Die hell- bis dunkelrosa Blüten dieser amerikanischen Forellenlilie nicken und haben zurückgeschlagene Blütenblätter. Sie stehen elegant über dem grünen Laub, das braun marmoriert ist.
**Herkunft**  Nordkalifornien, USA
**Höhe**  20 bis 30 cm
**Blütezeit**  Spätfrühling
**Frosthärte**  frosthart

*Eucomis bicolor* 'White Dwarf'  *Freesia* 'Wintergold'  *Fritillaria imperialis*

# *Eucomis* Hyacinthaceae

Die Gattung kommt mit ihren 15 Arten im südlichen Afrika vor. Der Name stammt aus dem Griechischen: *eu-* bedeutet «schön» und *kome* «Kopf». Dies bezieht sich auf den Schopf grüner Blätter über dem Blütenstand, der ihr auch den deutschen Namen Schopflilie eintrug.

**Standort** Im Zimmer oder im Sommer im Garten an einem warmen, geschützten Standort.

**Kultur** Die großen runden Zwiebeln setzt man 15 cm tief in durchlässige Blumenerde, der man Sand beigemischt hat. Hell, aber keine pralle Sonne. Im Winter trocken und frostfrei halten, bis im Frühling der erste Neutrieb erscheint. Im Sommer regelmäßig düngen. Jährlich umtopfen.

**Vermehrung** Tochterzwiebeln können beim Umtopfen nach der Blüte im Sommer abgetrennt werden. Aussaat bei 16 °C im Herbst oder Frühling.

**Krankheiten und Schädlinge** Keine.

### *Eucomis autumnalis*
Die kleinen hellgrünen oder weißen Blüten sind sternförmig und stehen dicht an der Rispe. Am Ende der Blütenrispe steht der charakteristische Schopf kurzer grüner Blätter.
**Herkunft** Südafrika
**Höhe** 20 bis 30 cm
**Blütezeit** Spätsommer bis Herbst
**Frosthärte** frostempfindlich

### *Eucomis bicolor* 'White Dwarf'
Die hohen hellgrünen Blütenrispen werden von einem grünen Schopf gekrönt. Die unteren Blätter sind an den Rändern attraktiv gewellt.
**Herkunft** gärtnerisch
**Höhe** 40 cm
**Blütezeit** Spätsommer
**Frosthärte** frostempfindlich

### *Eucomis comosa*
Eine beliebte Schopflilie mit weißlich rosa Sternblüten, die im Garten Schmetterlinge anlocken. Der Stiel hat purpurne Tupfen, die Blätter sind am Rand gewellt und auf der Unterseite violett gefleckt.
**Herkunft** Südafrika
**Höhe** 70 cm
**Blütezeit** Spätsommer
**Frosthärte** frostempfindlich

### *Eucomis pallidiflora*
Diese hohe und beeindruckende Schopflilie hat sternförmige, grünlich weiße Blüten und einen grünen Schopf. Im Sommer ausgepflanzt setzt sie im Staudenbeet exotische Akzente.
**Herkunft** Südafrika
**Höhe** 45 bis 75 cm
**Blütezeit** Sommer
**Frosthärte** frostempfindlich

# *Freesia* Iridaceae

Freesien gehören wegen ihrer vielfarbigen, duftenden Blüten zu den beliebtesten Schnittblumen. Die Gattung wurde von dem deutschen Botaniker C. E. Echlon, der 1868 in Südafrika starb, zu Ehren seines Schülers Friedrich Heinrich Theodor Freese benannt. Die Gattung beinhaltet 6 oder mehr Arten, die in felsigen Bergregionen oder sandigen Tieflandregionen Südafrikas vorkommen. Die ersten Exemplare, die 1816 England erreichten, hatten weiße Blüten. Erst 1898 wurde eine gelb blühende Art eingeführt, mit der die Züchtungsarbeit beginnen konnte.

**Standort** Als Zimmerpflanze oder im Sommer als Rabattenstaude.

**Kultur** Im Zimmer kann man die Knollen schon im zeitigen Frühjahr pflanzen, 7,5 cm tief, im Abstand von etwa 5 bis 7,5 cm. Wählen Sie einen mittelgroßen Topf und durchlässige Blumenerde mit Sandbeimischung. Schatten bis Sonne wird vertragen, die Erde sollte nicht austrocknen bis die Zwiebeln austreiben. Dann stellt man sie hell und gießt reichlich. Die Temperatur sollte unter 13 °C liegen. Wenn die ersten Blütenknospen erscheinen, düngt man regelmäßig. Nach der Blüte lässt man die Blumenerde nach und nach austrocknen und lässt die Pflanzen in die Ruheperiode, bis im Herbst umgetopft werden kann. Im Garten kann man die Sprossknollen im Spätfrühling 7,5 cm tief pflanzen, in ein warmes, geschütztes Beet. Während der gesamten Wachstumsperiode gut wässern. Nach der Blüte wirft man die Knollen am besten weg und kauft im nächsten Frühjahr neue.

**Vermehrung** Tochterknollen können im Herbst abgetrennt werden oder Aussaat bei 13 bis 18 °C im Herbst oder Winter.

**Krankheiten und Schädlinge** Rote Spinne, Blattläuse, Fusarium-Fäule.

### *Freesia* 'Everett'
Die typischen Freesienblüten sind rosarot und duften intensiv.
**Herkunft** gärtnerisch
**Höhe** 30 cm
**Blütezeit** Vorbehandelte Sprossknollen pflanzt man im Frühling in Töpfe, sie blühen im Hochsommer; ausgepflanzt im Garten blühen sie im Spätsommer.
**Frosthärte** frostempfindlich

### *Freesia* 'Wintergold'
Blüten gelb.
**Herkunft** gärtnerisch
**Höhe** 25 cm
**Blütezeit** Vorbehandelte Sprossknollen pflanzt man im Frühling in Töpfe, sie blühen im Hochsommer; ausgepflanzt im Garten blühen sie im Spätsommer.
**Frosthärte** frostempfindlich

*Fritillaria meleagris*          *Galanthus nivalis*          *Galanthus nivalis* 'Flore Pleno'          *Galanthus* 'S. Arnott'

# *Fritillaria* Liliaceae

Diese Gattung umfasst etwa 100 Arten von Zwiebelblumen, die ungeheuer vielfältig sind. Die Palette reicht von den hohen, majestätischen Kaiserkronen bis zu den elfengleichen Schachbrettblumen. Sie kommen in der gemäßigten nördlichen Hemisphäre vor, vom Mittelmeerraum bis Südwestasien und in den westlichen Regionen Nordamerikas.

**Standort** Volle Sonne.

**Kultur** Die Zwiebeln von *F. imperialis* und *F. persica* pflanzt man im Herbst 20 cm tief im Garten, wo sie nicht gestört werden. Man kann sie auch in großen Töpfe in durchlässige Kübelpflanzenerde pflanzen. *F. meleagris* hat kleinere Zwiebeln und wird nur 10 cm tief gepflanzt. Fritillarien profitieren von einer Kiesschicht unter der Zwiebel zur Dränage und einer leichten Kalkgabe, wenn der Boden nicht alkalisch ist. Nach der Blüte lieben sie trockene, heiße Sommer. Man kann sie in Horsten oder einzeln pflanzen.

**Vermehrung** Teilung im Spätsommer.

**Krankheiten und Schädlinge** Schnecken und Lilienhähnchen.

### *Fritillaria imperialis*

Die Kaiserkrone trägt 3 bis 6 hängende Blütenglocken, die orange, gelb oder, wie meistens, rot sein können und aus einem grünen Blattbüschel am Ende des Blütenstiels erscheinen. Die Blüten und Blätter besitzen einen charakteristischen muffigen Geruch. Sie wurde bereits 1592 nach Europa eingeführt und ist seitdem in Bauerngärten und Parkanlagen beliebt.

**Herkunft** Südtürkei bis Kaschmir
**Höhe** 70 cm
**Blütezeit** Spätfrühling
**Frosthärte** frosthart

### *Fritillaria meleagris*

Die Schachbrettblume trägt auf ihrem drahtigen Stängel 1 oder 2 eiförmige Blüten, die rosa, purpurn oder weiß gezeichnet sind. Sie ähneln den Eiern des Kiebitz, daher der zweite Name Kiebitzei. In feuchten Blumenwiesen gedeihen sie zwischen Schlüsselblumen und Wiesenschaumkraut. Im Topf sind sie eine hübsche Unterpflanzung für die weiße Osterglocke 'Thalia'.

**Herkunft** England bis Westrussland
**Höhe** 20 cm
**Blütezeit** Spätfrühling
**Frosthärte** frosthart

### *Fritillaria persica*

Die persische Schachbrettblume produziert einen dicken Stängel, der bis zu 30 samtig schwarzviolette Blüten trägt. Sie bevorzugt nach der Blüte einen trockenen Sommer. Schöne Pflanzpartner sind die Tulpen 'Apeldoorn' und die späte dunkelviolette 'Queen of Night'.

**Herkunft** Südtürkei bis Iran
**Höhe** 80 cm
**Blütezeit** Spätfrühling
**Frosthärte** frosthart

# *Galanthus* Amaryllidaceae

Der botanische Name des Schneeglöckchens leitet sich vom Griechischen *gala* – «Milch» – und *anthos* – «Blüte» – ab. Eine treffendere Bezeichnung könnte es für die beliebteste aller Blumenzwiebeln wohl nicht geben. Die ersten Blüten erscheinen oft schon im Spätwinter durch den Schnee, sobald die Tage wieder länger werden. Die Gattung umfasst 19 Arten, die von Europa bis Westasien, meist in höheren bewaldeten Bergregionen, vorkommen. Schneeglöckchen lassen sich gut mit Winterlingen, Schneeheide und den zwergigen Reticulata-Iris kombinieren.

**Standort** Sonnig oder halbschattig, in feuchtem Boden, der auch im Sommer nicht austrocknen sollte.

**Kultur** Pflanztiefe 5 cm. Gepflanzt wird im Herbst, sobald die Zwiebeln angeboten werden. Man sollte sie nicht lagern, da sie sonst schlecht anwachsen. Einmal etabliert bilden sie große Horste und säen sich selbst aus. Pflanzen Sie Schneeglöckchen einzeln oder in Gruppen in Beeten oder Blumenrasen. Sie wachsen im Beet meist schneller an, etablieren sich aber auch im Rasen.

**Vermehrung** Nach der Blüte teilen. Sofort wieder einpflanzen. Selbstaussaat.

### *Galanthus nivalis*

Das Gewöhnliche Schneeglöckchen hat kleine, reinweiße Einzelblüten, die 1 bis 2 cm lang werden und wie kleine Schneetröpfchen aussehen. Wenn sich die äußeren 3 Petalen öffnen, kann man die kürzeren, inneren 3 erkennen, die eine V-förmige grüne Markierung an der Spitze tragen. Die Blüten duften leicht nach Honig.

**Herkunft** Pyrenäen bis zur Ukraine; wahrscheinlich auch in Großbritannien einheimisch
**Höhe** 10 cm
**Blütezeit** Spätwinter
**Frosthärte** frosthart

### *Galanthus nivalis* 'Flore Pleno'

Die gefüllt blühende Form des Schneeglöckchens hat 1 bis 2 cm lange, hängende Blüten. Die äußeren Petalen sind unregelmäßig grün gezeichnet, die inneren reinweiß. Sie sind steril, man kann sie aber durch Teilung vermehren. Diese Schneeglöckchen wirken besonders schön zwischen Efeu.

**Herkunft** Pyrenäen bis zur Ukraine; wahrscheinlich auch in Großbritannien einheimisch
**Höhe** 10 cm
**Blütezeit** Spätwinter
**Frosthärte** frosthart

### *Galanthus* 'S. Arnott'

Die großen, reinweißen Blüten werden 2 bis 4 cm lang und hängen wie Tropfen am Stängel. Wenn sich die äußeren 3 Petalen öffnen, kann man die kürzeren, inneren 3 erkennen, die eine V-förmige grüne Markierung an der Basis und an der Spitze tragen. Die Blüten duften intensiv nach Honig.

**Herkunft** gärtnerisch
**Höhe** 20 cm
**Blütezeit** Spätwinter
**Frosthärte** frosthart

*Galtonia candicans*

*Gladiolus* 'Charming Beauty'

*Gladiolus* 'Seraphin'

# *Galtonia* Hyacinthaceae

Die Gattung ist nach Sir Francis Galton (1822–1911) benannt, einem britischen Wissenschaftler, der weit durch Südafrika reiste, woher auch diese Gattung stammt. Die Arten kommen im feuchten Grasland vor. Eine Art hat als Gartenpflanze Einzug in unsere Gärten gefunden. Die Zwiebeln mögen keine häufigen Störungen.

**Standort** Vollsonnig, in feuchtem Boden, der im Sommer nicht austrocknet.
**Kultur** Im zeitigen Frühjahr pflanzt man die Zwiebeln 13 cm tief unter Gehölzen oder ins Beet. Schwere Böden lockert man mit Sand oder Splitt auf.
**Vermehrung** Tochterzwiebeln trennt man im Frühling ab. Aussaat ebenfalls im Frühjahr.
**Krankheiten und Schädlinge** Keine.

### *Galtonia candicans*
Die Kaphyazinthe hat bist zu 30 hängende, weiße Blüten, jede einzelne wird bis zu 5 cm lang. Die Blüten öffnen sich nach und nach an dem kräftigen Stiel über mehrere Wochen. Man pflanzt sie am besten in Gruppen vor dunkellaubige Pflanzen oder eine dunkle Mauer.

**Herkunft** Südafrika und Lesotho
**Höhe** 1,1 m
**Blütezeit** Spätsommer
**Frosthärte** grenzwertig

# *Gladiolus* Iridaceae

Der Gattungsname ist von dem lateinischen Wort für Schwert – *gladius* – abgeleitet. Er bezieht sich auf die Form der Blätter. Die Gattung umfasst etwa 180 Arten und mittlerweile über 10 000 Hybriden und Cultivare. Südafrika ist das Hauptverbreitungsgebiet, Gladiolen kommen aber auch im Mittelmeerraum, Nordwest- und Ostafrika, Madagaskar und Westasien vor. 'Break of Dawn' und 'Seraphin' sind mittelgroße Grandiflorus-Hybriden, die wegen ihrer üppigen Blüten auch Schmetterlingsgladiolen genannt werden.

**Standort** Vollsonnig. Im Sommer nicht austrocknen lassen.
**Kultur** Im Frühling pflanzt man die Knollen 7,5 bis 10 cm tief ins Beet. Im Herbst holt man sie wieder heraus, trennt die neuen von den alten und wirft letztere weg. Im Frühling kann man die neuen Knollen wieder einpflanzen.
**Vermehrung** Tochterknollen können während der Ruheperiode abgetrennt werden. Frostharte Arten sät man im Frühling im Kalten Kasten aus, frostempfindliche im Frühjahr bei 15 °C.
**Krankheiten und Schädlinge** Grauschimmel, Thrips, Blattläuse, Schnecken.

### *Gladiolus* 'Break of Dawn'
Blüten trichterförmig, mit gekräuseltem Rand, bis 5 cm groß, weiß, an aufrechten Stielen. Sie wirken besonders schön vor rotlaubigen Blattschmuckpflanzen.
**Herkunft** gärtnerisch
**Höhe** 70 cm
**Blütezeit** Sommer
**Frosthärte** frostempfindlich

### *Gladiolus* 'Charming Beauty'
Ein Abkömmling von *G. nanus*. Die Blüten sind trichterförmig, bis 5 cm groß und rosa mit cremeweißen Flecken. Sie erscheinen nacheinander von unten nach oben auf schlanken Blütenstielen.
**Herkunft** gärtnerisch
**Höhe** 60 cm
**Blütezeit** Sommer
**Frosthärte** grenzwertig

### *Gladiolus communis* subsp. *byzantinus*
Bis zu 20 magenta-rosa Blüten, jede bis 5 cm groß, erscheinen von unten nach oben an hohen Blütenstielen.
**Herkunft** Spanien, Nordwestafrika, Sizilien
**Höhe** 90 cm
**Blütezeit** Frühsommer
**Frosthärte** grenzwertig

### *Gladiolus* 'Seraphin'
Die hübschen rosa gekräuselten Blüten werden bis 5 cm groß und haben einen weißen Schlund. Sie öffnen sich von unten nach oben am Stiel. Wirken schön vor hellgrünem Laub.
**Herkunft** gärtnerisch
**Höhe** 70 cm
**Blütezeit** Sommer
**Frosthärte** frostempfindlich

*Gloriosa superba* 'Rothschildiana'    *Hippeastrum* 'Christmas Star'

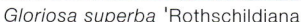

# *Gloriosa*  Colchicaceae

Diese Gattung beinhaltet nur eine Art, ist also monotypisch. Sie ist insofern ungewöhnlich, als dass sie zu den wenigen kletternden Stauden mit knolligen Wurzeln gehört.

**Standort**  Sehr hell, im Zimmer oder Wintergarten.

**Kultur**  Im zeitigen Frühjahr pflanzt man die Knollen 7,5 bis 10 cm tief in große Töpfe in Blumenerde, der man etwas Sand beimischt. Sehr hell stellen. Wenn sich die ersten Triebe zeigen, reichlich gießen und alle zwei Wochen mit Flüssigdünger düngen. Die Triebe brauchen eine Kletterhilfe. Im Winter hält man die Knollen trocken.

**Vermehrung**  Knollen im Frühling teilen. Aussaat bei 19 bis 24 °C im Frühjahr.

**Krankheiten und Schädlinge**  Blattläuse.

**Hippeastrum 'Mary Lou'**

**Gloriosa superba 'Rothschildiana'**
Die exotisch-eleganten Blüten werden 7,5 bis 10 cm groß und haben leuchtend rote, gelb gerandete Petalen. Sie erscheinen in den Blattachseln. Die Blätter sind glänzend grün. Eine ideale Wintergarten-pflanze. Bei der Handhabung kann es bei empfindlichen Personen zu Hautirritationen kommen.
**Herkunft**  tropisches Afrika, Asien
**Höhe**  1,8 m
**Blütezeit**  Sommer bis Herbst
**Frosthärte**  frostempfindlich

# *Hippeastrum*  Amaryllidaceae

Die Gattung umfasst etwa 80 Arten und kommt in Mittel- und Südamerika vor. Die großblumigen Hybriden werden meist fälschlich als Amaryllis bezeichnet. Der korrekte Name ist Ritterstern.

**Standort**  Im Zimmer oder im Wintergarten im Topf.

**Kultur**  Ab Herbst kann man die Zwiebeln pflanzen. Der Hals sollte über der Erdoberfläche liegen. Verwenden Sie einen hohen, schweren Topf und durchlässige Blumenerde, der Sand beigemischt wurde. Sobald sich die Knospe zeigt, stellt man sie wärmer und hell. Die Erde hält man feucht und alle zwei Wochen wird mit Flüssigdünger gedüngt. Bei Bedarf braucht der Stängel eine Stütze. Wenn die Blüten abgefallen sind, müssen die Blätter den Vegetationszyklus vollenden, bevor man die Zwiebel im Sommer wieder trockener hält, bis sie in die Ruheperiode gelangt. Im Herbst bringt man sie wieder zum Austrieb. Die Wurzeln mögen nicht gestört werden, man sollte nur alle drei bis fünf Jahre umpflanzen (am Ende der Ruhezeit). Je später man die Zwiebeln pflanzt, desto schneller kommen sie meist zur Blüte. Man kann sie auch über Wasser anziehen (Seite 108). Diese Zwiebeln wirft man dann aber besser nach der Blüte weg. Im Sommer kann man den Ritterstern auch ins Freie stellen.

**Vermehrung**  Seitenzwiebeln trennt man im Herbst ab. Aussaat bei 16 bis 18 °C sobald die Samen reif sind. Sämlinge kultiviert man ohne Ruheperiode, bis sie das erste Mal blühen.

**Krankheiten und Schädlinge**  Blattläuse.

**Hippeastrum 'Christmas Star'**
Jeder der kräftigen Blütenstiele trägt 4 bis 6 wunderschöne, bis 25 cm breite Blüten. Die leuchtend roten Blütenblätter sind in der Mitte weiß. Oft werden 2 oder sogar 3 Blütentriebe nacheinander hervorgebracht. Die Blätter folgen nach der Blüte. Alle Pflanzenteile sind giftig.
**Herkunft**  gärtnerisch
**Höhe**  50 cm
**Blütezeit**  Sommer bis Herbst
**Frosthärte**  frostempfindlich

**Hippeastrum 'Mary Lou'**
4 bis 6 große, gefüllte Einzelblüten von bis zu 15 cm Durchmesser werden pro Stiel angesetzt. Der gesamte Blütenstand hat eine Breite von bis zu 25 cm. Oft werden sogar 2 oder 3 Blütenstiele nacheinander vor dem Erscheinen der Blätter gebildet. Alle Pflanzenteile sind giftig.

**Herkunft**  gärtnerisch
**Höhe**  50 cm
**Blütezeit**  Sommer bis Herbst
**Frosthärte**  frostempfindlich

**Hippeastrum 'Red Lion'**
Die scharlachroten Einzelblüten erreichen einen Durchmesser von 15 cm, der ganze Blütenstand bis zu 25 cm. Sie bringen willkommene Farbe im Winter. Alle Pflanzenteile sind giftig.
**Herkunft**  gärtnerisch
**Höhe**  30 bis 50 cm
**Blütezeit**  Winter
**Frosthärte**  frostempfindlich

*Hyacinthoides hispanica* | *Hyacinthoides non-scripta* 'Alba' | *Hyacinthus orientalis* 'Amethyst' | *Hyacinthus orientalis* 'Blue Jacket'

# *Hyacinthoides* Hyacinthaceae

Die Gattung der Hasenglöckchen umfasst 3 oder 4 Arten und kommt in den Laubwäldern und auf feuchten Wiesen in Westeuropa und Nordafrika vor. Es gibt wohl kaum einen schöneren Anblick als einen Frühlingswald, dessen Boden mit einem blauen Blütenteppich bedeckt ist. Wenn man sie in Beete oder Rabatten pflanzt, können sie manchmal lästig werden, weil sie sich an zusagenden Standorten so schnell ausbreiten.

**Standort** Im Halbschatten unter Sträuchern oder Bäumen oder in Wiesen.

**Kultur** Im Herbst pflanzt man die Zwiebeln 7,5 cm tief. Sie bilden schnell größere Horste. Wenn man eine Selbstaussaat vermeiden möchte, kneift man die welken Blüten ab, bevor sie Samen ansetzen. Kann in Rabatten, Wiesen und Töpfen gepflanzt werden.

**Vermehrung** Aussaat in Töpfen oder im Kalten Kasten, sobald die Samen reif sind. Während der Ruhephase im Sommer kann man Tochterzwiebeln abtrennen. Das Atlantische und das Spanische Hasenglöckchen kreuzen sich im Garten leicht, wenn sie dicht beieinander wachsen. Die Nachkommen haben rosa, blaue und lila Blüten.

**Krankheiten und Schädlinge** Keine.

### *Hyacinthoides hispanica*
Das Spanische Hasenglöckchen hat blaue, lila oder rosa glockenförmige Blüten, die rings um den Blütenstiel stehen. Jede Rispe trägt bis zu 15 Blüten. Pflanzen Sie sie unter farblich passende Rhododendren oder Azaleen oder in Kombination mit silberlaubigen Pflanzen. Die weißblütige Form ist unter dem Namen 'Album' im Handel.

**Herkunft** Portugal, Spanien und Nordafrika
**Höhe** 40 cm
**Blütezeit** Frühling
**Frosthärte** frosthart

### *Hyacinthoides non-scripta*
Das Atlantische Hasenglöckchen trägt bis zu 12 blaue, manchmal weiße Blüten an einem übergeneigten Blütenstiel. Die duftenden Glockenblüten hängen alle zu einer Seite herab. Sie sind ideal geeignet, um unter Obstbäumen zu verwildern. Hier profitieren sie vom lichten Schatten im Frühling und dem kühlenden geschlossenen Blätterdach im Sommer. Die weiße Form wird unter dem Namen *H. non-scripta* 'Alba' im Handel angeboten.

**Herkunft** Portugal, Spanien und Nordafrika
**Höhe** 20 bis 40 cm
**Blütezeit** Frühling
**Frosthärte** frosthart

# *Hyacinthus* Hyacinthaceae

Hyazinthen gehören zu den am intensivsten duftenden Zwiebelblumen. Die 3 Arten kommen auf Kalk an Berghängen in West- und Zentralasien vor. Alle Cultivare stammen von *Hyacinthus orientalis* ab, die in der Zentral- und Südtürkei, in Nordwestsyrien und dem Libanon vorkommt. Hyazinthen sind ideale Topfpflanzen fürs Zimmer und gedeihen auch im Garten. Nur Nässe im Winter wird nicht vertragen. Eine durchlässige Erde mit zusätzlicher Sandbeimischung ist unerlässlich. Im Beet lassen sie sich gut mit weißen oder blauen *Anemone blanda*, Schlüsselblumen, Frühlings-Primeln und Veilchen kombinieren. Bei empfindlichen Menschen kann das Berühren der Zwiebeln zu Hautirritationen führen. Tragen Sie beim Hantieren Handschuhe.

**Standort** Sonnig oder im Halbschatten.

**Kultur** Freiland-Hyazinthen, wie *H. orientalis* 'Amethyst', 'Blue Jacket', 'Hollyhock' oder 'Woodstock' blühen im Beet oder in Töpfen und Kübeln. Die Zwiebeln pflanzt man im Herbst 10 cm tief. Für Töpfe verwendet man durchlässige Blumenerde und sorgt für eine extra Schicht Dränage aus Splitt am Topfboden. Zum Treiben im Zimmer kauft man «präparierte» Zwiebeln, wie 'City of Haarlem' oder 'Pink Pearl', und pflanzt sie im Frühherbst, damit sie im Spätwinter blühen. Bei Töpfen ohne Wasserabzug muss man beim Gießen besonders vorsichtig sein. Man kann die Zwiebeln auch über Wasser in speziellen Hyazinthengläsern ziehen. Egal wie man die Zwiebeln antreibt, anfangs stellt man sie dunkel und kühl bei etwa 10 °C für 8 Wochen, damit sich die Wurzeln entwickeln können. Wenn sich der Blütentrieb zeigt, stellt man sie heller, aber nicht in die direkte Sonne. Zum Blühen kommen sie in ein warmes Zimmer. Hyazinthenzwiebeln, die man über Wasser angetrieben hat, sind nach der Blüte ausgelaugt und werden weggeworfen. Die im Topf kann man in den Garten pflanzen, wie sie noch viele Jahre blühen werden.

**Vermehrung** Im Sommer trennt man Tochterzwiebeln ab.
**Krankheiten und Schädlinge** Keine.

### *Hyacinthus orientalis* 'Amethyst'
Blütenstand mit bis zu 40 amethyst-lila, wachsartigen Glockenblüten, die intensiv duften. Der Stängel erscheint vor den Blättern.
**Herkunft** gärtnerisch
**Höhe** 20 cm
**Blütezeit** im Freien im Frühling
**Frosthärte** frosthart

### *Hyacinthus orientalis* 'Ben Nevis'
Die dichten Blütenrispen sind mit gefüllten, duftenden, weißen Blüten besetzt. Passt gut zu weißen Veilchen oder Stiefmütterchen.
**Herkunft** gärtnerisch
**Höhe** 20 cm
**Blütezeit** im Freien im Frühling
**Frosthärte** frosthart

*Hyacinthus orientalis* 'City of Haarlem'

*Hyacinthus orientalis* 'Woodstock'

**Hyacinthus orientalis**
**'Blue Jacket'**
Die duftenden Blütenrispen sind
aus bis zu 40 ungefüllten, wachs-
artigen, dunkelblauen, glockenför-
migen Blüten zusammengesetzt.
**Herkunft** gärtnerisch
**Höhe** 20 cm
**Blütezeit** im Freien im Frühling
**Frosthärte** frosthart

**Hyacinthus orientalis** 'Carnegie'
Jeder Blütentrieb trägt bis zu
40 wachsartige, reinweiße Blüten-
glöckchen. Die Blütentriebe erscheinen vor den Blättern. Sie
passen hervorragend zu gefüllten
frühen Tulpen.
**Herkunft** gärtnerisch
**Höhe** 20 cm
**Blütezeit** im Freien im Frühling
**Frosthärte** frosthart

**Hyacinthus orientalis**
**'City of Haarlem'**
Die wunderschönen zartgelben
Blüten duften intensiv und sehen
in Kombination mit weißen
*Anemone blanda oder* Veilchen
bezaubernd aus.
**Herkunft** gärtnerisch
**Höhe** 20 cm
**Blütezeit** im Zimmer im Winter,
im Freien im Frühling
**Frosthärte** frosthart

**Hyacinthus orientalis** 'Delft Blue'
Pro Blütenstiel werden etwa 40
einfache zartblaue Blüten von
wachsartiger Textur angesetzt.
Diese beliebte Sorte passt hervor-
ragend zu kleinen weißen Veilchen
oder Stiefmütterchen.
**Herkunft** gärtnerisch
**Höhe** 20 cm
**Blütezeit** im Zimmer im Winter,
im Freien im Frühling
**Frosthärte** frosthart

**Hyacinthus orientalis**
**'Gypsy Queen'**
Diese hübsche Sorte hat lachsrosa
Blüten, die besonders gut in anti-
ken Terrakottatöpfen zur Geltung
kommen.
**Herkunft** gärtnerisch
**Höhe** 20 cm
**Blütezeit** im Freien im Frühling
**Frosthärte** frosthart

**Hyacinthus orientalis** 'Hollyhock'
Die gefüllten Blüten sind karmin-
rot, duften intensiv und stehen
dicht an dicht an dem blattlosen
Stängel. Lässt sich gut mit blauen
Frühlings-Primeln oder Goldenem
Mutterkraut (*Tanacetum partheni-
um* 'Aureum') kombinieren.
**Herkunft** gärtnerisch
**Höhe** 20 cm
**Blütezeit** im Freien im Frühling
**Frosthärte** frosthart

**Hyacinthus orientalis** 'Jan Bos'
Die Rispen tragen bis zu 40
kirschrote duftende Blüten und
passen besonders gut zu Veilchen
und Schlüsselblumen.
**Herkunft** gärtnerisch
**Höhe** 20 cm
**Blütezeit** im Freien im Frühling
**Frosthärte** frosthart

**Hyacinthus orientalis**
**'L'Innocence'**
Dieser Klassiker hat weiße, wachs-
artige Blüten, die intensiv duften.
**Herkunft** gärtnerisch
**Höhe** 20 cm
**Blütezeit** im Zimmer im Winter,
im Freien im Frühling
**Frosthärte** frosthart

**Hyacinthus orientalis** 'Pink Pearl'
Auch diese Sorte ist ein Klassiker
und hat rosarote Blüten, die an
blattlosen Stängeln stehen. Jeder
Blütentrieb trägt bis zu 40 Einzel-
blüten.
**Herkunft** gärtnerisch
**Höhe** 20 cm
**Blütezeit** im Zimmer im Winter,
im Freien im Frühling
**Frosthärte** frosthart

**Hyacinthus orientalis**
**'Woodstock'**
Diese ungewöhnliche, weil wein-
rot blühende Hyazinthe passt gut
zu silberlaubigen Pflanzen oder
rosa Primeln.
**Herkunft** gärtnerisch
**Höhe** 20 cm
**Blütezeit** im Freien im Frühling
**Frosthärte** frosthart

Iris 'George'

Iris 'Purple Sensation'

Leucojum aestivum

# *Iris* Iridaceae

Diese Gattung umfasst über 300 Arten von Stauden, die im Winter, im Frühling oder im Sommer blühen und Zwiebeln, Rhizome oder fleischige Wurzeln bilden. Sie sind in der nördlichen Hemisphäre in verschiedensten Lebensräumen verbreitet. Der Name bedeutet Regenbogen, angesichts der Vielzahl der Blütenfarben eine perfekte Wahl.

**Standort** Vollsonnig.

**Kultur** Die Zwiebeln werden im Herbst 5 cm tief ins Beet oder in Töpfe gepflanzt. 'Purple Sensation' kann auch im Frühling gepflanzt werden.

**Vermehrung** Rhizome und Zwiebeln können vom Hochsommer bis in den Frühherbst geteilt werden.

**Krankheiten und Schädlinge** Schnecken.

### *Iris* 'Annabel Jane'
Diese wüchsige Bart-Iris hat violett-blaue Blüten.
**Herkunft** gärtnerisch
**Höhe** 1,2 m
**Blütezeit** Spätfrühling bis Frühsommer
**Frosthärte** frosthart

### *Iris danfordiae*
Eine Reticulata-Iris mit duftenden, zitronengelben Blüten, die bis 5 cm groß werden und grün gezeichnet sind.
**Herkunft** Türkei
**Höhe** 10 cm
**Blütezeit** zeitiges Frühjahr
**Frosthärte** frosthart

### *Iris* 'George'
Ebenfalls eine Reticulata-Iris, mit duftenden, intensiv purpurnen Blüten, die 4 bis 6 cm groß werden und auf dem Bart einen gelben Streifen besitzen.
**Herkunft** gärtnerisch
**Höhe** 12 cm
**Blütezeit** zeitiges Frühjahr
**Frosthärte** frosthart

### *Iris* 'Pauline'
Eine Reticulata-Iris mit süß duftenden dunkelpurpurnen Blüten, die auf dem Bart einen weißen Kamm tragen. Sie sehen in Kübeln mit Mittelmeer-Schneeball *(Viburnum tinus)* und *Euphorbia myrsinites* fantastisch aus.
**Herkunft** gärtnerisch
**Höhe** 10 bis 15 cm
**Blütezeit** zeitiges Frühjahr
**Frosthärte** frosthart

### *Iris* 'Purple Sensation'
Die Blüten dieser Holländischen Iris sind purpurblau und bronzegelb und werden 7,5 bis 10 cm groß. Sie eignen sich hervorragend als Schnittblumen.
**Herkunft** gärtnerisch; stammt von *I. xiphium* ab.
**Höhe** 45 cm
**Blütezeit** Spätfrühling bis Frühsommer
**Frosthärte** frosthart

# *Leucojum* Amaryllidaceae

Der Name ist vom Griechischen *leukos* – «weiß» – und *íon* – «Veilchen» – abgeleitet und beschreibt die Blütenfarbe und den Duft. Im Deutschen nennt man sie Knotenblume. Die Gattung umfasst etwa 10 Arten, die von Westeuropa bis in den Mittleren Osten und nach Nordafrika verbreitet sind und in verschiedenen Lebensräumen gedeihen. Im Garten werden meist nur die Frühlings- und die Sommer-Knotenblume angepflanzt. Von den ähnlichen Schneeglöckchen unterscheiden sie sich durch die gleichlangen Petalen. Bei Schneeglöckchen sind die äußeren drei länger als die inneren drei.

**Standort** Sonnig oder halbschattig, in feuchtem Boden. *L. roseum* bevorzugt sonnige Standorte mit durchlässigem Boden.

**Kultur** Pflanztiefe 7,5 cm. Die Zwiebeln verwildern in feuchten Wiesen oder unter Gehölzen schnell. *L. roseum* braucht im Winter Schutz vor Kälte und Nässe oder muss im Haus überwintert werden.

**Vermehrung** Tochterzwiebeln können vom Hochsommer bis in den Herbst abgetrennt werden.

**Krankheiten und Schädlinge** Schnecken und Narzissenfliege.

### *Leucojum aestivum* 'Gravetye Giant'
Die Sommer-Knotenblume trägt 2 bis 8 weiße, glockenförmige Blüten mit charakteristischen grünen Tupfen an den Spitzen der Petalen. Sie sehen besonders hübsch am Teichrand aus, wenn sich die Blütenrispen im Wasser spiegeln.
**Herkunft** gärtnerisch; die Art kommt aus Nordwest-, Mittel- und Osteuropa und dem Mittleren Osten.
**Höhe** 90 cm; die Art 45 bis 60 cm
**Blütezeit** Spätfrühling
**Frosthärte** frosthart

### *Leucojum roseum*
Die einzeln stehenden hellrosa Blüten werden etwa 1 cm groß und erscheinen im Frühherbst. Sie passen gut zu Herbst-Krokussen und Herbstzeitlosen. Die schmalen Blätter erscheinen mit oder kurz nach der Blüte.
**Herkunft** Korsika, Sardinien
**Höhe** 10 cm
**Blütezeit** Frühherbst
**Frosthärte** grenzwertig

### *Leucojum vernum*
Die Frühlings-Knotenblume oder Märzenbecher trägt pro Stiel 1 bis 2 weiße, glockenförmige Blüten, deren Petalen einen grünen Fleck an der Spitze aufweisen. In feuchten Wiesen oder unter Sträuchern verwildern sie schnell. Sie eignen sich auch hervorragend zur Pflanzung unter Laubbäumen.
**Herkunft** Süd- und Osteuropa
**Höhe** 20 bis 30 cm
**Blütezeit** zeitiges Frühjahr
**Frosthärte** frosthart

Lilium 'Enchantment'

Lilium martagon

Lilium regale

# *Lilium*  Liliaceae

Der Gattungname *Lilium* ist die lateinische Bezeichnung, die sich an das altgriechische *leirion* lehnt, das von Theophrast für die Madonnen-Lilie (*Lilium candidum*) verwendet wurde. Diese Art ist eine der ältesten Gartenpflanzen überhaupt. Sie war bei den Griechen wegen ihrer Schönheit und als Nahrungsmittel beliebt und wurde bei Zeremonien eingesetzt. Die Römer führten sie in die eroberten Länder ein, in der christlichen Ära wurde sie zum Symbol der Mutter Christi und in den klösterlichen Gärten in ganz Europa kultiviert. Auch wenn die Madonnen-Lilie lange die einzig bedeutende war, gibt es doch noch über 100 weitere Arten, die in Europa, Asien und Nordamerika verbreitet sind. Aus diesen entstanden zahlreiche Gartensorten und Auslesen.

**Standort**  Die meisten Arten bevorzugen saure bis neutrale Böden, andere, darunter der Türkenbund (*L. martagon*) liebt eher alkalische. Sie bevorzugen einen kühlen, schattigen Fuß und den Kopf in der Sonne. Einige Arten vertragen auch Halbschatten. Im tiefen Schatten gedeihen Lilien nicht.

**Kultur**  Im Frühherbst pflanzt man die Zwiebeln 15 cm tief auf eine Sand- oder Kiesschicht, damit keine Staunässe entsteht. Ungestört bilden sich in Beeten und Rabatten im Laufe der Zeit große Horste.

**Vermehrung**  Aussaat in Töpfe oder im Kalten Kasten. Wenn das Laub abgestorben ist, kann man Schuppen oder Tochterzwiebeln der ruhenden Zwiebel abtrennen. Manche Arten bilden Brutzwiebeln am Stängel.

**Krankheiten und Schädlinge**  Lilienhähnchen, Schnecken und Blattläuse. Grauschimmel kann in feuchten, kühlen Frühjahren auftreten.

### Lilium candidum

Die Madonnen-Lilie trägt 5 oder mehr weiße, zart duftende trompetenförmige Blüten, die 5 bis 7,5 cm lang werden. Die Staubgefäße sind leuchtend gelb. Sie ist die einzige Lilie, deren untere Blätter im Winter grün bleiben. Verlangt einen neutralen bis alkalischen (Kalk-)Boden.
**Herkunft**  Südosteuropa bis in den östlichen Mittelmeerraum
**Höhe**  90 cm
**Blütezeit** Sommer
**Frosthärte** frosthart

### Lilium 'Enchantment'

Diese prächtige Lilie hat orangefarbene Blüten, die mit dunkelvioletten Punkten gezeichnet sind. Die Blüten werden bis 12 cm groß. Durch die dunklen Flecken lassen sie sich gut mit rotlaubigen Blattschmuckpflanzen kombinieren. Diese Lilie bildet am Stängel Wurzeln und im Sommer Brutzwiebeln. Sie bevorzugt einen sonnigen Platz im Beet. Auch im Topf macht sie eine gute Figur, doch sollte man sie alle 2 bis 3 Jahre umtopfen.
**Herkunft**  gärtnerisch
**Höhe**  60 bis 90 cm
**Blütezeit**  Sommer
**Frosthärte** frosthart

### Lilium Golden Splendour-Gruppe

Die beeindruckenden trichterförmigen Blüten sind leuchtend goldgelb. Die Rückseite der Petalen ist kastanienbraun gestreift.
**Herkunft**  gärtnerisch
**Höhe**  1,5 bis 1,8 m
**Blütezeit**  Hoch- bis Spätsommer
**Frosthärte**  frosthart

### Lilium lancifolium

Die Tiger-Lilie kann bis zu 40 Blüten an einem Stiel tragen. Meist sind es aber nur 5 bis 10. Die Blüten sind rosa- oder rötlich-orange und haben purpurne Tupfen.
**Herkunft**  Ostchina, Korea, Japan
**Höhe**  60 bis 150 cm
**Blütezeit**  Spätsommer bis Frühherbst
**Frosthärte**  frosthart

### Lilium martagon

Die Türkenbund-Lilie wächst in der Sonne und im Halbschatten. Sie hat glänzende, hängende rosa bis violette Blüten mit dunkleren Tupfen, die nicht duften. Die Blütenblätter sind zurückgeschlagen, sodass jede Blüte wie ein türkischer Turban aussieht. Sie gedeiht am besten zwischen Sträuchern, die im Frühsommer blühen.
**Herkunft**  Europa bis in die Mongolei
**Höhe**  90 bis 180 cm
**Blütezeit**  Sommer
**Frosthärte**  frosthart

### Lilium regale

Die Königs-Lilie liebt volle Sonne und hat große, trompetenförmige weiße Blüten, die intensiv duften. Sie werden 13 bis 15 cm lang und sind auf der Außenseite purpurn gestreift. Man kann die Königs-Lilie im Beet ziehen, sie braucht aber eine Stütze. Kalkboden wird gemieden. Ideale Pflanzpartner sind rote oder weiße, spätblühende nostalgische Rosen. Sie gedeiht auch in großen, tiefen Töpfen.
**Herkunft**  Westchina
**Höhe**  60 bis 180 cm
**Blütezeit**  Sommer
**Frosthärte**  frosthart

### Lilium speciosum var. rubrum

Die duftenden karminrosa Blüten haben dunkler karminrote Tupfen und werden bis zu 18 cm groß. Sie haben die Form eines Turbans. Diese Lilie braucht einen feuchten, sauren Boden und muss gestützt werden. Auch eine Kultur in großen, tiefen Töpfen ist möglich.
**Herkunft**  Ostchina, Japan und Taiwan
**Höhe**  90 cm
**Blütezeit**  Spätsommer
**Frosthärte**  frosthart

### Lilium 'Star Gazer'

Dieser Klassiker hat tief rosarote, weiß gerandete Blüten, die betörend duften. Auch diese Sorte kann man im Topf ziehen, wenn dieser groß und tief genug ist.
**Herkunft**  gärtnerisch
**Höhe**  90 cm
**Blütezeit**  Spätsommer
**Frosthärte**  frosthart

*Muscari armeniacum* 'Blue Spike'

*Narcissus* 'Actaea'

*Narcissus bulbocodium*

# *Muscari* Liliaceae

Der Name der Gattung ist vom lateinischen *muscus* – «Moschus» – abgeleitet. Einige der Arten haben diesen etwas strengen Blütengeruch. Im Deutschen nennt man sie Traubenhyazinthen. Es gibt etwa 30 Arten, die im Mittelmeerraum und in Südwestasien verbreitet sind. Die bekannteste ist *Muscari armeniacum*, deren Cultivare in Beeten, Wiesen und Rabatten sowie in Töpfen und Kübeln unentbehrlich sind.

**Standort** Vollsonnig. Im Topf auch Halbschatten möglich.

**Kultur** Pflanztiefe 5 cm, gepflanzt wird im Herbst in kleinen oder größeren Gruppen. Vermehren sich schnell durch Selbstaussaat und Tochterzwiebeln.

**Vermehrung** Aussaat im Herbst im Kalten Kasten. Teilung der Horste im Sommer.

**Krankheiten und Schädlinge** Virosen.

### *Muscari armeniacum*

Die dichten Blütentrauben werden 2 bis 7,5 cm lang und tragen wunderschöne blaue Blüten. Eine der schönsten blau blühenden Zwiebelblumen, die sich für Massenpflanzungen unter Rosen oder entlang eines Wegs eignet. Sie lassen sich auch ideal mit frühen gefüllten Tulpen kombinieren, wie der rosa 'Peach Blossom'. Der einzige Nachteil ist das Laub, das recht lang werden kann und dann unordentlich aussieht. Die Blütenfarbe und die Dauer der Blüte machen dies aber leicht wett. Es gibt zahlreiche Cultivare, darunter gefüllt blühende, wie die zartblaue 'Blue Spike', die mit 15 cm etwas kleiner als die Art bleibt. So eignet sie sich besser für Beete und kleine Töpfe.

**Herkunft** Die Art kommt von Südosteuropa bis in den Kaukasus vor.

**Höhe** 20 cm

**Blütezeit** Frühling

**Frosthärte** frosthart

### *Muscari botryoides* 'Album'

Diese Traubenhyazinthe hat schlanke Blütenrispen, die 2 bis 5 cm lang werden und mit weißen, duftenden Blüten besetzt sind. Sie stehen dicht an dicht an der Spitze des Blütenstands, wie kleine Träubchen. Sie ist zierlicher als *M. armeniacum* und hat zartere Blätter.

**Herkunft** Die Art kommt in Frankreich, Deutschland und Polen bis nach Südosteuropa vor.

**Höhe** 15 bis 20 cm

**Blütezeit** Frühling

**Frosthärte** frosthart

### *Muscari latifolium*

Die schlanken Rispen haben dunkelviolette Blüten. An der Spitze sitzen hellere, sterile Blüten. Die Art bildet nur ein breites Blatt, daher der botanische Name *latifolium*. Kühl und frostfrei überwintern.

**Herkunft** Nordwesttürkei in lichten Kiefernwäldern

**Höhe** 20 cm

**Blütezeit** Mittel- bis Spätfrühling

**Frosthärte** grenzwertig

# *Narcissus* Amaryllidaceae

Die Gattung der Narzissen und Osterglocken gehört zu den beliebtesten aller Zwiebelblumen und umfasst etwa 50 Arten, die in verschiedenen Lebensräumen in Europa und Nordafrika vorkommen. Man findet sie in Wiesen, im Waldland und sogar in Felsspalten. Im Laufe der Jahre wurden viele Tausend Cultivare und Sorten gezüchtet und ausgelesen.

**Standort** Vollsonnig oder im Halbschatten, in Beeten, Wiesen oder Töpfen. Einige Arten, wie die Weihnachts-Narzisse (*N. papyraceus*, syn. *N.* 'Paper White'), sind ideal für die Zimmerkultur, da sie durch die Wärme im Haus innerhalb weniger Wochen zur Blüte gelangen. Sie kommen ursprünglich aus Südfrankreich und Spanien sowie Nordafrika, wo sie in subtropischen Regionen gedeihen.

**Kultur** Siehe Porträts.

**Vermehrung** Sämlinge brauchen bis zu 7 Jahre bis aus ihnen eine blühfähige Zwiebel herangewachsen ist. Tochterzwiebeln kann man abtrennen, sobald die Blätter im Sommer oder Frühherbst einziehen.

**Krankheiten und Schädlinge** Narzissenfliege, Nematoden, Pilzkrankheiten, Schnecken und Virosen.

### *Narcissus* 'Actaea'

Blüten reinweiß mit leuchtend scharlachrotem Rock. Für Beete und ideal zum Verwildern.

**Herkunft** gärtnerisch

**Höhe** 45 cm

**Blütezeit** Frühling

**Frosthärte** frosthart

**Kultur** im Herbst 15 cm tief pflanzen

### *Narcissus bulbocodium*

Die Reifrock-Narzisse unterscheidet sich im Aussehen von den anderen Arten. Der gelbe Rock, der 4 cm breit wird, sieht aus wie ein altertümlicher Reifrock. Man kann sie in feuchten Wiesen, die im Sommer trockener sind, verwildern lassen.

**Herkunft** Süd- und Westfrankreich, Portugal, Spanien und Nordafrika

**Höhe** 10 bis 15 cm

**Blütezeit** Frühling

**Frosthärte** frosthart

**Kultur** im Herbst 5 cm tief pflanzen

### *Narcissus* 'Carlton'

Diese zartgelbe Osterglocke hat große Blüten mit einer gekräuselten Trompete. Ideal zum Verwildern in Beeten oder Wiesen.

**Herkunft** gärtnerisch

**Höhe** 45 cm

**Blütezeit** Frühling

**Frosthärte** frosthart

**Kultur** im Herbst 15 cm tief pflanzen

*Narcissus* 'Carlton'

*Narcissus cyclamineus*

*Narcissus* 'February Gold'

*Narcissus* 'Jetfire'

### *Narcissus cyclamineus*

Die goldgelben Blüten haben zurückgeschlagene Tepalen und erinnern so an Alpenveilchen, was ihnen auch ihren Namen eintrug. Diese Art ist ein Elternteil vieler Zwerg-Narzissen, wie 'February Gold', 'Peeping Tom' und 'Jetfire'. Sie verwildert schnell in Wiesen, besonders auf feuchtem Boden, und bevorzugt eher halbschattige Standorte.

**Herkunft** Nordwestportugal und Nordwestspanien
**Höhe** 15 bis 20 cm
**Blütezeit** zeitiges Frühjahr
**Frosthärte** frosthart
**Kultur** im Herbst 10 cm tief pflanzen

### *Narcissus* 'Eggs und Bacon'

Früher unter dem Namen 'Orange Phoenix' im Handel. Diese gefüllte Sorte kombiniert leuchtend gelb mit goldgelb. Eine kleine Gruppe setzt im Frühlingsbeet Akzente.

**Herkunft** gärtnerisch
**Höhe** 35 cm
**Blütezeit** Frühling
**Frosthärte** frosthart
**Kultur** im Herbst 15 cm tief pflanzen

### *Narcissus* 'February Gold'

Die Tepalen dieser Sorte sind elegant zurückgeschlagen, aber nicht ganz so extrem, wie bei der Elternart *N. cyclamineus*. Dies ist eine der besten frühen Zwerg-Narzissen, elegant, lange blühend, standfest, robust und vielseitig einsetzbar. Sie passt gut zu Goldenem Mutterkraut (*Tanacetum parthenium* 'Aureum') oder Veilchen und fühlt sich auch auf der Fensterbank in Töpfen wohl. Als Unterpflanzung eignen sich großblumige Holländische Krokusse oder *Anemone blanda*.

**Herkunft** gärtnerisch
**Höhe** 25 cm
**Blütezeit** zeitiges Frühjahr
**Frosthärte** frosthart
**Kultur** im Herbst 10 cm tief pflanzen

### *Narcissus* 'Hawera'

Pro Stiel werden bis zu 5 kanariengelbe, hängende Blüten mit zarten, zurückgeschlagenen Tepalen und breitem kurzen Rock angesetzt. Sie stammt von *N. triandrus*, die in alpinen Wiesen, im Grasland und entlang von Hecken in Nord- und Zentralspanien, Portugal und Südwestfrankreich vorkommt. Eine wertvolle Narzisse für kleine und mittelgroße Töpfe, die lange blüht und die Saison von der Mitte des Frühlings bis zum Ende abdeckt. Sie eignet sich auch ideal für Blumenampeln oder die Kultur im Zimmer.

**Herkunft** gärtnerisch
**Höhe** 25 cm
**Blütezeit** Mittel- bis Spätfrühling
**Frosthärte** frosthart
**Kultur** im Herbst 15 cm tief pflanzen

### *Narcissus* 'Ice Follies'

Diese zweifarbige Osterglocke hat weiße Tepalen und einen zitronengelben Rock. Sie gedeiht im Beet und in Wiesen, wo sie zum Beispiel unter einem weiß blühenden Kirschbaum gepflanzt werden könnte.

**Herkunft** gärtnerisch
**Höhe** 35 cm
**Blütezeit** Frühling
**Frosthärte** frosthart
**Kultur** im Herbst 15 cm tief pflanzen

### *Narcissus* 'Jack Snipe'

Diese auffällig zweifarbige Narzisse hat einen zitronengelben Rock und zurückgeschlagene weiße Tepalen. Sie stammt von *N. cyclamineus* ab, die in Nordwestportugal und Nordwestspanien vorkommt. Robust und standfest, ideal für Beete und Kübel, wo man sie mit anderen Frühlingsblühern, wie Primeln oder Hyazinthen kombinieren kann.

**Herkunft** gärtnerisch
**Höhe** 25 cm
**Blütezeit** Frühling
**Frosthärte** frosthart
**Kultur** im Herbst 10 cm tief pflanzen, in Beete oder Töpfe

### *Narcissus* 'Jetfire'

Eine kräftig gefärbte Zwerg-Narzisse mit orangefarbenem Rock und zurückgeschlagenen goldgelben Tepalen. Sie stammt von *N. cyclamineus* ab, die in Nordwestportugal und Nordwestspanien vorkommt. In Beeten oder Töpfen passt sie gut zu leuchtend blauen Traubenhyazinthen (*Muscari armeniacum*).

**Herkunft** gärtnerisch
**Höhe** 25 cm
**Blütezeit** zeitiges Frühjahr
**Frosthärte** frosthart
**Kultur** im Herbst 10 cm tief pflanzen, in Beete oder Töpfe

### *Narcissus* 'Jumblie'

Diese Zwerg-Narzisse hat einen schmalen dunkelgelben Rock und leicht zurückgebogene Tepalen. Pro Zwiebel werden mehrere Blütentriebe und pro Trieb mehrere Blüten angesetzt. Die Blüten blicken alle in unterschiedliche Richtungen. Durch die vielen Blüten auf den kurzen Stielen ist sie ideal für Blumenampeln oder für die Fensterbank. Kombinieren Sie sie mit bunten Veilchen und sternförmigen blauen oder weißen *Anemone blanda* für hübsche Frühlingsarrangements.

**Herkunft** gärtnerisch
**Höhe** 20 cm
**Blütezeit** zeitiges Frühjahr
**Frosthärte** frosthart
**Kultur** im Herbst 10 cm tief pflanzen, in Beete oder Töpfe

*Narcissus papyraceus*

*Narcissus* 'Peeping Tom'

*Narcissus* 'Pinza'

*Narcissus* 'Pipit'

### Narcissus 'King Alfred'

Eine der beliebtesten Osterglockensorten mit großem goldgelben Rock. Wird oft in Frühlingsbeeten gepflanzt, kann aber bei Regen umfallen.

**Herkunft** gärtnerisch
**Höhe** 35 cm
**Blütezeit** Frühling
**Frosthärte** frosthart
**Kultur** im Herbst 15 cm tief pflanzen

### Narcissus 'Little Witch'

Diese zwergige, goldgelbe Narzisse hat einen langen Rock und zurückgeschlagene Tepalen, was auf ihre Verwandtschaft zu *N. cyclamimeus*, die in Nordwestspanien und -portugal vorkommt, hinweist. Robust und lang blühend ist diese Narzisse ideal für Beete und Töpfe und lässt sich gut mit Hyazinthen, Primeln und anderen Frühlingsblühern kombinieren.

**Herkunft** gärtnerisch
**Höhe** 20 cm
**Blütezeit** zeitiges Frühjahr
**Frosthärte** frosthart
**Kultur** im Herbst 10 cm tief pflanzen, in Beete oder Töpfe

### Narcissus 'Minnow'

Diese zarte, zweifarbige Osterglocke hat einen kurzen primelgelben Rock und rundliche, cremeweiße Tepalen. Eine entzückende Frühlingsblume mit 3 bis 5 Blüten pro Trieb. Sie stammt von *N. tazetta*

ab, die im Mittelmeerraum weit verbreitet ist. Sie passt ganz hervorragend zu weißen *Muscari botryoides* 'Album'.

**Herkunft** gärtnerisch
**Höhe** 15 cm
**Blütezeit** zeitiges Frühjahr
**Frosthärte** frosthart
**Kultur** im Herbst 10 cm tief pflanzen, in Beete oder Töpfe

### Narcissus papyraceus

Früher auch als 'Paper White'-Narzisse bekannt. Jeder Blütenstiel trägt 5 bis 10 glitzernd weiße Blüten von 1 cm Durchmesser. 'Ziva' ist ähnlich, bleibt aber niedriger, 'Omri' ist ebenfalls kleiner und hat cremegelbe Blüten.

**Herkunft** Südfrankreich, Südspanien und Nordafrika
**Höhe** 40 cm
**Blütezeit** im Zimmer im Winter
**Frosthärte** frostempfindlich
**Kultur** Setzen Sie die Zwiebeln auf angefeuchtete, durchlässige Blumenerde. Es ist keine Kühlperiode zur Blüteninduktion nötig. Hell und warm stellen. Innerhalb von 6 bis 8 Wochen kommen die Zwiebeln zur Blüte, sodass man gut ausrechnen kann, wann sie blühen werden. Eine Stütze aus Reisig oder kurzen Bambusstäben ist hilfreich. Man kann sie auch über Wasser oder auf Glasmurmeln anziehen (Seite 111).

### Narcissus 'Peeping Tom'

Diese auffällige robuste gelbe Zwerg-Narzisse hat einen langen goldgelben Rock und lange zurückgeschlagene Tepalen, die wie kleine Öhrchen wirken. Sie stammt von *N. cyclamineus* aus Nordwestspanien und -portugal ab. Ideal in Kombination mit Schlüsselblumen, Frühlings-Primeln und großblumigen Krokussen.

**Herkunft** gärtnerisch
**Höhe** 25 cm
**Blütezeit** zeitiges Frühjahr
**Frosthärte** frosthart
**Kultur** im Herbst 10 cm tief pflanzen, in Beete oder Töpfe

### Narcissus 'Pinza'

Eine auffällige Osterglocke mit leuchtend gelben Blütenblättern und einem feurig orangerot gesäumtem Rock. Pflanzen Sie sie vor einen dunkelgrünen Hintergrund oder zusammen mit Traubenhyazinthen.

**Herkunft** gärtnerisch
**Höhe** 35 cm
**Blütezeit** Frühling
**Frosthärte** frosthart
**Kultur** im Herbst 15 cm tief pflanzen

### Narcissus 'Pipit'

Jeder Blütenstiel trägt 1 bis 2 exquisite gelbe, weiß gestreifte Blüten mit weißem Rock. Die Farbe verblasst mit der Zeit, sie gehört aber dennoch zu den schönsten

Osterglocken überhaupt. Die Blüten duften intensiv und halten sehr lange. Sie stammt von der süß duftenden *N. jonquilla* ab, die an vielen Stellen in Südeuropa und Nordafrika in feuchten Wiesen verwildert ist. Sie gedeiht im Beet und im Topf und passt zu praktisch allen Frühlingsblühern.

**Herkunft** gärtnerisch
**Höhe** 30 cm
**Blütezeit** Mittel- bis Spätfrühling
**Frosthärte** frosthart
**Kultur** im Herbst 10 cm tief pflanzen

### Narcissus poeticus var. recurvus

Die Dichter-Narzisse ist wohl die beliebteste Art überhaupt. Die weißen sternförmigen Blüten haben in der Mitte einen gelben, rot gesäumten Rock und glitzern in der Sonne wie Kristall. Sie gehört zu den spätesten Narzissen und eignet sich besonders gut zum Verwildern in feuchten Wiesen oder unter Sträuchern, zusammen mit Prärielilien und Ranunkeln.

**Herkunft** weit verbreitet in Südeuropa
**Höhe** 35 cm
**Blütezeit** Spätfrühling
**Frosthärte** frosthart
**Kultur** im Herbst 20 cm tief pflanzen

*Narcissus* 'Quail'

*Narcissus* 'Rip van Winkle'

*Narcissus* 'Silver Chimes'

*Narcissus* 'Suzy'

### *Narcissus* 'Quail'

Diese niedrige vieltriebige goldgelbe Osterglocke trägt 2 bis 3 duftende Blüten pro Stiel. Sie stammt von *N. jonquilla* ab, die an feuchten Stellen in Südeuropa und Nordafrika vorkommt. Eine hübsche Narzisse für Beete und Töpfe, die besonders gut zu weißen *Muscari botryoides* 'Album' passt.

**Herkunft** gärtnerisch
**Höhe** 25 cm
**Blütezeit** Frühling
**Frosthärte** frosthart
**Kultur** im Herbst 10 cm tief pflanzen, in Beete oder Töpfe

### *Narcissus* 'Quince'

Diese niedrige vieltriebige Narzisse hat einen gekräuselten Rock und hellgelbe leicht zurückgebogene Tepalen. Sie ähnelt 'Jumblie' oder 'Tête-à-tête', blüht aber später. Pro Trieb werden 2 bis 3 Blüten gebildet und aus jeder Zwiebel erscheinen mehrere Blütentriebe.

**Herkunft** gärtnerisch
**Höhe** 15 cm
**Blütezeit** Frühling
**Frosthärte** frosthart
**Kultur** im Herbst 10 cm tief pflanzen, in Beete oder Töpfe

### *Narcissus* 'Rainbow'

Diese attraktive Osterglocke hat weiße Tepalen und einen hellrosa Rock mit kupferrosa Saum. Sie blüht ungewöhnlich spät und passt gut zu gelblaubigen Gehölzen, wie dem Gold-Pfeifenstrauch *Philadelphus coronarius* 'Aureus'.

**Herkunft** gärtnerisch
**Höhe** 40 cm
**Blütezeit** Spätfrühling
**Frosthärte** frosthart
**Kultur** im Herbst 15 cm tief pflanzen

### *Narcissus* 'Rip van Winkle'

Früher unter dem Namen *N. minor* var. *pumilus* 'Plenus' bekannt. Sie hat trotz der schweren, stachelig wirkenden, gefüllten Blüten recht weiche Stiele, eignet sich aber auch für kurze Rasenflächen, im Vordergrund von Beeten oder kleine Töpfen.

**Herkunft** gärtnerisch
**Höhe** 20 cm
**Blütezeit** zeitiges Frühjahr
**Frosthärte** frosthart
**Kultur** im Herbst 10 cm tief pflanzen

### *Narcissus* 'Rose Caprice'

Die zweifarbigen Blüten haben einen lachsrosa Rock und weiße Tepalen. Sie macht sich fantastisch in Beeten zwischen hellgrün belaubten Stauden oder rotlaubigen Blattschmuckpflanzen, wie *Heuchera* 'Pewter Moon' oder *H. micrantha* var. *diversifolia* 'Palace Purple'. Sie fühlt sich auch in mittelgroßen bis großen Töpfen wohl.

**Herkunft** gärtnerisch
**Höhe** 35 cm
**Blütezeit** Frühling
**Frosthärte** frosthart
**Kultur** im Herbst 13 cm tief pflanzen

### *Narcissus* 'Saint Patrick's Day'

Die zarten Blüten haben cremeweiße Tepalen und einen lindgrünen Rock. Eine entzückende Narzisse für Beete und Blumenwiesen.

**Herkunft** gärtnerisch
**Höhe** 35 cm
**Blütezeit** Frühling
**Frosthärte** frosthart
**Kultur** im Herbst 15 cm tief pflanzen

### *Narcissus* 'Silver Chimes'

Diese hübsche weiße Narzisse stammt von *N. tazetta* ab. Sie hat einen kurzen Rock und duftet süß. Pro Stiel werden 3 bis 5 Blüten angesetzt. Sie passt gut zu Schachbrettblumen *(Fritillaria meleagris)*.

**Herkunft** gärtnerisch
**Höhe** 30 cm
**Blütezeit** Mittel- bis Spätfrühling
**Frosthärte** frosthart
**Kultur** im Herbst 10 cm tief pflanzen, in Beete oder Töpfe

### *Narcissus* 'Sir Winston Churchill'

Die duftenden weißen Blüten stehen in Büscheln und sind orange und gelb. Sie ist robust und standfest und eignet sich zur Pflanzung in Wiesen, wo sie nach 'White Lion' blüht. Manchmal wird sie auch im Topf gezogen.

**Herkunft** gärtnerisch
**Höhe** 38 cm
**Blütezeit** Spätfrühling
**Frosthärte** frosthart
**Kultur** im Herbst 15 cm tief pflanzen

### *Narcissus* 'Suzy'

Pro Trieb stehen 1 bis 4 gelbe Blüten in dichten Büscheln. Der orange Rock ist abgeflacht. Sie stammt von der duftenden *N. jonquilla* ab, von der sie den Duft geerbt hat. Ideal für Beete, aber auch für Töpfe und Kübel.

**Herkunft** gärtnerisch
**Höhe** 40 cm
**Blütezeit** Frühling
**Frosthärte** frosthart
**Kultur** im Herbst 15 cm tief pflanzen

### *Narcissus* 'Tête-à-tête'

Von allen Zwerg-Narzissen ist dies wohl die bekannteste. Die goldgelben, kleinen Blüten stehen zu zweit oder dritt an den Stielen. Jede Zwiebel treibt mehrere Blütenstiele. Die Reichblütigkeit, gepaart mit dem niedrigen Wuchs, prädestinieren sie für Blumenampeln oder Balkonkästen. Kombinieren Sie sie mit großblumigen Krokussen, Primeln und Stiefmütterchen. Sie gehört zu den am meisten gehandelten Sorten und wird im Winter oft vorgezogen in kleinen Töpfchen angeboten. Mit Immergrünen und Forsythienzweigen kann man sie zu hübschen Frühlingsgestecken arrangieren.

**Herkunft** gärtnerisch
**Höhe** 15 cm
**Blütezeit** Spätwinter (im Haus) bis Frühling (im Freien)
**Frosthärte** frosthart
**Kultur** im Herbst 10 cm tief pflanzen, in Beete oder Töpfe

*Narcissus* 'Thalia'

*Narcissus* 'Topolino'

*Nerine bowdenii*

*Nerine undulata*

### Narcissus 'Thalia'

Diese etwas höher werdende Zwerg-Narzisse hat wunderschöne weiße Blüten, oft 2 pro Stiel. Die Tepalen sind zugespitzt und etwas verdreht, was der Blüte ein charakteristisches Aussehen verleiht. Zu ihren Eltern gehört *N. triandrus*, die auf alpinen Wiesen und im Grasland in Nord- und Zentralspanien, Portugal und Südwestfrankreich vorkommt. Eine vielseitig einsetzbare Narzisse für Beete, besonders zusammen mit blauen Traubenhyazinthen oder, wenn man es ungewöhnlich liebt, mit Schachbrettblumen.

**Herkunft** gärtnerisch
**Höhe** 30 cm
**Blütezeit** Frühling
**Frosthärte** frosthart
**Kultur** im Herbst 10 cm tief pflanzen, in Beete oder Töpfe

### Narcissus 'Topolino'

Diese kleine Trompeten-Narzisse hat eine lange, schlanke gelbe Trompete und cremeweiße Blütenblätter. Sie sieht in Kombination mit weißen Stiefmütterchen, blauen und weißen *Anemone blanda* oder in einem Weidenkorb mit zarten Veilchen bezaubernd aus.

**Herkunft** gärtnerisch
**Höhe** 25 cm
**Blütezeit** zeitiges Frühjahr
**Frosthärte** frosthart
**Kultur** im Herbst 10 cm tief pflanzen, in Beete oder Töpfe

### Narcissus 'Tuesday's Child'

Diese elegante Narzisse stammt von *N. triandrus* ab und hat weiße, zurückgebogene Tepalen und einen primelgelben Rock. Pro Trieb werden meist 2 bis 3 Blüten angesetzt.

**Herkunft** gärtnerisch
**Höhe** 35 cm
**Blütezeit** Frühling
**Frosthärte** frosthart
**Kultur** im Herbst 15 cm tief pflanzen

### Narcissus 'White Lion'

Diese empfehlenswerte gefüllte Narzisse hat weiße und gelbe Blüten. Sie ist eine gute Wahl für Farbakzente in Beeten und Blumenwiesen in der Frühlingsmitte. Pflanzen Sie sie «en masse» in Rasenflächen, wo sie auf früh blühende Sorten folgt und vor 'Winston Churchill' blüht.

**Herkunft** gärtnerisch
**Höhe** 40 cm
**Blütezeit** Frühling
**Frosthärte** frosthart
**Kultur** im Herbst 15 cm tief pflanzen

### Narcissus 'Yellow Cheerfulness'

3 bis 4 rundliche, gefüllte, primelgelbe Blüten, die süß duften und lange halten, werden pro Stiel angesetzt. Der Sport (Mutation) der weißen 'Cheerfulness' stammt von *N. tazetta* ab. Er wächst kräftig und kann gut zusammen mit Sträuchern und Stauden im Beet gepflanzt werden.

**Herkunft** gärtnerisch
**Höhe** 40 cm
**Blütezeit** Frühling
**Frosthärte** frosthart
**Kultur** im Herbst 13 cm tief pflanzen

## *Nerine* Amaryllidaceae

Diese Gattung umfasst etwa 30 Arten an Zwiebelblumen, die in durchlässigem Boden an Felshängen, Klippen, Bergkämmen und in Geröllhalden im südlichen Afrika verbreitet sind. Im Jahr 1659 havarierte ein Schiff der East India Company, das in die Niederlande segeln sollte, vor der englischen Kanalinsel Guernsey. Kisten mit Zwiebeln, darunter die von *N. sarniensis*, wurden an Land gespült und als die Inselbewohner entdeckten, dass sie im Sand Wurzeln getrieben hatten, begannen sie, die Pflanzen systematisch zu kultivieren. Da das Schiff aus dem Fernen Osten stammte, nahm man an, die Blumen stammten ursprünglich aus Japan. Erst 100 Jahre später wurde dieser Irrtum aufgedeckt, als man sie an den Hängen des Tafelbergs in Kapstadt, Südafrika, wiederentdeckte. Alle Pflanzenteile sind leicht giftig.

**Standort** Vollsonnig, durchlässiger Boden.

**Kultur** Pflanzen Sie die Zwiebeln im Frühling in durchlässige Erde in den Garten. Der Zwiebelhals sollte über der Erde liegen, die Zwiebel darunter. Im Zimmer kann man die Zwiebeln schon im Herbst pflanzen. Man verwendet durchlässige Kübelpflanzenerde mit Sandbeimischung. Die Blüten erscheinen im Herbst, dann folgen die Blätter. Es kann auch vorkommen, dass die Blätter zuerst erscheinen und dann die Blüten im Oktober oder November. Sie blühen am schönsten, wenn sie dicht im Topf stehen. Nerine ist nicht zuverlässig frosthart und vor allem nässeempfindlich. Deshalb sollte man sie im Herbst ins Haus holen und kühl und trocken überwintern.

**Vermehrung** Aussaat bei 10 bei 13 °C, sobald die Samen reif sind. Nach der Blüte teilen.

**Krankheiten und Schädlinge** Schnecken.

### Nerine bowdenii

Die Blütendolden sind aus bis zu 7 trichterförmigen, leicht duftenden Blüten zusammengesetzt, von denen jede bis 7,5 cm breit wird. Die Petalen sind gekräuselt. Die Blütenstiele sind standfest und brauchen selten eine Stütze. In der Natur blüht die Pflanze im Herbst, dann folgen die Blätter. Im Sommer geht sie in eine Ruheperiode über, da es in der Heimat dann heiß und trocken ist. Sie wächst schnell zu großen Horsten heran. Wichtig ist ein durchlässiger Boden und ein vollsonniger Standort. Vor einer nach Süden weisenden Mauer kommen die Blüten am besten zur Geltung.

**Herkunft** Südafrika
**Höhe** 45 cm
**Blütezeit** Herbst
**Frosthärte** grenzwertig

### Nerine undulata

Früher auch unter dem Namen *N. crispa* bekannt. Diese Nerine bildet Dolden mit 8 bis 12 mittelrosa, 5 cm großen Blüten mit charakteristischen gekräuselten Petalen aus.

**Herkunft** Südafrika
**Höhe** 45 cm
**Blütezeit** Herbst
**Frosthärte** grenzwertig

*Ornithogalum thyrsoides*

*Oxalis adenophylla* 'Silver Shamrock'

# *Ornithogalum* Hyacinthaceae

Die Gattung der Milchsterne umfasst etwa 80 Arten von Zwiebelblumen, die in verschiedenen Lebensräumen vorkommen. Einige besiedeln trockene, felsige Gebiete, andere Wiesen und Waldländer in Südeuropa, dem Mittelmeerraum, Russland, West- und Südwestasien, dem tropischen Afrika und Südafrika. Vorsicht: Alle Pflanzenteile sind sehr giftig und können bei Berührung zu Hautreizungen führen.

**Standort** Volle Sonne, durchlässiger Boden.

**Kultur** Im Frühling pflanzt man die Zwiebeln von *O. arabicum* und *O. thyrsoides* 15 cm tief und im Abstand von 10 cm in Beete ins Freie. Nach der Blüte holt man die Zwiebeln wieder aus der Erde. Im Winter lagert man die Zwiebeln trocken und frostfrei. Man kann sie im Herbst auch in Töpfe pflanzen und kühl stellen. Im Frühjahr und Sommer stellt man sie dann ins Freie. *O. umbellatum* und *O. nutans* pflanzt man im Herbst 7,5 cm tief im Abstand von 5 cm ins Beet oder in Wiesen, wo sie schnell verwildern.

**Vermehrung** Aussaat im Herbst oder Frühling. Tochterzwiebeln kann man während der Ruheperiode abtrennen.

**Krankheiten und Schädlinge** Keine.

### *Ornithogalum arabicum*
Die Rispen tragen 6 bis 12 duftende cremeweiße bis weiße Blüten, mit schwarzem Griffel.
**Herkunft** Mittelmeerraum
**Höhe** 30 bis 75 cm
**Blütezeit** Sommer
**Frosthärte** frostempfindlich

### *Ornithogalum nutans*
Bis zu 20 weiße, leicht nickende trichterförmige Blüten stehen in eleganten Rispen. Die Spitzen der Blütenblätter sind zurückgeschlagen. Jede Blüte hat auf der Außenseite einen grünen Streifen, sodass der Gesamteindruck eher graugrün als weiß ist. Ein vollsonniger Standort wird bevorzugt, aber auch Halbschatten toleriert.
**Herkunft** Europa und Südwestasien
**Höhe** 20 cm
**Blütezeit** Frühling
**Frosthärte** frosthart

### *Ornithogalum thyrsoides*
Die Blütenrispen sind dicht mit weißen, cremefarbenen oder grünlichen Blüten besetzt. Sie öffnen sich über einen langen Zeitraum hinweg.
**Herkunft** Kapprovinz, Südafrika
**Höhe** 30 bis 40 cm
**Blütezeit** Sommer
**Frosthärte** frostempfindlich

### *Ornithogalum umbellatum*
Der Stern von Bethlehem oder auch Doldige Milchstern hat pro Blütentrieb 6 bis 20 sternförmige weiße Blüten. Jede Blüte ist auf der Außenseite grün gestreift. Wenn sich die Blüten öffnen, beginnen die langen Blätter zu welken. Die Blüten öffnen sich nur, wenn die Sonne scheint.
**Herkunft** Europa, Türkei, Syrien, Israel und Nordafrika
**Höhe** 15 cm
**Blütezeit** Spätfrühling bis Frühsommer
**Frosthärte** frosthart

# *Oxalis* Oxalidaceae

Die Gattung des Sauerklees beinhaltet über 500 Arten von zwiebel-, knollen-, rhizombildenden oder feinwurzeligen Einjährigen und Stauden. Die Arten sind in Waldgebieten und offenen Wiesen weltweit außer in Australien und in der Polarregion verbreitet. Der Name *Oxalis* stammt vom griechischen *oxys*, das «scharf» und *als*, das «Salz» bedeutet. Er weist auf den sauren Geschmack des Pflanzensafts hin. Die Pflanzen haben kleeförmige Blätter, die sich nachts und bei heißem Wetter zusammenfalten.

**Standort** Meist sonnig, etliche Arten vertragen aber auch Schatten.

**Kultur** Siehe Porträts.

**Vermehrung** Aussaat bei 13 bis 18 °C im Winter oder im zeitigen Frühjahr. Teilung im Frühling.

**Krankheiten und Schädlinge** Rostpilze, Schnecken.

### *Oxalis adenophylla*
Die purpurrosa Einzelblüten sind dunkler geadert und werden bis 2,5 cm groß. Sie wirken über dem tiefgelappten graugrünen Laub besonders hübsch. Bei der Sorte *O. adenophylla* 'Silver Shamrock' ist diese Färbung besonders intensiv ausgeprägt.
**Herkunft** Anden von Chile und Argentinien
**Höhe** 15 cm
**Blütezeit** Frühling
**Frosthärte** frosthart
**Kultur** Die faserig umhüllten Knöllchen pflanzt man im Herbst 5 cm tief an einem sonnigen Standort, wo sich schnell kompakte Horste bilden.

### *Oxalis tetraphylla*
Früher unter dem Namen *O. deppei* bekannt, ist dies der klassische «Glücksklee». Die 2,5 cm großen rötlich-purpurnen Blüten stehen über den vierblättrigen «Klee»-Blättern, die an der Basis dunkel purpurbraun sind.
**Herkunft** Mexiko
**Höhe** 15 cm
**Blütezeit** Frühsommer
**Frosthärte** grenzwertig
**Kultur** im Herbst (in Töpfe) oder im Frühling (ins Freie) 5 cm tief pflanzen

### *Oxalis triangularis*
Die 2,5 cm großen hellrosa Blüten stehen über den dreilappigen dunkelroten Blättern.
**Herkunft** Brasilien
**Höhe** 15 cm
**Blütezeit** Sommer
**Frosthärte** grenzwertig
**Kultur** Im Frühling pflanzt man die Knollen 5 cm tief in Töpfe. Bis die ersten Blätter erscheinen, kühl und relativ trocken halten. Dann erhöht man die Feuchtigkeit und stellt die Pflänzchen heller. Alternativ kann man sie auch im Garten in durchlässige Erde pflanzen. Sie passen an Wegränder, in Steingärten oder an den Fuß von sonnigen Treppenstufen.

*Puschkinia scilloides*

*Ranunculus asiaticus*

*Pleione formosana* 'Alba'

# *Pleione*   Orchidaceae

Die Gattung beinhaltet etwa 20 Arten kleiner, terrestrisch wachsender, laubabwerfender Orchideen, die in hochgelegenen Nebelwäldern von Nordindien bis Südchina und auf Taiwan vorkommen. Jede Pseudobulbe trägt eine einzelne Blüte und ein einzelnes, gefaltetes Blatt.

**Standort**  Im Zimmer an einem halbschattigen Platz, im Freien oder auf der Terrasse in Töpfen an einem geschützten, halbschattigen Platz, wenn kein Frost mehr droht.

**Kultur**  Im Spätwinter oder zeitigen Frühjahr pflanzt man die Pseudobulben im Abstand von 5 cm in kleine Töpfe. Sie sollten etwa zu 2/3 mit Substrat bedeckt sein. Als Substrat verwendet man Humuserde mit Sandbeimischung. Wenn das Wachstum einsetzt, düngt man mit einem schwachen Flüssigdünger. Nach der Blüte und wenn sich die Blätter zurückgezogen haben, bringt man sie ins Haus und überwintert sie kühl und trocken.

**Vermehrung**  Jährlich beim Umtopfen teilen. Alte Pseudobulben wegwerfen.

**Krankheiten und Schädlinge**  Blattläuse, Rote Spinne, Schnecken, Wollläuse.

*Pleione formosana*
Die eleganten rosa Blüten haben eine weiße Lippe, die rot oder braun getupft und am Rand gefranst ist.
**Herkunft**  Ostchina und Taiwan
**Höhe**  12 cm
**Blütezeit**  Frühling
**Frosthärte**  frostempfindlich

*Pleione formosana* 'Alba'
Die Blüten sind wie bei der reinen Art geformt, aber reinweiß. Die Flecken und Tupfen auf der Lippe sind aber noch vorhanden.
**Herkunft**  Ostchina und Taiwan
**Höhe**  12 cm
**Blütezeit**  Frühling
**Frosthärte**  frostempfindlich

# *Puschkinia*   Hyacinthaceae

Dieses kleine Zwiebelblumengewächs ist nach dem russischen Botaniker Graf Apollos Mussin-Puschkin, der 1805 starb, benannt.  Er sammelte diese Pflanze im Kaukasus. Sie ist die einzige Art der Gattung und kommt in den Bergregionen des Mittleren Ostens, der Türkei, Syriens, Libanons, im Iran und im Irak vor. Sie blüht in feuchten Wiesen oder unter Sträuchern, wenn der Schnee gerade geschmolzen ist.

**Standort**  Volle Sonne oder lichter Schatten.

**Kultur**  Im Herbst 5 cm tief pflanzen. Gedeiht am besten im Beetvordergrund oder in Steintrögen. Der Wuchs ist zierlich und sie lässt sich gut mit anderen Frühlingsblühern kombinieren.

**Vermehrung**  Aussaat im Herbst oder Frühling in Töpfe oder im Kalten Kasten. Tochterzwiebeln kann man abtrennen, wenn die Blätter einziehen.

**Krankheiten und Schädlinge**  Virosen.

*Puschkinia scilloides*
Die kompakten Rispen tragen 4 bis 10 hellblaue, 1 cm große Blüten. Jedes Blütenblatt hat einen dunkelblauen Streifen.
**Herkunft**  Bergregionen im Mittleren Osten
**Höhe**  20 cm
**Blütezeit**  Frühling
**Frosthärte**  frosthart

# *Ranunculus*   Ranunculaceae

Diese weit verbreitete Gattung umfasst etwa 400 Arten von meist sommergrünen, manchmal immergrünen knollen-, rhizom- oder feinwurzelbildenden Stauden, Einjährigen und Zweijährigen. Der Name leitet sich vom lateinischen *rana* – «Frosch» – ab, und weist auf den Umstand hin, dass viele Arten in Feuchtgebieten vorkommen.

**Standort**  Volle Sonne oder lichter Schatten.

**Kultur**  Gepflanzt wird im Spätwinter im Haus oder im Frühling im Garten. Dazu setzt man die Rhizome im Abstand von 7,5 cm etwa 5 cm tief in die Erde oder in Töpfe. Die «Krallen» zeigen dabei nach unten. Sie brauchen während der Wachstumsperiode viel Feuchtigkeit, zu viel Wasser lässt allerdings die Blätter vergilben. Ein durchlässiges Substrat ist daher wichtig.

**Vermehrung**  Die knolligen Arten teilt man im Frühjahr oder Herbst. *R. asiaticus* sät man im Herbst, wenn man im Spätfrühling Blüten möchte.

**Krankheiten und Schädlinge**  Schnecken, Blattläuse und Mehltau.

*Ranunculus asiaticus*
Ranunkeln haben leuchtend gefärbte, 5 cm große Blüten, die an kleine Päonien erinnern. Die Blütenfarbe variiert von Weiß über Rosa, Rot bis Orange und Gelb.
**Herkunft**  östlicher Mittelmeerraum, Nordostafrika und Südwestasien
**Höhe**  25 cm
**Blütezeit**  im Zimmer im Frühling, im Garten im Sommer
**Frosthärte**  frostempfindlich

Schizostylis coccinea 'Sunrise'

Scilla siberica

Sinningia 'Etoile de Feu'

Sinningia 'Hollywood'

# Schizostylis  Iridaceae

Die Gattung ist auch unter dem Namen Spaltgriffel oder Kaffernlilie bekannt. Der erste Name ist auch der botanische: Das griechische *schizo* bedeutet «schneiden» oder «teilen» und *stilis* «Griffel». Die Gattung ist monotypisch, das heißt sie beinhaltet nur eine Art, die in Feuchtgebieten in Südafrika vorkommt. Die Blüten ähneln kleinen Gladiolen. Pro Stiel werden 6 bis 10 Blüten angesetzt, von denen aber immer nur einige gleichzeitig geöffnet sind. Sie eignen sich hervorragend als Schnittblume.
**Standort**  Volle Sonne.
**Kultur**  Im Frühling pflanzt man die Rhizome in Dreiergruppen 7,5 cm tief und im Abstand von 15 bis 20 cm. Der Standort muss sonnig und geschützt, der Boden dauerfeucht sein. Im Winter schützt eine Mulchschicht vor Frost. Ungestört wachsen lassen. Sie passen gut zu kleinen Ziergräsern, wie dem Blau-Schwingel *(Festuca glauca)* oder *Uncinia rubra*. Der Spaltgriffel gedeiht auch im Topf.
**Vermehrung**  Teilung der Rhizome im Frühling.
**Krankheiten und Schädlinge**  Keine.

*Schizostylis coccinea* 'Sunrise'
Die lachsrosa Blüten stehen an hohen Rispen, die im Herbst erscheinen. Eine wirkliche Bereicherung im herbstlichen Garten.
**Herkunft**  gärtnerisch
**Höhe**  60 cm
**Blütezeit**  Herbst
**Frosthärte**  grenzwertig bis frosthart

# Scilla  Hyacinthaceae

Die etwa 90 Arten der Gattung kommen in einer Vielzahl an Lebensräumen in Europa, Asien und dem südlichen Afrika vor. Die Blausterne sind eng mit den Gattungen *Chionodoxa* und *Puschkinia* verwandt.
**Standort**  Volle Sonne oder Halbschatten.
**Kultur**  Gepflanzt wird im Frühherbst in 5 cm Tiefe in Beete, Rasenflächen, Töpfe oder unter Gehölzen.
**Vermehrung**  Größere Horste kann man im Sommer teilen.
**Krankheiten und Schädlinge**  Virosen.

*Scilla bithynica*
Die Blütenrispen tragen 6 bis 12 sternförmige, puderblaue Blüten von 2 cm Durchmesser. Die Blätter sind riemenförmig. Pflanzen Sie sie unter Sträucher in Beete oder in halbschattige Rasenflächen unter größere Bäume.
**Herkunft**  Nordwesttürkei und Bulgarien in feuchten Wiesen, Wäldern und unter Sträuchern
**Höhe**  10 bis 15 cm
**Blütezeit**  Frühling
**Frosthärte**  frosthart

*Scilla siberica*
Der Sibirische Blaustern hat 4- bis 5-blütige Rispen mit nickenden, leuchtend blauen Blüten von 1 cm Durchmesser. Man pflanzt sie in den Beetvordergrund oder zusammen mit anderen Zwiebelblumen in Töpfe. Sie eignen sich auch hervorragend zum Verwildern in Rasenflächen und Blumenwiesen, wo sie schnell große Horste bilden.
**Herkunft**  Russland und Türkei, zwischen Steinen in Wäldern
**Blütezeit**  Frühling
**Höhe**  15 cm
**Frosthärte**  frosthart

# Sinningia  Gesneriaceae

Diese Pflanzengattung ist zu Ehren von Wilhelm Sinning (1794–1874), der an der Universität zu Bonn Chefgärtner war, benannt. Sie umfasst etwa 40 Arten von knolligen Stauden und niedrigen Sträuchern, die in Mittel- und Südamerika vorkommen. Die bekannteste Art der Gattung ist die Gloxinie. Es gibt zwei Theorien über die Herkunft dieses Namens: Die eine besagt, dass er von dem belgischen Gärtner Louis Van Houtte zu Ehren seiner Frau Gloxinia Mina für einen besonders schönen Cultivar mit karminroten, weiß gesäumten Blüten ausgewählt wurde. Die andere, dass diese Art nach dem elsässischen Arzt Benjamin Peter Gloxin benannt wurde. Die modernen Cultivare stammen meist von *S. speciosa* und *S. guttata* ab.
**Standort**  Zimmerpflanze, lichter Schatten oder Halbschatten.
**Kultur**  Im Frühling legt man die Knollen auf die Substratoberfläche in Töpfen und gießt nur wenig, bis sich das erste Wachstum zeigt. Der Topf sollte 13 cm Durchmesser haben für eine Knolle. Nie in die pralle Sonne stellen. Während der Wachstums- und Blühperiode mit Flüssigdünger düngen. Wenn das Laub einzieht, reduziert man die Wassergaben, lässt die Erde komplett austrocknen und überwintert die Knollen.
**Vermehrung**  Aussaat im Spätwinter. Junge Triebe als Stecklinge schneiden.
**Krankheiten und Schädlinge**  Blatt- und Blütenthripse.

*Sinningia* 'Etoile de Feu'
Diese auch *Gloxinia* 'Etoile de Feu' genannte Sorte hat trichterförmige karminrosa Blüten mit helleren, gewellten Rändern.
**Herkunft**  gärtnerisch
**Höhe**  25 cm
**Blütezeit**  Sommer
**Frosthärte**  frostempfindlich

*Sinningia* 'Hollywood'
Blüten wunderbar samtig violett, manchmal mit silbernen Rand.
**Herkunft**  gärtnerisch
**Höhe**  25 cm
**Blütezeit**  Sommer
**Frosthärte**  frostempfindlich

*Sinningia* 'Mont Blanc'
Blüten reinweiß, trompetenförmig. Sie stehen über samtig behaarten Blättern.
**Herkunft**  gärtnerisch
**Höhe**  25 cm
**Blütezeit**  Sommer
**Frosthärte**  frostempfindlich

*Sternbergia lutea*

*Tigridia pavonia*

*Trillium grandiflorum* 'Roseum'

# *Sternbergia* Amaryllidaceae

Die Gattung mit 8 Arten kleinwüchsiger Zwiebelblumen ist nach dem öster-
reichischen Botaniker Graf Kaspar von Sternberg (1761–1838) benannt.
Die Pflanzen wachsen auf Geröllhalden, in Strauch- und Kiefernwäldern in
Südeuropa, der Türkei und Zentralasien. Sie ähneln Krokussen, besitzen
aber 6 statt 3 Staubgefäße und haben Zwiebeln, keine Sprossknollen. Wie
bei den Krokussen blühen manche Arten im Herbst, andere im Frühling.
Alle Pflanzenteile sind giftig.
**Standort** Vollsonnig.
**Kultur** Pflanzung im Spätsommer (die Zwiebeln sollten nicht austrocknen),
15 cm tief. Sie gedeihen am besten auf kalkhaltigen Böden. Sie vermehren
sich durch Tochterzwiebeln. Die Horste erst teilen, wenn sie nicht mehr blühen.
**Vermehrung** Tochterzwiebeln im Spätsommer abtrennen.
**Krankheiten und Schädlinge** Narzissenfliege, Mäuse und Nematoden.

### *Sternbergia lutea*
Die gelben Kelchblüten werden
4 cm breit und erscheinen zusammen mit den dunkelgrünen, riemenförmigen Blättern.

**Herkunft** Russland und Türkei, in
Geröllhalden und unter Gehölzen
**Höhe** 15 cm
**Blütezeit** Herbst
**Frosthärte** forsthart bis grenzwertig

# *Tigridia* Iridaceae

Die Gattung der Tigerlilien umfasst etwa 23 Arten von Zwiebelblumen,
die in saisonal trockenen Gebieten Mexikos und Guatemalas vorkommen.
Der Name bezieht sich auf die gefleckten Blüten – *tigre* ist die spanische
Bezeichnung für den Jaguar. Die leuchtenden Blütenfarben und die unge-
wöhnliche Blütenzeichnung machen sie bei Pflanzenzüchtern beliebt.
**Standort** Volle Sonne.
**Kultur** Im Frühling pflanzt man die Zwiebeln 10 cm tief an einem sonni-
gen, geschützten Platz. Im Herbst muss man sie vor den ersten Frösten ins
Haus holen. Überwinterung bei 10 °C in trockenem Sand. Sie lassen sich
auch gut in Töpfen und Kübeln ziehen.
**Vermehrung** Tochterzwiebeln während der Ruhezeit abtrennen. Aussaat bei
13 bis 16 °C im Frühling.
**Krankheiten und Schädlinge** Virosen.

### *Tigridia pavonia*
Die Pfauenblume bildet nach und
nach mehrere gelbe, orange, weiße, rosa oder rote Blüten von 10
bis 15 cm Durchmesser mit kon-
trastierender Zeichnung.

**Herkunft** Mexiko
**Höhe** in der Natur 1,5 m; in
Kultur in Europa meist nur 50 cm
**Blütezeit** Sommer
**Frosthärte** frostempfindlich

# *Trillium* Trilliaceae

Die Gattung des Dreiblatts oder der Waldlilien umfasst etwa 30 Arten, von
denen die meisten in den Wäldern Nordamerikas verbreitet sind. Sie haben
einen charakteristischen dreiblättrigen Quirl, in dessen Mitte die Blüten erscheinen.
**Standort** Schatten bis Halbschatten, feuchter, durchlässiger und tiefgründi-
ger Boden, sauer bis neutral.
**Kultur** Im Herbst oder zeitigen Frühjahr pflanzt man die Rhizome 10 cm
tief in kühlem, lichten Schatten. Wenn die Wurzeln vor der Pflanzung austrocknen, kann es sein, dass die Pflanze eingeht. Zum Transport daher in
feuchten Torf einschlagen. Man sollte diese horstbildenden Stauden so ungestört wie möglich wachsen lassen.
**Vermehrung** Aussaat möglich, Sämlinge brauchen aber bis zu 7 Jahre, um
Blühstärke zu erreichen. Teilung der Rhizome im Herbst oder Frühling, dabei muss jedes Teilstück eine Wachstumsspitze haben.
**Krankheiten und Schädlinge** Schnecken fressen an den Blättern.

### *Trillium grandiflorum* 'Roseum'
Dieses Dreiblatt hat zartrosa,
kelchförmige Blüten, die über dunkelgrünen Blättern stehen. Sie öffnen sich weit und haben leicht gewellte Blütenblätter. Die 7,5 cm
großen Blüten werden mit der Zeit
dunkler. Passt gut zu Farnen.
**Herkunft** östliches Nordamerika
**Höhe** 40 cm
**Blütezeit** Spätfrühling
**Frosthärte** frosthart

### *Trillium luteum*
Die süß duftenden goldgelben
oder bronzegrünen Blüten stehen
aufrecht in der Mitte des Blatt-
quirls. Die Blätter sind hell- und
dunkelgrün marmoriert. Die Blütenblätter werden etwa 9 cm lang.
Hasenglöckchen und Maiglöck-
chen sind ideale Pflanzpartner.
**Herkunft** südöstliches Nordamerika
**Höhe** 40 cm
**Blütezeit** Frühling
**Frosthärte** frosthart

### *Trillium undulatum*
Dieses Dreiblatt hat trichterförmige Blüten, die aus 3 gewellten,
weißen oder rosa Petalen, die von
3 rot gesäumten, grünen Sepalen
umgeben sind. Die Petalen haben
einen leuchtend roten Strich an
der Basis. Die einzelnen Blüten
stehen über ovalen, blaugrünen
Blättern.
**Herkunft** östliches Nordamerika
**Höhe** 10 bis 20 cm
**Blütezeit** Frühling
**Frosthärte** frosthart

*Triteleia laxa* 'Königin Fabiola'     *Tritonia crocata*     *Tulipa* 'Apeldoorn'     *Tulipa* 'Attila'

## *Triteleia* Alliaceae

Diese Gattung umfasst etwa 15 Arten sprossknollenbildender Stauden. Sie sind nah mit der Gattung *Brodiaea* verwandt und kommen in Steppen und Wäldern der westlichen USA vor. Sie eignen sich auch gut als Schnittblume oder getrocknet für Blumenarrangements.

**Standort** Vollsonnig, in sandiger, nahrhafter Erde.

**Kultur** Im Herbst pflanzt man die Knollen 7,5 cm tief an einen sonnigen Platz in durchlässige Erde. Sie bevorzugen dieselben Wachstumsbedingungen, wie Nerine. Man kann sie auch in Töpfe in sandige, mineralische Blumenerde setzen. Im Winter muss sie trocken und geschützt stehen.

**Vermehrung** Aussaat bei 13 bis 16 °C, sobald die Samen reif sind oder im Frühjahr. Teilung der Knollen in der Ruhephase.

**Krankheiten und Schädlinge** Keine.

*Triteleia laxa* 'Königin Fabiola'
Die kräftigen Stiele tragen lockere Dolden von etwa 13 cm Durchmesser mit bis zu 25 purpurblauen, 5 cm langen Blüten.

**Herkunft** westliches Nordamerika
**Höhe** 25 cm
**Blütezeit** Hochsommer
**Frosthärte** frosthart

## *Tritonia* Iridaceae

Der Name dieser Gattung leitet sich vom griechischen *triton* – «Wetterhahn» – ab und bezieht sich auf die Staubgefäße einiger Arten, die sich bewegen. Die 28 Arten Knollenpflanzen sind nah mit *Crocosmia* verwandt und kommen meist auf grasbewachsenen oder steinigen Hängen in Südafrika und Swasiland vor.

**Standort** Vollsonnig in leichter, sandiger Erde.

**Kultur** Im Herbst pflanzt man die Knollen 7,5 cm tief an einem sonnigen Platz in durchlässige Erde. Im Herbst holt man sie vor den ersten Frösten wieder ins Haus und überwintert sie trocken und frostfrei.

**Vermehrung** Aussaat bei 13 bis 16 °C. Teilung während der Ruheperiode.

**Krankheiten und Schädlinge** Keine.

*Tritonia crocata*
Bis zu 10 kelchförmige, orange oder rosa Blüten mit durchscheinenden Rändern werden an langen Rispen angesetzt.
**Herkunft** Südafrika
**Höhe** 15 bis 35 cm
**Blütezeit** Sommer
**Frosthärte** frostempfindlich

*Tritonia laxifolia*
Diese kleiner bleibende Art trägt bis zu 10 kelchförmige orange Blüten an Rispen.
**Herkunft** Kapprovinz, Südafrika
**Höhe** 20 cm
**Blütezeit** Sommer
**Frosthärte** frostempfindlich

## *Tulipa* Liliaceae

Tulpen gehören zu den bekanntesten aller Zwiebelblumen. Die unzähligen Blütenfarben und -formen verdanken sie den etwa 100 Arten, aus denen im Laufe der letzten 400 Jahre viele Tausend Sorten und Kreuzungen entstanden sind. Die Wildarten kommen in Europa, dem Mittleren Osten und vor allem Zentralasien vor. Der Name leitet sich vom türkischen *tulbend* ab, was «Turban» bedeutet. Im Jahr 1554 verwechselte Ghislain de Busbecq (1522–1591), Botschafter des Römischen Reichs bei Süleyman dem Prächtigen, den Namen mit dem Wort *Tulipam*, von dem die Gattung ihren Namen *Tulipa* bekam. Alle Pflanzenteile sind leicht giftig und können bei Berührung bei empfindlichen Personen zu Hautallergien führen.

**Standort** Volle Sonne.

**Kultur** Man kann die Zwiebeln nach der Blüte im Sommer zur Ruheperiode roden oder im Beet belassen. Darwin-, Kaufmanniana-, Greigii- und Triumph-Tulpen bilden schnell große Horste, wenn man sie ungestört wachsen lässt. Wenn die alten Blütenstiele und Blätter verwelkt sind, kann man sie herausziehen und die Zwiebeln bei Bedarf ausgraben und trocken und dunkel lagern. Im Herbst pflanzt man sie wieder ein. Wählen Sie nur dicke, große Zwiebeln für Neupflanzungen. Die kleineren kann man in einem Anzuchtbeet kultivieren bis sie blühstark sind. Kurz bevor die Triebe erscheinen, ist eine kalibetonte Düngergabe sinnvoll. Tulpen, die im Topf gezogen wurden, kommen im zweiten Jahr oft nicht mehr so schön zur Blüte. Die einzelnen Kulturbeschreibungen bei den Porträts geben genauere Auskunft.

**Vermehrung** Tochterzwiebeln kann man nach dem Roden im Sommer von der Mutterzwiebel abtrennen. Sämlinge brauchen 4 bis 7 Jahre bis sie blühstark sind. Aussaat im Herbst im Kalten Kasten oder im Kalthaus.

**Krankheiten und Schädlinge** Schnecken, Nematoden, Tulpenfeuer, Zwiebelfäule und Virosen.

*Tulipa* 'Angelique'
Späte Tulpe, gefüllt blühend mit großen, rosaroten Blüten. Passt gut zu Vergissmeinnicht, Gänsekresse und Blaukissen. Im Topf mit lavendelblauen Stiefmütterchen unterpflanzen.
**Herkunft** gärtnerisch
**Höhe** 45 cm
**Blütezeit** Mittel- bis Spätfrühling
**Frosthärte** frosthart
**Kultur** Im Herbst pflanzt man die Zwiebeln 10 bis 15 cm tief ins Beet oder in Töpfe in durchlässige Erde.

*Tulipa* 'Apeldoorn'
Eine Darwin-Tulpe mit großen scharlachroten Blüten, die lange halten. Passt gut zu hellgrünem Laub.
**Herkunft** gärtnerisch
**Höhe** 55 cm
**Blütezeit** Mittel- bis Spätfrühling
**Frosthärte** frosthart
**Kultur** Im Herbst pflanzt man die Zwiebeln 10 bis 15 cm tief ins Beet. Man kann sie im Beet lassen, wo sie schnell große Horste bilden. Sie eignet sich auch für die Topfkultur.

*Tulipa* 'Chopin'

*Tulipa* 'Ballerina'

### Tulipa 'Apricot Beauty'

Einfache, frühe Tulpe mit zart aprikotfarbenen, orange überhauchten Blüten. Passt gut zu rosa Osterglocken, wie *Narcissus* 'Rainbow' oder 'Salome', unterpflanzt mit Goldenem Mutterkraut (*Tanacetum parthenium* 'Aureum') vor dem hellgrünen Laub von *Philadelphus coronarius* 'Aureus'. In Töpfen ist eine Unterpflanzung mit weißen Stiefmütterchen schön.

**Herkunft** gärtnerisch
**Höhe** 45 cm
**Blütezeit** Frühling
**Frosthärte** frosthart
**Kultur** Im Herbst pflanzt man die Zwiebeln 10 bis 15 cm tief ins Beet oder in große Töpfe in durchlässige Blumenerde.

### Tulipa 'Attila'

Diese Triumph-Tulpe hat helllila Blüten. Sie passen gut zu hellblütigem Goldlack, egal ob im Beet oder im Topf.

**Herkunft** gärtnerisch
**Höhe** 50 cm
**Blütezeit** Frühling
**Frosthärte** frosthart

**Kultur** Im Herbst pflanzt man die Zwiebeln 10 bis 15 cm tief ins Beet oder in große Töpfe in durchlässige Blumenerde. Die Zwiebeln kann man im Beet lassen, sie blühen auch in den Folgejahren gut.

### Tulipa 'Ballerina'

Eine lilienblütige Sorte mit duftenden, leuchtend orangefarbenen Blüten. Sie passt gut zu orangeblütigen Blumen oder rotlaubigen Blattschmuckpflanzen. Im Topf mit dunkelblauen Stiefmütterchen unterpflanzen.

**Herkunft** gärtnerisch
**Höhe** 55 cm
**Blütezeit** Frühling
**Frosthärte** frosthart
**Kultur** Im Herbst pflanzt man die Zwiebeln 10 bis 15 cm tief ins Beet oder in große Töpfe in durchlässige Blumenerde.

### Tulipa 'Blue Heron'

Eine gefranste Tulpe mit großen, violettpurpurnen Blüten. Sie ist starkwüchsig und lange haltbar. Im Beet kann man sie mit silberlaubigen Pflanzen unterpflanzen oder mit Goldenem Mutterkraut (*Tanacetum parthenium* 'Aureum'). Im Topf passen rosa, lavendelblaue oder violette Stiefmütterchen.

**Herkunft** gärtnerisch
**Höhe** 60 cm
**Blütezeit** Spätfrühling
**Frosthärte** frosthart
**Kultur** Im Herbst pflanzt man die Zwiebeln 10 bis 15 cm tief ins Beet oder in große Töpfe in durchlässige Blumenerde. Abgeblühtes entfernen. Die Zwiebeln kann man im Beet lassen, sie blühen auch in den Folgejahren gut.

### Tulipa 'Blue Parrot'

Eine Papageien-Tulpe mit großen, violettblauen Blüten, die an den Rändern unregelmäßig gefranst und eingebuchtet sind. Besonders attraktiv, wenn sich die Knospen zu öffnen beginnen. Im Beet kann man sie mit rosa oder blauen Vergissmeinnicht, im Topf mit rosa, lavendelblauen oder violetten Stiefmütterchen kombinieren.

**Herkunft** gärtnerisch
**Höhe** 60 cm
**Blütezeit** Spätfrühling
**Frosthärte** frosthart
**Kultur** Im Herbst pflanzt man die Zwiebeln 10 bis 15 cm tief ins Beet oder in große Töpfe in durchlässige Blumenerde.

### Tulipa 'Cape Cod'

Eine Greigii-Hybride mit großen, orange gerandeten gelben Blüten und interessanten, purpurn gestreiften Blättern.

**Herkunft** gärtnerisch
**Höhe** 30 cm
**Blütezeit** Frühling
**Frosthärte** frosthart
**Kultur** Im Herbst pflanzt man die Zwiebeln 10 bis 15 cm tief ins Beet, wo man sie mit Zwerg-Narzissen und Primeln kombinieren kann. Sie gedeihen auch im Topf mit Stiefmütterchen. Verblühtes regelmäßig ausputzen. Die Zwiebeln kann man im Beet lassen, sie blühen auch in den Folgejahren zufriedenstellend.

### Tulipa 'Chopin'

Die großen Einzelblüten sind typisch für eine Kaufmanniana-Hybride. Die gelben Blüten sind rot gestreift, die Blätter marmoriert. Passt gut zu Zwerg-Narzissen und Frühlings-Primeln. Im Topf sehen sie mit einer Unterpflanzung aus blauen Stiefmütterchen toll aus.

**Herkunft** gärtnerisch
**Höhe** 25 cm
**Blütezeit** Frühling
**Frosthärte** frosthart
**Kultur** Im Herbst 10 cm tief ins Beet pflanzen oder in große Töpfe in durchlässige Blumenerde. Verblühtes regelmäßig ausputzen. Die Zwiebeln kann man im Beet lassen, sie blühen auch in den Folgejahren gut.

*Tulipa* 'Esther'

*Tulipa* 'Fantasy'

*Tulipa* 'Golden Melody'

*Tulipa* 'Mona Lisa'

### *Tulipa clusiana*

Die schlanken weißen Blüten haben auf der Außenseite einen charakteristischen dunkelrosa Streifen und sind innen purpurn gezeichnet. Auch die Staubgefäße sind dunkellila. Pflanzen Sie sie in den Beetvordergrund in Kombination mit Blaukissen und Gänsekresse.
**Herkunft** Iran bis westlicher Himalaja
**Höhe** 30 cm
**Blütezeit** Frühling
**Frosthärte** frosthart
**Kultur** Im Herbst pflanzt man die Zwiebeln 7,5 cm tief ins Beet an einem warmen, geschützten Platz, wo sie sich viele Jahre wohlfühlen. Alternativ kann man sie im Topf in durchlässiger Blumenerde kultivieren.

### *Tulipa* 'Esther'

Eine einfach blühende, späte Tulpe mit rosa Blüten. Sie past perfekt zu blauen Vergissmeinnicht oder Stiefmütterchen. Oder pflanzen Sie sie zusammen mit der etwas später blühenden 'Queen of Night'.
**Herkunft** gärtnerisch
**Höhe** 50 cm
**Blütezeit** Mittel- bis Spätfrühling
**Frosthärte** frosthart
**Kultur** Im Herbst 10 bis 15 cm tief ins Beet pflanzen oder in große Töpfe in durchlässige Blumenerde. Die Zwiebeln kann man im Beet lassen, sie blühen auch in den Folgejahren gut.

### *Tulipa* 'Fantasy'

Eine Papagei-Tulpe mit großen rosa Blüten, die an den Rändern grün gezeichnet sind. Vor allem die Knospen sind beeindruckend,

wenn sich die Blütenblätter gerade öffnen. Sie passt besonders gut zu dunkellaubigen Purpurglöckchen *(Heuchera)*.
**Herkunft** gärtnerisch
**Höhe** 55 cm
**Blütezeit** Spätfrühling
**Frosthärte** frosthart
**Kultur** Im Herbst pflanzt man die Zwiebeln 10 bis 15 cm tief ins Beet oder in große Töpfe in durchlässige Blumenerde.

### *Tulipa* 'Golden Melody'

Diese Triumph-Hybride hat große, goldgelbe Blüten, die lange halten. Im Beet passt sie besonders gut zu silberlaubigen Begleitpflanzen.
**Herkunft** gärtnerisch
**Höhe** 55 cm
**Blütezeit** Frühling
**Frosthärte** frosthart
**Kultur** Im Herbst pflanzt man die Zwiebeln 10 bis 15 cm tief ins Beet oder in große Töpfe in durchlässige Blumenerde. Die Zwiebeln kann man im Beet lassen, sie blühen auch in den Folgejahren gut.

### *Tulipa* 'Gordon Cooper'

Diese Darwin-Hybride ist starkwüchsig und trägt rosa Blüten. Sie passt gut zu rosa Goldlack oder blauen Frühlings-Primeln.
**Herkunft** gärtnerisch
**Höhe** 60 cm
**Blütezeit** Frühling
**Frosthärte** frosthart
**Kultur** Im Herbst pflanzt man die Zwiebeln 10 bis 15 cm tief ins Beet oder in große Töpfe in durchlässige Blumenerde. Die Zwiebeln kann man im Beet lassen, sie blühen auch in den Folgejahren gut.

### *Tulipa* 'Heart's Delight'

Wie viele Kaufmanniana-Hybriden hat auch diese Sorte unregelmäßig gestreifte Blätter. Die Pflanze bleibt niedrig und hat weiß gesäumte, dunkelrosa Blütenblätter. Sie passt gut zu blauen Primeln, Veilchen und zu Zwerg-Narzissen.
**Herkunft** gärtnerisch
**Höhe** 25 cm
**Blütezeit** Frühling
**Frosthärte** frosthart
**Kultur** Im Herbst 10 cm tief ins Beet pflanzen oder in Töpfe in durchlässige Erde. Verblühtes regelmäßig ausputzen. Die Zwiebeln kann man im Beet lassen, sie blühen auch in den Folgejahren gut.

### *Tulipa humilis* Violacea-Gruppe

Obwohl sie zu den kleinsten Tulpen überhaupt gehört, sind die violettrosa Blüten mit ihren blauschwarzen Basalflecken sehr auffällig. Sie sind ideal im Beetvordergrund in Kombination mit Blaukissen und Veilchen.
**Herkunft** Türkei und Iran
**Höhe** 7,5 cm
**Blütezeit** Frühling
**Frosthärte** frosthart
**Kultur** Im Herbst pflanzt man die Zwiebeln 7,5 cm tief ins Beet oder in kleine Töpfe in durchlässige Blumenerde. Die Zwiebeln kann man im Beet lassen, sie blühen auch in den Folgejahren gut.

### *Tulipa* 'Little Princess'

Die orangeroten Blüten öffnen sich weit und zeigen dann die schwarzen Basalflecken. Sie eignet sich ideal für Blumenampeln, zusammen mit schwarzvioletten Stiefmütterchen.

**Herkunft** gärtnerisch
**Höhe** 10 cm
**Blütezeit** Mittel- bis Spätfrühling
**Frosthärte** frosthart
**Kultur** Im Herbst 7,5 cm tief ins Beet in den Vordergrund pflanzen oder in Töpfe oder Blumenkästen in durchlässige Erde.

### *Tulipa* 'Lustige Witwe'

Diese Triumph-Hybride hat große, weißgesäumte kirschrosa Blüten. Die Blüten halten sehr lange. Man kann sie schön mit Silberblatt *(Lunaria annua)*, Rosmarin oder anderen silberlaubigen Pflanzen kombinieren.
**Herkunft** gärtnerisch
**Höhe** 35 cm
**Blütezeit** Spätfrühling
**Frosthärte** frosthart
**Kultur** Im Herbst pflanzt man die Zwiebeln 10 bis 15 cm tief ins Beet oder in große Töpfe in durchlässige Blumenerde.

### *Tulipa* 'Mona Lisa'

Diese lilienblütige Tulpe hat große, gelbe, himbeerrot gestreifte Blüten. Sie setzt an einem geschützten Standort wirklich einen Akzent und passt gut zu bronzefarbigen Blattschmuckpflanzen oder gelben Stiefmütterchen oder Goldlack.
**Herkunft** gärtnerisch
**Höhe** 55 cm
**Blütezeit** Mittel- bis Spätfrühling
**Frosthärte** frosthart
**Kultur** Im Herbst pflanzt man die Zwiebeln 10 bis 15 cm tief ins Beet oder in große Töpfe in durchlässige Blumenerde.

*Tulipa* 'Prinses Irene'

*Tulipa* 'Queen of Night'

*Tulipa* 'Shakespeare'

*Tulipa* 'Spring Green'

### *Tulipa* 'Peach Blossom'

Eine gefüllte, frühe Tulpe mit rosa-roten Blüten. Im Beet mit Veilchen, Tausendschön und Stiefmütterchen unterpflanzen. Wunderschön sieht auch eine Kombination mit blauen Traubenhyazinthen aus.
**Herkunft** gärtnerisch
**Höhe** 25 cm
**Blütezeit** Frühling
**Frosthärte** frosthart
**Kultur** Im Herbst pflanzt man die Zwiebeln 10 bis 15 cm tief ins Beet oder in Töpfe in durchlässige Erde.

### *Tulipa* 'Prinses Irene'

Eine Triumph-Hybride mit ungewöhnlichen, orangefarbenen, purpurn gestreiften Blüten. Sie passt gut zu niedrigem orangefarbenem Goldlack in Beeten und Rabatten. Auch schwarzviolette Stiefmütterchen sind schöne Pflanzpartner.
**Herkunft** gärtnerisch
**Höhe** 35 cm
**Blütezeit** Frühling
**Frosthärte** frosthart
**Kultur** Im Herbst pflanzt man die Zwiebeln 10 bis 15 cm tief ins Beet oder in große Töpfe in durchlässige Blumenerde.

### *Tulipa* 'Queen of Night'

Eine frühe, einfach blühende Tulpe mit verblüffend dunkelvioletten Blüten, die viele Wochen halten. Sie passt gut zu Goldregen oder Blauregen. Im Beet oder Topf ist eine Unterpflanzung mit Vergissmeinnicht schön.
**Herkunft** gärtnerisch
**Höhe** 60 cm

**Blütezeit** Spätfrühling
**Frosthärte** frosthart
**Kultur** Im Herbst pflanzt man die Zwiebeln 10 bis 15 cm tief ins Beet oder in große Töpfe in durchlässige Blumenerde.

### *Tulipa* 'Rotkäppchen'

Diese Greigii-Hybride gehört zu den bekanntesten Tulpensorten und hat scharlachrote Blüten und purpurn gestreifte Blätter. Geeignete Pflanzpartner sind Frühlings-Primeln und Zwerg-Narzissen. Im Topf kann man sie mit weißen *Anemone blanda* unterpflanzen.
**Herkunft** gärtnerisch
**Höhe** 30 cm
**Blütezeit** Frühling
**Frosthärte** frosthart
**Kultur** Im Herbst 10 cm tief ins Beet pflanzen oder in Töpfe in durchlässige Erde. Verblühtes regelmäßig ausputzen. Die Zwiebeln kann man im Beet lassen, sie blühen auch in den Folgejahren gut.

### *Tulipa saxatilis* Bakeri-Gruppe 'Lilac Wonder'

Für eine spät blühende Tulpe bleibt diese Sorte sehr niedrig. Die zart lilarosa Blüten haben ein kontrastierendes gelbes Zentrum. Sie passt gut zu Goldenem Mutterkraut (*Tanacetum parthenium* 'Aureum') und dunklen blauen oder violetten Stiefmütterchen.
**Herkunft** gärtnerisch
**Höhe** 15 cm
**Blütezeit** Spätfrühling
**Frosthärte** frosthart
**Kultur** Im Herbst pflanzt man die Zwiebeln 7,5 cm tief ins Beet oder in kleine Töpfe in durchlässige Blumenerde.

### *Tulipa* 'Shakespeare'

Eine Kaufmanniana-Hybride mit eleganten langen Blüten, die lachsrosa mit einem orangegelben Überzug sind. Im Beet pflanzt man sie zusammen mit Frühlings-Primeln oder Zwerg-Narzissen, im Topf passen sie gut zu Traubenhyazinthen oder *Anemone blanda*.
**Herkunft** gärtnerisch
**Höhe** 25 cm
**Blütezeit** Frühling
**Frosthärte** frosthart
**Kultur** Im Herbst 10 cm tief ins Beet pflanzen oder in Töpfe in durchlässige Erde. Verblühtes regelmäßig ausputzen. Die Zwiebeln kann man im Beet lassen, sie blühen auch in den Folgejahren gut.

### *Tulipa* 'Shirley'

Die Blüten dieser Triumph-Tulpe sind ungewöhnlich gefärbt – weiß mit purpurviolettem Saum, der im Lauf der Zeit intensiver wird. Sie passt hervorragend zu hohen *Fritillaria persica* oder zu der dunklen Tulpensorte 'Queen of Night'.
**Herkunft** gärtnerisch
**Höhe** 50 cm
**Blütezeit** Mittel- bis Spätfrühling
**Frosthärte** frosthart
**Kultur** Im Herbst pflanzt man die Zwiebeln 10 bis 15 cm tief ins Beet oder in große Töpfe in durchlässige Blumenerde. Verblühtes regelmäßig ausputzen. Die Zwiebeln kann man im Beet lassen, sie blühen auch in den Folgejahren gut.

### *Tulipa* 'Spring Green'

Die Blüten dieser Viridiflora-Hybride sind ungewöhnlich cremeweiß gefärbt und haben breite grüne Streifen auf den Petalen. Im Topf passen sie gut zu weißen Stiefmütterchen.
**Herkunft** gärtnerisch
**Höhe** 50 cm
**Blütezeit** Spätfrühling
**Frosthärte** frosthart
**Kultur** im Herbst 10 bis 15 cm tief ins Beet pflanzen oder in Töpfe in durchlässige Erde

### *Tulipa* 'Stresa'

Diese kleine, aber attraktive Kaufmanniana-Hybride hat rote Blüten mit breiten gelben Säumen. Im Beet passt sie gut zu Frühlings-Primeln, Zwerg-Narzissen und anderen Frühlingsblühern.
**Herkunft** gärtnerisch
**Höhe** 25 cm
**Blütezeit** Frühling
**Frosthärte** frosthart
**Kultur** Im Herbst 10 cm tief ins Beet pflanzen oder in Töpfe in durchlässige Erde. Verblühtes regelmäßig ausputzen. Die Zwiebeln kann man im Beet lassen, sie blühen auch in den Folgejahren gut.

*Tulipa* 'Striped Bellona'

*Tulipa* 'West Point'

*Watsonia angusta*

*Zantedeschia aethiopica* 'Crowborough'

## *Tulipa* 'Striped Bellona'
Eine Triumph-Tulpe mit außergewöhnlich rot-gelb gestreiften Blüten.
**Herkunft** gärtnerisch
**Höhe** 50 cm
**Blütezeit** Frühling
**Frosthärte** frosthart
**Kultur** Im Herbst pflanzt man die Zwiebeln 10 bis 15 cm tief ins Beet oder in Töpfe in durchlässige Erde.

## *Tulipa tarda*
Eine niedrige, späte Tulpe mit nickenden, weißen und gelben Blüten. Aus jeder Zwiebel werden mehrere Blütentriebe gebildet.
**Herkunft** Zentralasien
**Höhe** 10 cm
**Blütezeit** Mittel- bis Spätfrühling

# *Watsonia* Iridaceae

Die Gattung ist zu Ehren Sir William Watson (1715–1787), einem englischen Apotheker, Physiker und Naturforscher, benannt, der für seine Arbeiten zur Elektrizität berühmt geworden ist. Sie umfasst etwa 60 Arten an Knollenpflanzen, die an grasbewachsenen Hängen und auf Hochebenen in Südafrika und Madagaskar vorkommen. Sie ähneln Gladiolen.
**Standort** Vollsonnig, in leichten, sandigen Boden. Geschützt.
**Kultur** Im Frühling pflanzt man die Knollen 15 cm tief an einen sonnigen, geschützten Platz. Sie haben dieselben Ansprüche, wie die herbstblühenden Nerine. Man kann sie auch in Töpfe in durchlässige Blumenerde setzen und auf der Terrasse aufstellen oder im Beet versenken. Frostfrei überwintern.
**Vermehrung** Aussaat bei 13 bis 18 °C im Herbst. Abtrennen der Tochterknollen während der Ruheperiode.
**Krankheiten und Schädlinge** Keine.

## *Watsonia angusta*
Die langen Blütenrispen tragen bis zu 20 elegante, orangerote Blüten, die etwa 4 cm groß werden.

**Frosthärte** frosthart
**Kultur** Im Herbst pflanzt man die Zwiebeln 7,5 cm tief ins Beet, in Blumenampeln oder in Töpfe in durchlässige Erde.

## *Tulipa* 'West Point'
Eine auffällige, lilienblütige Tulpe mit primelgelben Blüten, die besonders schön in Kombination mit blauen Vergissmeinnicht wirken. Der Farbkontrast ist einfach umwerfend.
**Herkunft** gärtnerisch
**Höhe** 50 cm
**Blütezeit** Spätfrühling
**Frosthärte** frosthart
**Kultur** Im Herbst pflanzt man die Zwiebeln 10 bis 15 cm tief ins Beet oder in Töpfe in durchlässige Erde.

**Herkunft** Südafrika
**Höhe** 1 bis 1,5m
**Blütezeit** Sommer
**Frosthärte** frostempfindlich

# *Zantedeschia* Araceae

Die Gattung ist nach Giovanni Zantedeschi (1773–1846), einem italienischen Botaniker und Physiker, benannt und umfasst etwa 6 Arten von rhizombildenden Stauden, die an feuchten Standorten an Seen oder in Sümpfen im südlichen und östlichen Afrika wachsen. In wärmeren Gegenden sind sie immergrün, in Mitteleuropa ziehen die Blätter im Winter ein. Alle Arten werden auch als Zimmerkalla bezeichnet.
**Standort** Vollsonnig in feuchter, sumpfiger Erde.
**Kultur** Im Frühling pflanzt man die Knollen 15 cm tief in tiefe Container in durchlässige Blumenerde. Wenn man sie ins Beet pflanzt, beträgt der Pflanzabstand 30 bis 45 cm. Da die Rhizome nicht zuverlässig frosthart sind, holt man sie im Herbst ins Haus, wo man sie kühl, aber feucht, überwintert. Im Frühjahr stellt man die Töpfe wieder ins Freie oder pflanzt die Rhizome erneut aus. *Z. aethiopica* 'Crowborough' kann auch im Sumpfbereich des Gartenteichs gepflanzt werden, in 25 bis 30 cm große Teichpflanzenkörbe mit lehmiger Teichpflanzenerde. Diese stellt man dann etwa 30 cm tief ins Wasser. Im Herbst ins Haus holen und frostfrei überwintern.
**Vermehrung** Teilung im Frühling.
**Krankheiten und Schädlinge** Pilzkrankheiten und Blattläuse.

## *Zantedeschia aethiopica* 'Crowborough'
Die großen weißen Blütenspathen stehen über den dunkelgrünen Blättern.
**Herkunft** gärtnerisch
**Höhe** 90 cm
**Blütezeit** Früh- bis Hochsommer
**Frosthärte** grenzwertig

## *Zantedeschia aethiopica* 'Green Goddess'
Die grüne Spatha (Blütenscheide) ist in der Mitte weiß mit grüner Zeichnung. Die Blüten erscheinen im Sommer über den dunkelgrünen, pfeilförmigen Blättern. Die Blüten sind bei Floristen sehr beliebt.
**Herkunft** gärtnerisch
**Höhe** 45 bis 100 cm
**Blütezeit** Sommer
**Frosthärte** grenzwertig

## *Zantedeschia rehmannii*
Die Blüten haben einen gelben Spadix und eine rötlich rosa Spatha, die bis zu 7,5 cm lang wird.
**Herkunft** Südafrika
**Höhe** 40 cm
**Blütezeit** Sommer
**Frosthärte** frostempfindlich

## *Zantedeschia* 'Solfatare'
Spatha leuchtend gelb. Setzt Akzente im sommerlichen Garten.
**Herkunft** gärtnerisch
**Höhe** 60 cm
**Blütezeit** Früh- bis Hochsommer
**Frosthärte** grenzwertig

# Register

*Allium rosenbachianum*

Verwilderte Narzissen

Traubenhyazinthe (Muscari)

*Tulipa* 'Jewel of Spring'

Weiße Zantedeschien und blaue Iris

# Danksagung

### Dank der Autorin

Ich möchte mich bedanken bei John D. Taylor C.B.E., John D. Taylor II und John Walker von O. A. Taylor and Sons Ltd., Holbeach für Ihre Unterstützung und Ratschläge. Ich möchte mich ganz besonders bei Michelle Garrett bedanken, für Ihre Geduld beim Fotografieren der Aufnahmen in meinem Garten in Bedfordshire; und bei Jonathan Buckley für die fantastischen Fotos, die er an verschiedenen Orten aufgenommen hat. Dank gilt auch meiner Lektorin Caroline Davison, deren Enthusiasmus und konstruktive Kritik mich durch das ganze Buch begleitet haben. Und natürlich möchte ich mich bei meiner Familie, Simon, Jonathan und Suzanna bedanken, die mit auf vielfältige Weise geholfen haben.

### Dank des Verlags

Der Verlag möchte sich bei folgenden Einrichtungen und Personen dafür bedanken, dass in ihren Gärten fotografiert werden durfte:

Chenies Manor, Hertfordshire; Upper Mill Cottage, Kent; Beth Chatto Gardens, Essex; Great Dixter, East Sussex; The Coppice, Surrey; The Savill Garden, Surrey; Kew Gardens, London und West Dean Gardens, West Sussex.

Dank gilt auch den folgenden Fotografen und Bildagenturen, deren Bilder verwendet werden durften:

**A–Z Botanical Collection Ltd.** 50 oben rechts 50; 127 unten links
**Jonathan Buckley** 18 oben links; 47 unten rechts; 47 unten; 92 (alle); 93 (alle); 94–95 (alle); 96–97 (alle).
**The Garden Picture Library** 59 Mitte rechts (Neil Holmes); 125 oben rechts (John Glover); 127 Mitte rechts (Howard Rice); 127 oben rechts (Howard Rice); 129 oben links (John Glover); 129 oben rechts (John Glover); 137 oben links (JS Sira); 146 Mitte rechts (Didier Willery); 146 oben rechts (Philippe Bonduel); 147 oben links (Chris Burrows); 147 oben rechts (John Glover); 148tc (Marijke Heuff); 148 oben rechts (John Glover); 149 oben links (John Glover); 149 Mitte links (Neil Holmes); 150 oben links (Howard Rice); 150 oben Mitte (Eric Crichton); 151 oben links (JS Sira); 151 Mitte links (John Glover).
**Peter McHoy** 38 (alle); 39 oben links; 39 oben rechts; 39 Mitte rechts; 39 unten rechts.

Der Verlag dankt den folgenden Institutionen für die Genehmigung, Bilder ihrer Kunstwerke abzudrucken:

**The Bridgeman Art Library**
'Portrait of William and Mary Wordsworth, 1839'
auf Seite 10.

**Curtis Botanical magazine** (copyright the Board of Trustees of the Royal Botanic Gardens, Kew)
Nerine sarniensis auf Seite 11.

**Massachusetts Horticultural Society**
'Chinese Wilson' auf Seite 12.

**Universitätsbibliothek Erlangen**
'Councillor Herwart's Tulpe' auf Seite 9.

Tulpen